高等职业教育财务会计系列创新教材

纳税实务

主 编 赖昆鹏
副主编 王 燕 李欣亮 任小玲

北京邮电大学出版社
www. buptpress. com

内容简介

本书在吸收税法改革的最新信息并结合《企业会计准则》的基础上，以企业主要税种应纳税额的计算、纳税申报和涉税账务处理为主线，阐述了我国现行主要税种的基本法律规定和涉税业务的处理方法。本书的内容主要涵盖企业的各项流转税和其他税种以及企业如何合理进行纳税筹划，通过理论和案例相结合等方式，力图实现税法知识与岗位业务处理方法的有机结合。

本书适合作为高职高专院校财经类和会计类相关专业学生使用，也可作为税务人员从事相关工作的参考用书。

图书在版编目(CIP)数据

纳税实务 / 赖昆鹏主编. -- 北京：北京邮电大学出版社，2012.1(2023.7 重印)
ISBN 978-7-5635-2897-4

Ⅰ. ①纳… Ⅱ. ①赖… Ⅲ. ①纳税—税收管理—中国 Ⅳ. ①F812.423

中国版本图书馆 CIP 数据核字(2012)第 005754 号

策划编辑：张海红　　**责任编辑**：关振兴　　**封面设计**：艺美印佳

出版发行：北京邮电大学出版社
社　　址：北京市海淀区西土城路 10 号
邮政编码：100876
发 行 部：电话：010-62282185　传真：010-62283578
E-mail：publish@bupt.edu.cn
经　　销：各地新华书店
印　　刷：三河市龙大印装有限公司
开　　本：787 mm×1 092 mm　1/16
印　　张：14.5 插页 1
字　　数：300 千字
版　　次：2012 年 1 月第 1 版
印　　次：2023 年 7 月第 11 次印刷　2023 年 7 月修订

ISBN 978-7-5635-2897-4　　　　定　价：39.80 元

· 如有印装质量问题，请与北京邮电大学出版社发行部联系 ·

服务电话：400-615-1233

编审委员会

出版说明

高等职业教育以培养生产、建设、管理、服务第一线的高素质技能型专门人才为根本任务，在建设人力资源强国和高等教育强国的伟大进程中发挥着不可替代的作用。

近年来，我国高职高专教育蓬勃发展，积极推进校企合作、工学结合人才培养模式改革，办学水平不断提高，为现代化建设培养了一批高素质技能型专门人才，对高等教育大众化作出了重要贡献。尽管如此，我国高职高专教育的质量、结构、规模还不能很好地适应当前经济社会发展的需要，部分高职高专院校毕业生还不能很好地满足社会工作岗位对相关技术和能力的需求。

要加快高职高专教育改革和发展的步伐、全面提高人才培养质量，就必须对课程体系等问题进行深入探索。教育部在《关于全面提高高等职业教育教学质量的若干意见》中指出，“课程建设与改革是提高教学质量的核心，也是教学改革的重点和难点”，“建立突出职业能力培养的课程标准，规范课程教学的基本要求，提高课程教学质量”，这为高职高专教育课程体系建设指明了方向。在课程体系建设过程中，教材无疑起着至关重要的基础性作用，高质量的教材是培养高素质人才的重要保证。

目前，我国高等职业教育教学改革正在深入进行，高职教材建设取得了显著的成效。但从整体上看，教材建设仍不能很好地适应高职高专教育的发展需要，主要表现在：缺乏科学理论的支持，缺乏行业支持，缺少对生产实际的调查研究和深入了解，缺乏对职业岗位所需的专业知识和专项能力的科学分析，出现体系不明、内容交叉或重复、脱离实际、针对性不强等问题；与专业课程相配套的实践性教材严重不足；同类教材建设缺乏统一标准，相关课程的教材内容自成体系，缺乏沟通衔接；版本偏老或内容陈旧，不能及时将新法规、新知识、新技术、新工艺、新装备、新案例反映到教材中来；与劳动部门颁发的职业资格证书或技能鉴定标准缺乏有效衔接。教材的相对落后成为制约高职高专教育发展的瓶颈之一。

在此背景下，为了更好地贯彻《国家中长期教育改革和发展规划纲要(2010—2020年)》相关精神，更好地推进高职高专教育的发展，我们组织了一批具有丰富理论知识和实践经验的专家、一线教师，成立了21世纪高职高专规划教材编审委员会，着力规划出版一批符合高职高专教育特点和需求的优质教材。

依据教育部制定的《高职高专教育基础课程教学基本要求》和《高职高专教育专业人才培养目标及规格》，我们调研了数百所具有代表性的高等职业技术学院和高等专科学校，广泛而深入地了解了高职高专教育的专业和课程设置，系统地研究了课程的体系结构；同时充分汲取各院校在探索培养应用型人才方面取得的成功经验，并在教材出版的各个环节设置专业的审定人员进行严格审查，从而确保了整套教材“突出行业需求，突出职业的核心能力”的特色。

本系列教材除了满足内容充实、完整，结构、体例合理，语言得体、流畅等基本要求外，还力求克服以往高职高专教材的缺陷和不足，在以下方面打造自己的优势和特色：

(1) 本系列教材的定位更加强调“以就业为导向”。紧密依托行业或企业优势，建立产、学、研密切结合的运行机制，是高职高专教育健康发展的关键。我们通过对生产实际的调查研究和深入了解，对职业岗位(群)所需专业知识和专项能力的科学分析，以科学的课程理论为支持，力求使本系列教材定位与就业市场相结合，充分体现出“以就业为向导，以能力为本位，以学生为中心”的风格，从而更具实用性和前瞻性。

(2) 本系列教材打破传统的教材编写模式，力求在编写风格和表达形式方面有所突破，充分体现“项目导向、任务驱动”的教学理念，通过构建具体的工作任务作为学生学习的切入点，这就促使学生能够主动学习，从而达到“教中做、做中学、学中练”的目的，全面提升学生解决问题的实战经验和能力。

(3) 本系列教材编写思路清晰，体系结构安排合理，注重知识体系的有序衔接，力避知识的断层和重复。同时，教材也遵循教育部对高职高专教育提出的“以应用为目的，以必需、够用为度”原则，从实际应用的需要出发，减少枯燥、实用性不强的理论灌输。

(4) 本系列教材的编写及时跟进社会及行业的最新发展动态，将最新、最权威、最具代表性的成果运用于教材当中，从而避免所讲知识与社会脱节。

为保证教材的总体质量和前瞻性，我们着重加强与示范性高等职业院校的合作，在全国范围遴选了具有丰富教学经验和实践经验、具有较高专业水平的双师型教师参加编写。

为支持“立体化”教学，我们为本系列教材精心策划了精品教学资料包和教学资源网，向教师用户提供教学课件、教学案例、教学参考、教学检测、教学资源推荐、课后习题答案等教学资源，以支持网络化及多媒体等现代化教学方式，有效提升教学质量。

希望各高职院校在使用本系列教材的过程中提出宝贵的意见和建议，我们将认真听取，不断完善。

编审委员会

PREFACE 前言

本教材编写过程中始终以习近平新时代中国特色社会主义思想为指导，贯彻党的二十大精神，坚持立德树人，弘扬社会主义核心价值观，遵循职业教育的"工学结合、知行合一"人才培养理念。

我国会计和税法不断变化和完善，要求会计专业的教材也应不断更新、与时俱进。

2006 年 11 月 16 日，教育部发布了《教育部关于全面提高高等职业教育教学质量的若干意见》，提出建立突出职业能力培养的课程标准，建设融"教、学、做"于一体、强化学生能力培养的优质教材。为适应高职院校教学模式和教学改革形势，我们组织了一批从事税务会计教学的一线老师精心编写了本教材。

本书根据高等职业教育财经类人才的培养目标，结合高职学生的认知特点，运用由简单理论向实务过渡、逐步深入的手法进行写作。本教材的特点在于：理论论述难易适中，注重操作技能的培养和运用理论知识对现实问题的分析与驾驭能力的提高。尤其是通过结合当前的有关制度和法规，使学生熟悉实践工作中的业务处理技术和方法，为其日后顺利走向工作岗位奠定基础。

本书在吸收税法改革的最新信息并结合《企业会计准则》的基础上，以企业主要税种应纳税额的计算、纳税申报和涉税账务处理为主线，阐述了我国现行主要税种的基本法律规定和涉税业务的处理方法。本书的内容主要涵盖企业的各项流转税和其他税种以及企业如何合理进行纳税筹划，通过理论和案例相结合等方式，力图实现税法知识与岗位业务处理方法的有机结合。

本教材各学习情境的学时分配建议如下：

内 容	理论板块课时	实践板块课时
学习情境一 纳税认知	2	2
学习情境二 增值税纳税实务	8	10
学习情境三 消费税纳税实务	4	5
学习情境四 关税纳税实务	2	3
学习情境五 企业所得税纳税实务	6	8
学习情境六 个人所得税纳税实务	4	5
学习情境七 其他税的计算、申报与会计核算	6	6
学习情境八 企业纳税筹划	2	2
总课时(72)	35	37

本书由赖昆鹏任主编，王燕、李欣亮、任小玲任副主编。具体编写分工如下：王燕编写学习情境一和学习情境二，赖昆鹏编写学习情境三、学习情境八，李欣亮编写学习情境四和学习情境五，任小玲编写学习情境六，赖昆鹏、田亮共同编写学习情境七。

本书在编写过程中参考了国内外大量专家和学者的著作，吸收了诸多有益成果，在此表示衷心的感谢。

由于时间仓促，加之作者水平有限，书中难免有疏漏和不足之处，敬请广大读者和有关专家批评指正。

编 者

CONTENTS 目录

纳税实务结构模型

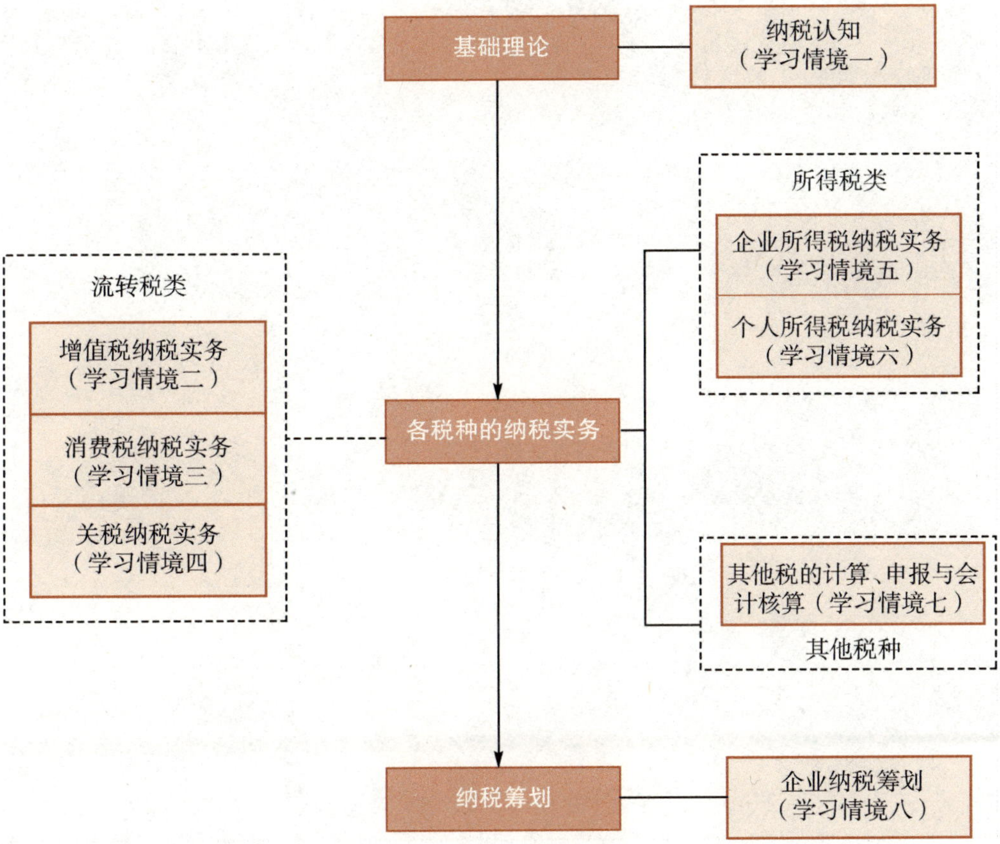
基础理论
纳税认知（学习情境一）
所得税类
企业所得税纳税实务（学习情境五）
个人所得税纳税实务（学习情境六）
流转税类
增值税纳税实务（学习情境二）
消费税纳税实务（学习情境三）
关税纳税实务（学习情境四）
各税种的纳税实务
其他税的计算、申报与会计核算（学习情境七）
其他税种
纳税筹划
企业纳税筹划（学习情境八）

学习情境一
纳税认知

学习目标

- 了解税法的相关概念、税法的作用；
- 掌握税收法律关系及税法的各构成要素；
- 能办理税务登记，熟悉开业、变更、注销、停业、复业税务登记，掌握账簿凭证的管理；
- 能进行纳税申报及税款缴纳。

模块一 税法基础认知

一、税法的相关概念

税法是税收制度的核心内容。税法是国家制定的、用以调整国家和纳税人之间在征纳税各方面的权利及义务关系的法律规范的总称。它是国家依法征税及纳税人依法纳税的行为准则，其目的是保障国家的利益和纳税人的合法权益，维护正常的税收秩序，保证国家的财政收入。

税法具有义务性和综合性的特点。

从法律性质上看，税法属于义务性法规，以规定纳税人的义务为主。税法属于义务性法规，并不是指税法没有规定纳税人的权利，而是指纳税人的权利是建立在其纳税义务的基础之上，处于从属地位。税法的这一特点是由税收的无偿性和强制性所决定的。

税法的另一特点是具有综合性，它是由一系列单行税收法律法规及行政规章制度组成的体系，其内容涉及课税的基本原则、征纳双方的权利和义务、税收管理规则、法律责任、解决税务争议的法律规范等。税法的综合性特点是由税收制度所调整的税收分配关系和税收法律关系的复杂性所决定的。

二、税法的重要作用

税法的调整对象涉及社会经济活动的各个方面，与国家的整体利益及企事业单位、个人的直接利益有着密切的关系。正确认识税法在我国社会主义市场经济中的重要作用，对于在实际工作中正确理解和把握税法的各项规定是很有必要的。

总体来看，我国税法的重要作用主要体现在下列五个方面。

1. 税法是国家获取财政收入的法律保障

财政收入是国家维护各项事业顺利进行的重要保障。为了保证国家税收职能的发挥，必须通过制定税法，以法律形式确定企业、事业单位和个人履行纳税义务的具体项目、数额和纳税程序，严惩偷逃税款的行为，防止税款流失，保证国家税收收入的取得。针对我国税费并存的分配格局，在今后一段时期，要逐步提高税收占国家财政收入的比重，这是我国实施税制改革的重要目的之一。

2. 税法是国家对经济进行宏观调控的法律环境

我国正在进行的社会主义市场经济体制改革，从根本上来说，就是国家从过去运用行政手段直接管理经济，向运用法律手段进行宏观经济调控的转变。税收作为国家宏观调控的重要手段，是通过制定税法，并以法律形式明确国家和纳税人之间的利益分配关系，进而通过调节社会成员的收入水平，调整产业结构和社会资源的优化配置来实现的。同时，按照法律的平等原则，鼓励企业平等竞争，公平纳税人的税收负担，为促进市场经济的发展创造良好的条件。

3. 税法有利于维护社会经济秩序

从事生产经营活动的一切经营单位和个人，其各项经营活动都将纳入税法的规范制约和管理范围。这样，税法就确定了一个规范、有效的纳税秩序和经济秩序，监督经营单位和个人依法经营，加强经济核算，提高企业的经营管理水平。同时，税务机关通过对违反税法规定的行为的检查和惩处，也将有效地打击各种违法经营活动，为国民经济的健康发展创造一个良好、稳定的环境。

4. 税法能够有效地保护纳税人的合法权益

税法在明确税务机关征税权利和纳税人履行纳税义务的同时，也规定了税务机关应尽的义务和纳税人享有的权利。此外，税法还严格规定了对税务机关执法行为的监督制约制度。因此，税法不仅是税务机关征税的法律依据，同时也是纳税人保护自身合法权益的重要法律依据。

5. 税法是维护国家利益、促进国际经济合作与交往的重要保证

在国际经济交往中，任何国家对在本国境内从事生产经营的外国企业或个人都拥有税收管辖权，这是国家权益的具体体现。目前，我国在建立和发展涉外税法的同时，还与 80 多个国家签订了避免双重征税的协定。这些税法规定既维护了国家的利益，又为鼓励外商投资、发展国家间平等互利的经济技术合作关系提供了可靠的法律保障。

三、税收法律关系

税收法律关系是税法所确认和调整的国家与纳税人之间、国家与国家之间以及各级政府之间在税收分配过程中形成的权利与义务关系。国家征税与纳税人纳税在形式上表现为利益分配的关系，但经过法律明确其双方的权利与义务后，这种关系实质上已成为一种特定的法律关系。了解税收法律关系，对于正确理解国家税法的本质，严格依法纳税以及依法征税都具有重要的意义。

（一）税收法律关系的构成

税收法律关系在总体上与其他法律关系一样，都是由权利主体、权利客体和税收法律关

系的内容三方面构成的。但是,在这三方面的内涵上,税收法律关系则具有特殊性。

1. 权利主体

法律关系的主体是指法律关系的参与者。税收法律关系的主体,即税收法律关系中享有权利和承担义务的当事人。在我国税收法律关系中,权利主体一方是代表国家行使征税职责的行政机关,即国家各级税务机关、海关和财政机关;另一方是履行纳税义务的单位和个人,即法人、自然人和其他组织。税收法律关系不同于一般的民事法律关系,在该法律关系中,由于主体双方是行政管理者与被管理者的关系,所以双方的权利与义务不对等,这是税收法律关系的一个重要特征。

2. 权利客体

权利客体,即税收法律关系主体的权利、义务所共同指向的对象,也就是征税对象。例如,所得税法律关系客体就是生产经营所得和其他所得。国家在一定时期为达到宏观经济调控的目的,可根据客观经济形势发展的需要,通过扩大或缩小征税范围调整征税对象。

3. 税收法律关系的内容

税收法律关系的内容就是权利主体所享有的权利和所承担的义务,这也是税收法律关系中最本质的东西。它规定了权利主体应具有和不应具有的行为,如果违反了这些规定,必须承担相应的法律责任。

税务机关的权利主要表现在依法征税、进行税务检查和对违章者进行处罚等方面;其义务主要表现在向纳税人宣传、咨询、辅导和解读税法,及时把征收的税款解缴国库,依法受理纳税人对税法有争议的申述等。

纳税义务人的权利主要有多缴税款申请退还权、延期纳税、依法申请减免税款、申请复议和提起诉讼权等;其义务主要是按税法规定办理税务登记、进行纳税申报和接受税务检查并依法缴纳税款等。

(二) 税收法律关系的产生、变更与消灭

税收法律关系的产生、变更和消灭必须有能够引起税收法律关系产生、变更或消灭的客观情况,也就是由税收法律事实来决定。

(三) 税收法律关系的保护

保护税收法律关系,实质上就是保护国家正常的经济秩序,保障国家财政收入,维护纳税人的合法权益。税收法律关系的保护对权利主体双方是平等的,不能只对一方保护,而对另一方不保护。同时对其所享有的权利进行保护,也就是对其承担的义务的制约。

四、税法的构成要素

税法的构成要素是指各种单行税法具有的共同的基本要素的总称。首先,税法的构成要素既包括实体性的,也包括程序性的;其次,税法的构成要素是所有完善的单行税法共同具备的,仅为某一税法所单独具有而非普遍性的内容,不构成税法要素,如扣缴义务人。税法的构成要素一般包括总则、纳税义务人、征税对象、税目、税率、纳税环节、纳税期限、纳税地点、税收优惠、减免税、计税依据、违章处理、附则等项目。

(一) 纳税义务人

纳税义务人,又称为纳税人、纳税主体,是税法规定的直接负有纳税义务的单位和个人。

纳税人有两种基本形式——自然人和法人。自然人是基于自然规律而出生的、享有民事权利和承担民事义务的主体，包括本国公民，也包括外国人和无国籍人。法人是相对于自然人而言的，根据《中华人民共和国民法典》第五十七条的规定，法人是具有民事权利能力和民事行为能力、依法独立享有民事权利和承担民事义务的组织。我国的法人主要有四种类型：机关法人、事业法人、企业法人和社会团体法人。

（二）征税对象

征税对象又称为课税对象，是指税法规定对什么征税，是征纳税双方权利和义务共同指向的客体或标的物，是区别不同税种的重要标志。征税对象是税法最基本的要素，因为它体现着征税的最基本界限，决定着某种税的基本征税范围。同时，征税对象也决定了各个不同税种的名称。

（三）税目

税目是在税法中对征税对象分类规定的具体征税项目，反映具体的征税范围，是对课税对象质的界定。设置税目的目的首先是明确具体的征税范围，其次是贯彻国家税收调节政策的需要。但并非所有税种都需要规定税目，有些税种不分课税对象的具体项目，一律按照课税对象的应税数额采用同一税率计征税款，因此一般无须设置税目。有些税种具体课税对象比较复杂，需要规定税目。

（四）税率

税率是指对征税对象的征收比例或征收额度。税率是计算税额的尺度，也是衡量税负轻重的重要标志。我国现行的税率主要有以下几种。

1. 比例税率

比例税率是指对同一征税对象，不分数额大小，规定相同的征税比例。我国的增值税、城市维护建设税、企业所得税等采用的是比例税率。比例税率在使用中又可分为以下几种具体形式。

（1）行业比例税率。即不同行业规定不同的税率，同一行业采用统一税率。

（2）产品比例税率。即不同产品规定不同税率，同一产品采用同一税率。

（3）地区差别税率。即不同地区实行不同税率。

（4）幅度比例税率。即中央只规定一个幅度税率，各地区可在此幅度内，根据本地区实际情况，选择确定一个税率作为本地使用的税率。

2. 定额税率

定额税率是税率的一种特殊形式。它不是按照征税对象规定征收比例，而是按照征税对象的计量单位规定固定税额，所以又称为固定税额，一般适用于从量计征的税种。定额税率的优点是从量计征，而不是从价计征，这不仅有利于鼓励纳税人提高产品质量和改进包装，且计算简便。但是，由于税额的规定同价格的变化情况脱离，在价格上升时，不能使国家财政收入随国民收入的增加而同步增长；在价格下降时，则会限制纳税人的生产经营积极性。在具体运用上，定额税率又可分为以下几种。

（1）地区差别税额。即为了照顾不同地区的自然资源、生产水平和盈利水平的差别，根据各地区经济发展的不同情况分别制定不同的税额。

（2）幅度税额。即中央只规定一个税额幅度，由各地区根据本地区实际情况，在中央规定的幅度内，确定一个执行数额。

（3）分类分级税额。即把课税对象划分为若干个类别和等级，对各类各级由低到高规定相应的税额，等级高的税额高，等级低的税额低，具有累进税的性质。

3. 累进税率

累进税率是指按征税对象数额的大小划分为若干等级，每个等级由低到高规定相应的税率。征税对象数额越大，税率越高；反之，税率越低。累进税率按照计算方法和依据的不同，又可分为以下几种。

（1）全额累进税率。即对征税对象的金额按照与之相适应等级的税率计算税额。在征税对象提高到一个级距时，对征税对象金额都按高一级的税率征税。

（2）全率累进税率。它与全额累进税率的原理相同，只是税率累进的依据不同。全额累进税率的依据是征税对象的数额；而全率累进税率的依据是征税对象的某种比率，如销售利润率、资金利润率等。

（3）超额累进税率。即把征税对象按数额大小划分为若干等级，每个等级由低到高规定相应的税率，每个等级分别按照该级的税率计税。

（4）超率累进税率。它与超额累进税率的原理相同，只是税率累进的依据不是征税对象的数额，而是征税对象的某种比率。

在以上几种不同形式的税率中，全额累进税率和全率累进税率的优点是计算简便，但在两个级距的临界点税负不合理；超额累进税率和超率累进税率的计算比较复杂，但累进程度缓和，税收负担较为合理。

（五）纳税环节

纳税环节主要是指税法规定的征税对象在从生产到消费的流转过程中应当缴纳税款的环节。广义的纳税环节是指全部课税对象在再生产过程中的分布情况；狭义的纳税环节特指应税商品在流转过程中应纳税的环节。

（六）纳税期限

纳税期限是指税法规定的关于税款缴纳时间方面的限定。税法关于纳税期限的规定，主要包括纳税义务的发生时间、纳税期限和缴库期限三方面。

（七）纳税地点

纳税地点主要是对某些纳税人和征税对象规定的纳税（包括代征、代扣）的具体地点。

（八）税收优惠

税收优惠是指国家在税收方面给予纳税人和征税对象的各种优待的总称。它是政府通过税收制度，按照预定目的，减免或减轻纳税义务人税收负担的一种形式。

例如，2007 年 12 月，全国人民代表大会常务委员会修订通过的《中华人民共和国科学技术进步法》规定，下列企业按照国家有关规定享受税收优惠：

（1）从事高新技术产品研究开发、生产的企业；

（2）投资于中小型高新技术企业的创业投资企业；

（3）法律、行政法规规定的与科学技术进步有关的其他企业。

税收优惠作为税收制度和财政制度不可缺少的重要组成部分，主要包括减税、免税、出口退税和优惠税率。此外，税收优惠还应该包括先征后退、税额抵扣、税收抵免、税收饶让、加速折旧、税项扣除、投资抵免、亏损弥补等其他实际减除或减轻纳税人和征税对象税收负担的鼓励性和照顾性规定。

（九）减免税

减免税是指税务机关依据税收法律、法规以及国家有关税法规定给予纳税人的减税、免税。减免税政策是国家财税政策的组成部分，是国家出于社会稳定和经济发展的需要，对一定时期特定行业或纳税人给予的一种税收优惠，是国家调控经济、调节分配的重要方式。我国现行减免税的类型，按照税收减免方式，可以分为税基式减免、税率式减免、税额式减免三种基本形式。

（十）计税依据

计税依据是计算应纳税额的依据，是课税对象的量的表现。计税依据的数额越多，应纳税额也越多。计税依据可分为以下两种类型。

(1) 从价计征。即以课税对象的自然数量与单位价格的乘积为计税依据。按这种方法计征的税种称为从价税。

(2) 从量计征。即以课税对象的自然实物量为计税依据，按照税法规定的计量标准（如数量、重量、面积等）计量。按这种方法计征的税种称为从量税。

课税对象同计税依据有密切关系。前者是从质的方面对征税的规定，即对什么征税；后者则是从量的方面对征税的规定，即如何计量。有些税的课税对象和计税依据是一致的，如所得税中的应税所得额既是课税对象，又是计税依据；有些税的课税对象和计税依据是不一致的，如房产税的课税对象是房产，它的计税依据则是房产的价值或租金。

（十一）违章处理

违章处理是对纳税人违反税法行为所采取的教育处罚措施。它体现了税收的强制性，是保证税法正确贯彻执行、严肃纳税纪律的重要手段。通过违章处理，可以加强纳税人的法制观念，提高其依法纳税的自觉性，从而有助于确保国家财政收入并充分发挥税收的职能作用。

1. 违章行为

纳税人违反税法的行为，主要有以下几种。

(1) 违反税收管理程序的行为。违反税收管理程序的行为主要有：纳税人不按规定办理税务登记；未按规定设置、保管账簿或者保管记账凭证和有关资料；不按规定将财务、会计制度或财务、会计处理办法报送税务机关备查；不按规定申报纳税；等等。

(2) 妨害税款征收的行为。妨害税款征收的行为体现在以下方面。

① 欠税，是指纳税人超过征税机关规定的纳税期限，未按时缴纳而造成拖欠税款的行为。

② 偷税，是指纳税人采取伪造、变造、隐匿，擅自销毁账簿、记账凭证，在账簿上多列支出或不列、少列收入，或者进行虚假的纳税申报等手段，不缴或少缴应纳税款的行为。偷税情节严重构成偷税罪的，要追究纳税人的刑事责任。

③ 抗税，是指纳税人以暴力、威胁手段抗拒履行纳税义务的违法行为，如拒不办理纳税申报手续和提供纳税资料，拒不接受税务机关依法进行的税务检查，聚众闹事，围攻税务机关和殴打税务人员等。情节严重的，构成抗税罪和牵连犯罪。

④ 逃税,即逃避追缴欠税,是指纳税人欠缴应纳税款,采取转移或者隐匿财产的手段,致使税务机关无法追缴欠缴税款的行为。

⑤ 骗税,是指企业、事业单位采取对所生产或者经营的商品假报出口等欺骗手段,骗取国家出口退税的行为。例如,有出口经营权的纳税人采用骗取出口退税的手段,没有出口经营权的纳税人采用诈骗出口退税的手段,其目的就是骗取国家的出口退税。

(3) 妨碍发票管理的行为。妨碍发票管理的行为主要体现在以下方面。

① 代开发票是指纳税人在与他人没有业务往来的情况下,代他人开具增值税专用发票或让他人代自己开具增值税专用发票的行为。一般来讲,代开发票的前提是有经济行为发生,只是这种行为是发生在纳税人与开具或收取发票方之间。

② 虚开发票是指纳税人在与他人没有业务往来的情况下,为他人开具增值税专用发票或让他人为自己开具增值税专用发票的行为。一般来说,虚开发票没有任何经济行为发生。

③ 其他违法行为。

2. 违章处罚

违章处罚是指国家对上述违章行为,视情节轻重、态度好坏,分别给予批评教育以及经济和法律方面的处罚,具体如下。

(1) 加收滞纳金。纳税人未按规定纳税的,除限期补缴税款外,还应按规定从滞纳之日起,按少缴税款的数额,按日加收 0.5‰的滞纳金。

(2) 罚款。纳税人和扣缴义务人,未按规定办理纳税申报、纳税登记,未提供有关资料,少缴税款的,都可处以 0.5 倍以上 5 倍以下的罚款。

(3) 刑事处罚。对违章行为情节严重构成犯罪的,处上述处罚外,对直接责任人还要移交司法机关追究刑事责任,可判处有期徒刑或拘役等,最高可以判处死刑。

模块二 税务登记

一、税务登记

税务登记,是指纳税人为依法履行纳税义务就有关纳税事宜依法向税务机关办理登记的一种法定手续,它是整个税收征收管理的首要环节。税务登记有利于税务机关了解纳税人的基本情况,掌握税源,加强征收与管理,防止漏管漏征,建立税务机关与纳税人之间正常的工作联系,强化税收政策和法规的宣传,增强纳税意识等。

纳税人必须按照税法规定的期限办理设立税务登记、变更税务登记或注销税务登记。

(一) 设立税务登记

1. 税务登记的范围

按照"多证合一"等商事制度改革要求,领取加载统一社会信用代码证件的,企业、农民专业合作社、个体工商户及其他组织无需单独到税务机关办理该事项,其领取的证件作为税务登记证件使用。

“多证合一”改革之外的其他组织，如事业单位社会组织、境外非政府组织等，应当依法向税务机关办理税务登记，领取税务登记证件。

2. 税务登记的时限要求

需要办理税务登记的组织，若资料齐全、符合法定形式、填写内容完整的，税务机关受理后可以即时办结。首次办理涉税事宜时，应对税务机关依据市场监督管理等部门共享信息制作的《“多证合一”登记信息确认表》进行确认，对其中不全的信息进行补充，对不准确的信息进行更正。

纳税人采用新办纳税人“套餐式”服务的，可一并办理以下涉税事项：电子税务局开户、登记信息确认、财务会计制度及核算软件备案纳税人存款账户账号报告、增值税一般纳税人登记、发票票种核定、增值税专用发票最高开票限额审批. 实名办税、增值税税控系统专用设备初始发行、发票领用。

（二）变更税务登记

1. 变更税务登记的适用范围

变更税务登记，是指纳税人办理设立税务登记后，因税务登记内容发生变化，向税务机关申请将税务登记内容重新调整为与实际情况一致的一种税务登记管理制度。变更税务登记的适用范围如下。

(1) 改变纳税人名称、法定代表人的；
(2) 改变住所经营地点的(不含改变主管税务机关的)；
(3) 改变经济性质或企业类型的；
(4) 改变经营范围、经营方式的；
(5) 改变产权关系的；
(6) 改变注册资金的。

2. 变更税务登记的时限要求

税务登记内容发生变化，按规定纳税人须在市场监督管理机关办理注册登记的，应自市场监督管理部门办理变更登记之日起 30 日内，向原税务登记机关申报办理变更税务登记。

税务登记内容发生变化，纳税人按照规定不需要在市场监督管理机关办理变更登记，或者其变更登记的内容与工商登记内容无关的，应当自税务登记内容实际发生变化之日起 30 日内，或者自有关机关批准或者宣布变更之日起 30 日内，持有关证件到原税务登记机关申报办理变更税务登记。

（三）注销税务登记

1. 注销税务登记的适用范围

注销税务登记的适用范围如下。
(1) 纳税人发生解散破产撤销的；
(2) 纳税人被市场监督管理机关吊销营业执照的；
(3) 纳税人因住所经营地点或产权关系变更而涉及改变主管税务机关的；
(4) 纳税人发生的其他应办理注销税务登记情况的。

2. 注销税务登记的时限要求

纳税人应在向市场监督管理机关办理注销登记前，持有关证件向主管税务机关申报办理注销税务登记。纳税人按规定不需要在市场监督管理机关办理注销登记的，应当自有关机关批准或者宣告终止之日起 15 日内，持有关证件向主管税务机关申报办理注销税务登记。纳税人被市场监督管理机关吊销营业执照的，应自营业执照被吊销之日起 15 日内，向主管税务机关申报办理注销税务登记。

纳税人在办理注销登记前，应当向税务机关结清应纳税款、滞纳金、罚款、缴销发票、税务登记证件和其他税务证件。

二、税务登记的管理

1. 税务登记证的使用范围

除按照规定不需要发给税务机关登记证件的外，纳税人办理下列事项时，必须持税务登记证件：

(1) 开立银行账户；

(2) 申请减税、免税、退税；

(3) 申请办理延期申报，延期缴纳税款；

(4) 领购发票；

(5) 填报《跨区域涉税事项报告表》；

(6) 办理停业、歇业；

(7) 其他有关税务事项。

2. 税务登记的审验

(1) 税务机关对税务登记证件实行定期验证和换证制度。纳税人应当在规定的期限内持有关证件到主管税务机关办理验证或者换证手续。

(2) 纳税人应当将税务登记证件正本在其生产、经营场所或者办公场所公开悬挂，接受税务机关检查。

(3) 纳税人遗失税务登记证件的，应当在 15 日内书面报告主管税务机关，并登报声明作废。

(4) 根据《国家税务总局关于创新跨区域涉税事项报验管理制度的通知》(税总发[2017]103 号文件)，纳税人跨区城经营前不再开具相关证明，改为填报《跨区城涉税事项报告表》。纳税人跨省(自治区、直辖市和计划单列市)临时从事生产经营活动的，不再开凤《外出经营活动税收管理证明》，改向机构所在地的税务机关填报《跨区域涉税事项报告表》。纳税人在省(自治区、直辖市和计划单列市)内跨县(市)临时从事生产经营活动的是否实施跨区域涉税事项报验管理由各省(自治区、直辖市和计划单列市)税务机关自行确定。

《国家税务总局关于创新跨区域涉税事项报验管理制度的通知》(税总发[2017]103 号文件)同时取消跨区城涉税事项报验管理的固定有效期。税务机关不再按照 180 天设置报验管理的固定有效期，改按跨区域经营合网执行期限作为有效期限。合同延期的，纳税人可向经营地或机构所在地的税务机关办理报验管理有效期限延期手续。

模块三 账簿、凭证及发票的管理

一、账簿、凭证的管理

（一）涉税账簿的设置

从事生产、经营业务的纳税人应当自领取营业执照之日起15日内设置账簿，一般企业要设置的涉税账簿有总分类账、明细账（按具体税种设置）及有关辅助性账簿。“应交税费——应交增值税”明细账使用特殊的多栏式账页，其他明细账使用三栏式明细账页，总分类账使用总分类账页。扣缴义务人应当自税法规定的扣缴义务发生之日起10日内，按照所代扣、代收的税种设置代扣代缴、代收代缴税款账簿。

生产经营规模小又确无建账能力的纳税人，可以聘请注册会计师或者经税务机关认可的财会人员代为建账和办理账务；聘请上述机构或者人员有实际困难的，报经县以上税务机关批准，可以按照税务机关的规定建立收支凭证粘贴簿、进货销货登记簿或者使用税控装置。

（二）财务、会计制度管理

从事生产、经营业务的纳税人应当自领取税务登记证件之日起15日内，将其财务、会计制度或者财务、会计处理办法和会计核算软件报送税务机关备案。

纳税人、扣缴义务人的财务、会计制度或者财务、会计处理办法与国务院或者国务院财政、税务主管部门的有关税收规定相抵触的，依照国务院或者国务院财政、税务主管部门有关税收的规定计算应纳税款，代扣代缴或代收代缴税款。

（三）会计档案管理

从事生产、经营业务的纳税人，扣缴义务人必须按照国务院财政、税务主管部门规定的保管期限保管账簿、记账凭证、报表、完税凭证及其他有关资料。账簿、记账凭证、报表、完税凭证及其他有关纳税资料应当至少保存10年。

二、发票的管理

（一）发票领购

纳税人应携带有关证件向税务机关提出领购发票的申请，然后凭税务机关发给的发票领购簿中核准的发票种类、数量以及购票方式，向税务机关领取发票。

发票是指在购销商品、提供或者接受劳务和其他经营活动中，开具、收取的收付款凭证。发票是确定经济收支行为发生的证明文件，是财务收支的法定凭证，也是税务稽查的重要依据。《中华人民共和国税收征收管理法》（以下简称《税收征收管理法》）规定：税务机关是发票主管机关，负责发票印制、领购、开具、取得、保管、缴销的管理和监督。发票一般分为普通发票和增值税专用发票。

1. 普通发票的领购

（1）普通发票领购簿的申请、核发。纳税人凭税务登记证或营业执照到主管税务机关领取并填写“普通发票领购簿申请审批表”(见表 1-1)，同时提交如下资料：经办人身份证明(居民身份证或护照)；财务专用章或发票专用章印模；主管税务机关要求报送的其他材料。

主管税务机关在发票管理环节对上述资料审核无误后，将核批的发票名称、种类、购票数量、购票方式(包括批量供应、验旧供新、交旧供新)等填发在发票领购簿上，同时对发票领购簿号码进行登记。

表 1-1　普通发票领购簿申请审批表

纳税人识别号：

纳税人名称：

发票名称	联次	金额版	文字版	数量	每月用量

申请理由： 申请人(签章) 办税人员：　　年　月　日	申请人财务专用章或发票专用章印模	

以下由税务机关填写						
发票名称	规格	联次	金额版	文字版	数量	每次限购数量
购票方式			保管方式			
主管税务机关发票管理环节审批意见： (公章) 负责人：　　经办人：　　年　月　日						

注：1. 本表系纳税人初次购票前及因经营范围变化等原因，需增减发票种类数量时填写。

2. 经审批同意后，将有关发票内容填写在普通发票领购簿中。

3. 此表不作为日常领购发票的凭据。

4. 本表一式两份，一份纳税人留存，一份税务机关留存。

(2) 领购普通发票。领购普通发票时，纳税人须报送税务登记证或营业执照、发票领购簿及经办人身份证明。一般纳税人领购增值税普通发票还需要提供税控 IC 卡，供主管税务机关发票管理环节在审批发售普通发票时查验；对验旧供新和交旧供新方式售票的，还需提供前次领购的发票存根联。

审验合格后，纳税人按规定支付工本费，领购发票，并审核领购发票的种类、版别和数量。

2. 增值税专用发票的领购

(1) 增值税专用发票领购簿的申请、核发。已经认定的增值税一般纳税人，凭增值税一般纳税人申请认定表，到主管税务机关发票管理部门领取并填写“领取增值税专用发票领购簿申请书”(见表 1-2)，然后提交下列资料：领取增值税专用发票领购簿申请书；盖有增值税一般纳税人确认专用章的税务登记证或营业执照；办税员的身份证明；财务专用章或发票专用章印模；领取最高开票限额申请表。

表 1-2 领取增值税专用发票领购簿申请书

××国家税务局：

我单位已于××××年××月××日被认定为增值税一般纳税人，纳税人识别号□□□□□□□□□□□□□□□□□□□□，现申请购买增值税专用发票。

发票名称	发票代码	联次	每次领购最大数量
			本/份
			本/份
			本/份

为做好专用发票的领购工作，我单位特指定×××(身份证号：)和×××(身份证号：)××位同志为购票员。

我单位将建立健全专用发票管理制度，严格遵守有关专用发票领购、使用、保管的法律和法规。

法定代表人(负责人)(签字)：

申请单位(签章)
年 月 日

主管税务机关审核意见：

(公章)
年 月 日

县(市)级税务机关审核意见：

(公章)
年 月 日

注：本表一式三份，一份纳税人留存，另两份各级税务机关留存。

主管税务机关发票管理部门对上述资料审核无误后，填写增值税专用发票领购簿，签署准购发票名称、种类、数量、面额、购票方式、保管方式等审核意见。

(2) 增值税专用发票的初始发行。一般纳税人领购专用发票后，凭“最高开票限额申请表”、“发票领购簿”到主管税务机关办理初始发行，即主管税务机关将一般纳税人的下列信息载入空白金税卡和 IC 卡：①企业名称；②税务登记代码；③开票限额；④购票限量；⑤购票人员姓名、密码；⑥开票机数量；⑦国家税务总局规定的其他信息。一般纳税人发生第①、③、④、⑤、⑥、⑦项信息变化，应向主管税务机关申请变更发行；发生第②项信息变化，应向主管税务机关申请注销发行。

(3) 增值税专用发票的领购。增值税专用发票一般由县级主管税务机关发票管理环节发售，发售增值税专用发票实行验旧供新制度。

审批后日常领购增值税专用发票，需要提供以下资料："发票领购簿"，IC卡，经办人身份证明，上一次发票的使用清单，税务部门规定的其他资料。

对资料齐备、手续齐全、符合条件而又无违反增值税专用发票管理规定行为的，主管税务机关发票管理部门予以发售增值税专用发票，并按规定价格收取发票工本费，同时开具收据交纳税人。

（二）发票填开

纳税义务人在对外销售商品、提供服务以及发生其他经营活动收取款项时，必须向付款方开具发票。在特殊情况下，由付款方向收款方开具发票(收款单位和扣缴义务人支付给个人款项时开具的发票)，未发生经营业务一律不准开具发票。

1. 普通发票的开具要求

开具普通发票时应遵循以下要求：

(1) 发票开具应该按规定的时限、顺序，逐栏、全联、全部栏次一次性如实开具，并加盖单位财务印章或发票专用章。

(2) 发票限于领购单位在本省、自治区、直辖市内开具；未经批准不得跨越规定的使用区域携带、邮寄或者运输空白发票。

(3) 任何单位和个人都不得转借、转让、代开发票；未经税务机关批准，不得拆本使用发票；不得自行扩大专用发票的使用范围。

(4) 开具发票后，如果发生销货退回需要开红字发票，必须收回原发票并注明"作废"字样，或者取得对方有效证明；发生折让的，在收回原发票并注明"作废"字样后重新开具发票。

2. 专用发票的开具要求

开具增值税专用发票，除按照普通发票的要求外，还要遵守以下规定。

(1) 项目齐全，与实际交易相符。

(2) 字迹清楚，不得压线、错格。

(3) 发票联和抵扣联加盖财务专用章或者发票专用章。

(4) 按照增值税纳税义务的发生时间开具。

3. 发票保管

(1) 各部门用完的发票存根，按发票的顺序整理好，交财务部门核对。财务部门检查收回和领用数量是否相符，如发现缺本少页，按税务局发票管理规定罚款并追究当事人责任。

(2) 用完的发票收回后由财务部门负责整理，依据税务局的规定存放和保管(包括发票登记本)，保存5年。保存期满，报税务机关查验，批准后销毁。

4. 填开发票的"八不准"规定

(1) 不准大头小尾。所谓大头小尾，是指发票填开人将复写发票分联分别填写，发票或付款报销联开大金额，而存根联、记账联则开小金额。

(2) 不准转借代开。所谓转借代开，是指填开发票单位或个人之间相互转借发票或超越工作职责范围，徇私情违章替别人开具发票。

(3) 不准卖甲开乙。所谓卖甲开乙，是指发票填开人为了迎合顾客的要求，故意将甲写成乙，帮助他人弄虚作假。

(4) 不准拆本使用。所谓拆本使用，是指用票部门将整本发票拆开零星使用。它极易造成发票丢失，不易管理。

(5) 不准错位开票。所谓错位开票，是指填开发票部门未按发票的最高面额开票。例如，开百元的发票不能在千元发票上开具，开十元发票的不能在百元发票上开具。

(6) 不准涂改套用。所谓涂改套用，是指开票部门由于填写错误，为了简化工作而自行在原发票上作涂改。

(7) 不准开具空白发票。

(8) 不准自行开具公司经营范围以外的发票。

(三) 发票审查

根据《中华人民共和国发票管理办法》(以下简称《发票管理办法》)及其实施细则的规定，税务机关在发票管理中有权检验印制、领购、开具、取得和保管发票的情况；调出发票检验；查阅、复制与发票有关的凭证、资料；向当事各方询问与发票有关的问题和情况；在查处发票案件时，对与案件有关的情况和资料，可以记录、录音、录像、照相和复制。印制、使用发票的单位和个人，必须接受税务机关的依法检查，如实反映情况，提供有关资料，不得拒绝、隐瞒。税务人员进行检查时，应当出示税务检查证。

税务机关需要将已开具的发票调出查验时，要向被查验的单位和个人开具发票换票证。发票换票证与所调出查验的发票具有同等的效力。被调出查验发票的单位和个人不得拒绝接受。发票换票证仅限于在本县(市)范围内使用。需要调出外县(市)的发票查验时，应与当地县(市)税务机关联系，使用当地的发票换票证。发票的真伪由税务机关鉴定。

税务机关需要将空白发票调出查验时，应当开具收据；经查无问题的，应当及时发还。单位和个人从中国境外取得的与纳税有关的发票或者凭证，税务机关在纳税审查时有疑义的，可以要求其提供境外公证机构或者注册会计师的确认证明，经税务机关审核认可后，方可作为记账核算的凭证。

税务机关在发票检查中需要核对发票存根联与发票联填写情况时，可以向持有发票或者发票存根联的单位发出“发票填写情况核对卡”，有关单位应在接到税务机关“发票填写情况核对卡”后15日内如实填写有关情况报回。

模块四 纳税申报与税款缴纳

一、纳税申报

(一) 一般纳税申报

纳税申报是指纳税人、扣缴义务人、代征人为正常履行纳税、扣缴税款义务，就纳税事项向税务机关提出书面申请的一种法定手续。进行纳税申报是纳税人、代征人必须履行的义务。

1. 纳税申报的主体

凡是按照国家法律、行政法规的规定负有纳税义务的纳税人、代征人或扣缴义务人(含享受减免税的纳税义务人),无论本期有无应纳、应缴税款,都必须按照税法规定的期限如实向主管税务机关办理纳税申报。

纳税人应指派专门办税人员持"办税员证"办理纳税申报。纳税人必须如实填报纳税申报表,并加盖单位公章,同时按照税务机关的要求提供有关纳税申报资料,纳税人应对其申报的内容承担完全的法律责任。

2. 纳税申报的方式

一般来说,纳税申报主要有直接申报(上门申报)、邮寄申报、数据电文申报(电子申报)、简易申报和其他申报等方式。

(1) 直接申报,是目前最常用的申报方式,是指由纳税人和扣缴义务人在法定税款征收期内自行到税务机关报送纳税申报和其他有关纳税申报资料。

(2) 邮寄申报,是指经税务机关批准的纳税人,扣缴义务人使用统一规定的纳税申报特快专递专用信封,通过邮政部门办理交寄手续,并向邮政部门索取收据作为申报凭证的方式。

(3) 数据电文申报(电子申报),是指经税务机关批准的纳税人通过电话语音、电子数据交换和网络传输等形式办理的纳税申报。纳税人采用数据电文方式办理纳税申报的,应当按照税务机关规定的税务期限和要求保存有关资料,并定期书面报送主管税务机关。

(4) 简易申报,是指实行定期定额的纳税人,经税务机关批准,通过以缴纳税款凭证代替申报或简并征期的一种申报方式。

(5) 其他申报,是指纳税人、扣缴义务人采用直接申报、邮寄申报、数据电文申报、简易申报以外的方法向税务机关办理纳税申报或者报送代扣代缴、代收代缴报告表。

3. 纳税申报应报送的有关资料

纳税人依法办理纳税申报时,应向税务机关报送纳税申报表及规定报送的各种附表资料、异地完税凭证、财务报表以及税务机关要求报送的其他有关资料。

代扣代缴义务人发生代扣代缴义务,在其第一次向税务机关报送资料时,需领取并填写代缴义务人情况表一式两份(一份税务机关留存,一份扣缴义务人留存),由税务机关确认代扣税种、代扣税种的税目或品名、代扣期限、征收率(单位税额)等有关事宜。如代扣代缴义务人的代扣代缴情况发生变化,需到税务机关重新领取并填写代扣代缴义务人的情况表。

4. 滞纳金和罚金

我国税法规定,纳税人未按规定纳税期限缴纳税款的,扣缴义务人未按规定期限解缴税款的,税务机关除责令限期缴纳外,从滞纳税款之日起,按日加收滞纳税款的0.5‰的滞纳金。

税法还规定,纳税人发生违章行为的,按规定可以处一定数量的罚款。企业支付的各种滞纳金、罚款等不得列入成本费用,不得在税前列支,应当计入企业的营业外支出。

(二) 延期申报与零申报

1. 延期申报

纳税人、扣缴义务人因不可抗力需延期申报的,应于其所延期申报税种的纳税期限终了前5日内向主管税务机关提出延期申报申请,并填写延期申报申请审批表,经主管税务机关批准并向其发送核准延期申报通知书后,可以延期办理纳税申报。

2. 零申报

纳税人和扣缴义务人在有效期间内,没有取得应税收入或所得、没有应缴税款发生的,以及已办理税务登记但未开始经营或者开业期间没有经营收入的纳税人,除已办理停业审批手续的以外,必须按规定的纳税申报期限进行零申报。纳税人进行零申报,应在申报期内向主管税务机关正常报送纳税申报表及有关资料,并在纳税申报表上注明“零”或“无收入”字样。

二、税款缴纳

(一) 税款征收方式

税款缴纳是纳税义务人依税法规定的期限,将应纳税款向国库解缴的活动。它是纳税义务人完成纳税义务的体现,是纳税活动的中心环节。税款解缴一般按税法规定的征收方式进行,我国实行的税款征收方式有以下六种。

1. 查账征收

查账征收是税务机关按照纳税人提供的账表所反映的经营情况,依照适用的税率计算缴纳税款的方法。其具体步骤为:纳税人在规定的纳税期限内,以纳税申报表的形式向税务机关办理纳税申报,经税务机关审查核实后,填写缴款书,然后纳税人到当地开户银行缴纳税款。这种征收方式适用于账簿、凭证和财务会计核算比较健全的纳税人。

2. 查定征收

查定征收是由税务机关依据纳税人的生产设备、生产能力、从业人员数量和正常情况下的生产销售情况,对其生产的应税产品实行查定产量、销售量或销售额,依率计征的一种征收方法。它适用于生产不固定、账册不健全的纳税人。

3. 查验征收

查验征收是对于某些零星、分散的高税率货物,在纳税人申报缴纳时,由税务机关派人到现场实地查验,并贴上查验标记或盖上查验戳记,据以计算征收税款的一种征收方法。

4. 定期定额征收

定期定额征收是税务机关对一些营业额和所得额难以准确计算的纳税人,通过核定其一定时期的营业额和所得税预征率,实行城市维护建设税、所得税等税种合并征收的一种征收方法。纳税人在核定期内营业额达到或超过核定定额的20%~30%时,应及时向税务机关申报调整定额。它一般适用于小型的个体工商户。

5. 代扣代缴、代收代缴

代扣代缴是指按照税法规定负有扣缴税款的法定义务人,负责对纳税人应纳的税款进行代扣代缴的方式，即由支付人在向纳税人支付款项时，从所支付款项中依法直接扣收税款并代为缴纳。其目的在于对零星分散、不易控制的税源进行源泉控制。例如，个人所得税以所得人为纳税义务人，其扣缴义务人为支付个人所得税的单位。

代收代缴是指按照税法规定负有收缴税款的法定义务人，负责对纳税人应纳的税款进行代收代缴的方式，即由与纳税人有经济义务往来的单位和个人在向纳税人收取款项时依法收取税款并代为缴纳。其目的在于对税收网络覆盖不到或者难以控管的领域进行源泉控制。例如，增值税暂行条例规定，工业企业委托加工产品，一律于委托方提货时由受托方代收代缴税款。

6. 委托代征

委托代征是指受托的有关单位按照税务机关核发的代征证书的要求，以税务机关的名义向纳税人征收的一些零散税款的方式。目前，各地区对零散、不易控管的税源，大多是委托街道办事处、居委会、乡政府、村委会及交通管理部门代征税款。

纳税人采用哪一种方式缴纳税款，应由纳税义务人向税务机关申报后，由税务机关根据具体情况决定，纳税人无权自行确定或更改。

（二）税款缴纳程序

1. 正常缴纳程序

税款缴纳程序因征收方式的不同而不同。一般来说，是由纳税义务人、扣缴义务人直接向国库或者国库经收处缴纳，也可以由税务机关自收或者委托代征税款。如果自收或者委托代征税款，应由税务机关填制汇总缴款书，连同税款一起缴入国库经收处。国库经收处收纳的税款，随同缴款书划转入库后，才完成了税款征收手续。无论采取哪种缴纳程序，征缴税款后，税务机关必须向纳税人开具完税凭证——税收缴款书（见表 1-3）（盖有国库经收处收款章）或者税收完税证。

表 1-3　中华人民共和国____税收缴款书

隶属关系：　　　　　　　　　　　　　　　　　　　国 缴 字 0000000

注册类型：　　　　填发日期：　年　月　日　　　　征收机关：

缴款单位（人）	代码		预算科目	编码	
	全称			名称	
	开户银行			级次	
	账号			收缴国库	
税款所属时间	年　月　日		税款限缴日期	年　月　日	
品目名称	课税数量	计税金额或销售收入	税率或单位税额	已缴或扣除额	实缴金额
金额合计	（大写）				

续表

缴款单位(人) (盖章) 经办人(章)	税务机关 (盖章) 填票人(章)	上列款项已从缴款单位(人)账户支付并划转收款单位账户 国库(银行)盖章 年　月　日	会计分录 借方: 贷方: 转账日期 年　月　日 复核员 记账员	备注:

纳税期限和纳税申报期限不同,但两者紧密相连。

纳税期限是根据各个税种的特点确定的,各个税种的纳税期限因其征收对象、计税环节的不同而不同。同一税种,也可以因为纳税人的生产经营情况、经营规模、财务会计核算不同,应纳税额大小不等,纳税期限也不一样。纳税期限一般分为按期纳税和按次纳税,按期纳税是指以纳税人发生纳税义务的一定期间为纳税期限;不能按期纳税的,实行按次纳税。

纳税申报期限是指法律、行政法规规定的或者税务机关依照法律、行政法规的规定确定的,纳税人或者扣缴义务人向税务机关申报应纳税款,正式向国库缴纳税款的时间期限。例如,企业所得税法规定,企业所得税按年计算,分月或分季预缴,月度或季度终了后 15 日内预缴,年度终了后 5 个月内汇算清缴,多退少补。

纳税人、扣缴义务人申报期限的最后一天如遇国家法定的公休假日,可以顺延。公休假日是指元旦、春节、清明节、五一、端午节、中秋节、国庆节以及双休日。纳税人、扣缴义务人为了错开集中休息时间,经有关部门批准把双休日改在一周之内其他时间休息的,也应视同公休假日。

2. 延期缴纳税款

纳税人或扣缴义务人必须按照法律、法规规定的期限缴纳税款,但有特殊困难不能按期缴纳税款的,按照《税收征收管理法》的规定,可以延期缴纳税款。

纳税人延期缴纳税款申报的操作程序分为以下两步。

第一步,向主管税务机关填报"延期缴纳税款申请审批表",进行书面申请。

第二步,主管税务机关审核无误后,必须经省(自治区、直辖市)国家税务局或地方税务局批准方可延期缴纳税款。

知识小结

税法是税收制度的核心内容。税法是国家制定的用以调整国家和纳税人之间在征纳税各方面的权利及义务关系的法律规范的总称。它是国家依法征税及纳税人依法纳税的行为准则,其目的是保障国家利益和纳税人的合法权益,维护正常的税收秩序,保证国家的财政收入。税法对国民经济的发展和社会经济的发展起着重要而积极的作用。

税法的构成要素一般包括总则、纳税义务人、征税对象、税目、税率、纳税环节、纳税期限、纳税地点、税收优惠、减免税、计税依据、违章处理、附则等项目。

税务登记是指纳税人为履行纳税义务就有关纳税事宜依法向税务机关办理登记的一种

法定手续;反过来也可以说,税务登记是税务机关对纳税人的开业、变更、注销、外出经营报验、停业、复业以及生产经营情况进行登记管理的法定程序。税务登记是整个税收征收管理的起点,其作用在于掌握纳税人的基本情况和税源分布情况。从税务登记开始,纳税人的身份及征纳双方的法律关系即得到确认。税务登记的基本步骤是先由纳税人申报办理税务登记,然后经主管税务机关审核,最后由税务机关填发税务登记证件。

纳税申报是指纳税人、扣缴义务人、代征人为正常履行纳税、扣缴税款义务,就纳税事项向税务机关提出书面申请的一种法定手续。进行纳税申报是纳税人、代征人必须履行的义务。

税款征收方式主要有查账征收,查定征收,查验征收,定期定额,代收代缴、代扣代缴,委托代征等。税款缴纳是纳税义务人依税法规定的期限,将应纳税款向国库解缴的活动。它是纳税义务人完成纳税义务的体现,是纳税活动的中心环节。

知识巩固

1. 简述税法的概念及其作用。
2. 税法的构成要素有哪些?
3. 简述税务登记流程。
4. 简述纳税义务人的开业登记、变更登记、注销办理及停复业登记程序。
5. 税款征收方式有哪几种?
6. 简述税款缴纳的程序。

案例讨论

案例一

某企业按照规定,应于20×5年1月15日前缴纳应纳税款30万元,该企业却迟迟未交。当地税务局责令其于2月28日前缴纳,并加收滞纳金。但直到3月15日,该企业才缴纳税款。请根据《税收征收管理法》的规定判断:该企业应缴纳多少滞纳金?

案例二

20×5年5月,税务机关在进行税务检查时发现,某企业上年未向税务机关申报企业所得税,当问及其原因时,该企业负责人的解释是上年度亏损了10万元。税务机关对其处以2 000元罚款。该企业负责人表示不理解,认为企业没有实现利润为什么还要进行纳税申报,并就此向上级税务机关提出税务行政复议。请回答下列问题:

(1) 亏损企业是否同样需要进行纳税申报?

(2) 纳税人没有进行纳税申报,税务机关应该如何处罚?

实训设计

【实训目标】

(1) 熟悉公司税务登记流程;

(2) 掌握发票领购流程;

(3) 熟悉纳税申报流程;

(4) 掌握税款缴纳程序。

【实训内容与要求】

实训内容:

陈明是某高校20×6届会计专业毕业生。20×6年5月,他在人才交流会上应聘报税岗位的会计人员,由于他对企业纳税实务这门课掌握得很扎实,因而被录用。20×6年7月1日,他去单位报到,会计主管刚好要去税务部门办理新成立的一个公司的税务登记,便叫陈明一起去,让他学习开业登记的具体工作流程,并告诉陈明以后新公司报税岗位的会计由他来担任。假如你是陈明,在接到这个任务后,你应该如何来办理这个新公司的税务登记?日后的发票领购、纳税申报、税款缴纳等涉税事务应如何操作?

实训要求:

(1) 掌握税务登记流程,填写税务登记表。

(2) 利用所学知识,加深对发票领购簿的申请核发内容的巩固。

(3) 尝试自己填写普通发票领购簿申请审批表、纳税申报表,并填写税款缴款书。

【成果与检验】

实训结束,写出实训总结,主要包括:在实训中,为完成任务做了哪些准备工作;在实训中遇到了哪些新问题及其解决方式;在税务登记流程及税款缴纳中学到了哪些新知识。

学习情境二

增值税纳税实务

学习目标

- 了解增值税的基本知识；
- 掌握增值税应纳税额的计算；
- 能根据企业经济业务资料进行增值税业务的会计核算；
- 能进行增值税的纳税申报。

增值税是以商品生产流通和提供劳务所产生的增值额为征税对象的一种流转税，其课税范围涉及社会的生产、流通、消费、劳务等诸多生产经营领域。增值税的征收有利于贯彻公平税负原则，有利于生产经营结构的合理化，有利于扩大国际贸易往来，有利于国家普遍、及时、稳定地取得财政收入。可以说，增值税的征收在我国财政、经济、对外贸易等方面发挥了积极的作用。

模块一 增值税基础认知

一、增值税的概念

从国际上看，增值税是以商品和劳务在流转过程中产生的增值额作为征税对象而征收的一种流转税。

我国于1979年在部分城市试行增值税。1982年财政部制定了《增值税暂行办法》，并自1983年1月1日起在全国试行。1984年9月，在总结经验的基础上，国务院又制订了《中华人民共和国增值税条例(草案)》，并于当年10月起施行。1993年12月13日，国务院又发布了《中华人民共和国增值税暂行条例》，并自1994年1月1日起施行。此时我国的增值税属于生产型增值税。

为了进一步完善税制，国务院决定全面实施增值税转型改革。2008年11月5日，国务院公布了修订后的《中华人民共和国增值税暂行条例》，并自2009年1月1日起施行。此时，我国的增值税从生产型增值税转型为消费型增值税。

2011年底,国家决定开展营业税改征增值税(以下简称“营改增”)的工作。2012年1月1日起,上海市率先开展交通运输业和部分现代服务业“营改增”试点。2013年8月1日起,交通运输业和部分现代服务业“营改增”试点在全国范围内开展。2014年1月1日起,铁路运输和邮政服务业纳入“营改增”试点。2014年6月1日起,电信业纳入“营改增”试点范围。2016年3月24日,财政部、国家税务总局发布《关于全面推开营业税改征增值税试点的通知》财税[2016]36号,经国务院批准,自2016年5月1日起,在全国范围内全面推开营业税改征增值税(即“营改增”)试点,建筑业、房地产业、金融业、生活服务业等全部营业税纳税人,纳入试点范围,由缴纳营业税改为缴纳增值税。至此,我国增值税全面取代了营业税。

随着我国“营改增”全面展开,增值税的重要性进一步得到彰显,同时增值税的概念也相应地发生了变化。在我国现阶段,增值税是指对在我国境内销售货物、提供加工修理修配劳务、进口货物以及销售服务、无形资产、不动产的单位和个人,就其货物、劳务、服务、无形资产、不动产的增值额和进口货物金额为计税依据而课征的一种流转税。

资料卡

增值税的发展

增值税制度起源于1918年德国的隆西蒙斯和美国的亚当斯的学说,但其真正受到欧洲各国政府广泛的重视是在20世纪60年代初。1954年,法国首次确立并开征增值税。由于增值税征税范围广泛、计税合理、能显著增加财政收入,很快在世界各国流行。

我国于1979年开始在部分城市对农业机具、机械等行业进行增值税的试点;1983年,在全国的国营和集体工业企业中试行;1984年,改革税制,把增值税从原来的工商税中分离出来,独立设置税种,并逐步扩大征收范围。

我国正式建立增值税制度,并经过近十年的完善,1993年12月13日,国务院颁布了《中华人民共和国增值税暂行条例》,构建起生产型增值税体系。增值税的征收在我国财政、经济、对外贸易等方面发挥了积极的作用,可谓功不可没,是我国第一大税。

二、增值税的征税范围

2016年5月1日起,我国“营改增”工作全面展开,增值税全面取代了营业税。目前,我国增值税的征税范围如下:

(一)销售货物

销售货物是指在中华人民共和国境内(以下简称中国境内)有偿转让货物的所有权。中国境内是指所销售货物的起运地或所在地在中国境内。货物是指除土地、房屋和其他建筑物等不动产外的有形动产,包括电力、热力、气体在内。

(二)提供加工修理修配劳务

提供加工修理修配劳务,是指在中国境内有偿提供加工、修理修配劳务。其中,加工是指受托加工货物,即委托方提供原料及主要材料,受托方按照委托方要求制造货物并收取加工费的业务;修理修配劳务是指受托对损伤和丧失功能的货物进行修复,使其恢复原状和功能的业务。但是,单位或者个体工商户聘用的员工为本单位或雇主提供加工、修理修配劳务不包括在内。

(三) 进口货物

凡进入我国关境的货物,在报关进口时除依法缴纳关税外,还必须向我国海关缴纳增值税。

(四) 销售服务

销售服务,是指提供交通运输服务、邮政服务、电信服务、建筑服务、金融服务、现代服务、生活服务。

1. 交通运输服务

交通运输服务,是指利用运输工具将货物或者旅客送达目的地,使其空间位置得到转移的业务活动。包括陆路运输服务、水路运输服务、航空运输服务和管道运输服务。

2. 邮政服务

邮政服务,是指中国邮政集团公司及其所属邮政企业提供邮件寄递、邮政汇兑、机要通信和邮政代理等邮政基本服务的业务活动。包括邮政普遍服务、邮政特殊服务和其他邮政服务(不包括邮政储蓄业务)。

3. 电信服务

电信服务,是指利用有线、无线的电磁系统或者光电系统等各种通信网络资源,提供语音通话服务,传送、发射、接收或者应用图像、短信等电子数据和信息的业务活动。包括基础电信服务和增值电信服务。

4. 建筑服务

建筑服务,是指各类建筑物、构筑物及其附属设施的建造、修缮、装饰,线路、管道、设备、设施等的安装以及其他工程作业的业务活动。包括工程服务、安装服务、修缮服务、装饰服务和其他建筑服务。

5. 金融服务

金融服务,是指经营金融保险的业务活动。包括贷款服务、直接收费金融服务、保险服务和金融商品转让。

6. 现代服务

现代服务,是指围绕制造业、文化产业、现代物流产业等提供技术性、知识性服务的业务活动。包括研发和技术服务、信息技术服务、文化创意服务、物流辅助服务、租赁服务、鉴证咨询服务、广播影视服务、商务辅助服务和其他现代服务。

7. 生活服务

生活服务,是指为满足城乡居民日常生活需求提供的各类服务活动。包括文化体育服务、教育医疗服务、旅游娱乐服务、餐饮住宿服务、居民日常服务和其他生活服务。

(五) 销售无形资产

销售无形资产,是指转让无形资产所有权或者使用权的业务活动。无形资产,是指不具实物形态,但能带来经济利益的资产,包括技术、商标、著作权、商誉、自然资源使用权和其他权益性无形资产。自然资源使用权,包括土地使用权、海域使用权、探矿权、采矿权、取水权和其他自然资源使用权。其他权益性无形资产，包括基础设施资产经营权、公共事业特许权、配额、经营权(包括特许经营权、连锁经营权、其他经营权)、经销权、分销权、代理权、会员权、席位权、网络游戏虚拟道具、域名、名称权、肖像权、冠名权、转会费等。

(六) 销售不动产

销售不动产，是指转让不动产所有权的业务活动。不动产，是指不能移动或者移动后会引起性质、形状改变的财产，包括建筑物、构筑物等。建筑物，包括住宅、商业营业用房、办公楼等可供居住、工作或者进行其他活动的建造物。构筑物，包括道路、桥梁、隧道、水坝等建造物。

转让建筑物有限产权或者永久使用权的，转让在建的建筑物或者构筑物所有权的，以及在转让建筑物或者构筑物时一并转让其所占土地的使用权的，按照销售不动产缴纳增值税。

(七) 视同销售行为

视同销售行为，即没有直接发生销售，但也要按照正常销售行为征税。结合财税[2016]36 号及相关文件，视同销售行为总结为以下 10 种：

(1) 将货物交付其他单位或者个人代销。

(2) 销售代销货物。

(3) 设有两个以上机构并实行统一核算的纳税人，将货物从一个机构移送至其他机构用于销售，但相关机构设在同一县(市)的除外。

“用于销售”，是指受货机构发生以下情形之一的经营行为：向购货方开具发票；向购货方收取货款。

受货机构的货物移送行为有上述情形之一的，应当向所在地税务机关缴纳增值税；未发生上述两种情形的，则应由总机构统一缴纳增值税。

如果受货机构只就部分货物向购买方开具发票或收取货款，则应当区别不同情况计算并分别向总机构所在地或分支机构所在地缴纳税款。

(4) 将自产、委托加工的货物用于集体福利或者个人消费。

集体福利是指企业内部设置的供职工使用的食堂、浴室、理发室、宿舍、幼儿园等福利设施及其设备、物品。

个人消费是指以福利、奖励、津贴等形式发给职工的个人物品，也包括纳税人的交际应酬消费。

(5) 将自产、委托加工或者购进的货物作为投资，提供给其他单位或者个体工商户。

(6) 将自产、委托加工或者购进的货物分配给股东或者投资者。

(7) 将自产、委托加工或者购进的货物无偿赠送其他单位或者个人。

(8) 单位或者个体工商户向其他单位或者个人无偿提供服务，但用于公益事业或者以社会公众为对象的除外。

(9) 单位或者个人向其他单位或者个人无偿转让无形资产或者不动产，但用于公益事业或者以社会公众为对象的除外。

(10) 财政部和国家税务总局规定的其他情形。

(八) 特殊经营行为和产品的税务处理

(1) 纳税人销售货物、加工修理修配劳务、服务、无形资产或者不动产适用不同税率或者征收率的，应当分别核算适用不同税率或者征收率的销售额，未分别核算销售额的，按照以下方法适用税率或者征收率：

① 兼有不同税率的销售货物、加工修理修配劳务、服务、无形资产或者不动产，从高适用税率。

② 兼有不同征收率的销售货物、加工修理修配劳务、服务、无形资产或者不动产，从高适用征收率。

③ 兼有不同税率和征收率的销售货物、加工修理修配劳务、服务、无形资产或者不动产，从高适用税率。

（2）一项销售行为如果既涉及服务又涉及货物，为混合销售行为。从事货物的生产、批发或者零售的单位和个体工商户的混合销售行为，按照销售货物缴纳增值税；其他单位和个体工商户的混合销售行为，按照销售服务缴纳增值税。

（3）纳税人兼营免税、减税项目的，应当分别核算免税、减税项目的销售额；未分别核算的，不得免税、减税。

三、增值税的纳税人

凡在我国境内销售货物、提供加工修理修配劳务、进口货物以及销售服务、无形资产、不动产的企业单位及个人，均为增值税的纳税人。增值税的纳税人分为小规模纳税人和一般纳税人。

（一）增值税小规模纳税人

增值税小规模纳税人（以下简称小规模纳税人）是指年应征增值税销售额（以下简称应税销售额）在规定标准以下，并且会计核算不健全，不能按规定报送有关税务资料的增值税纳税人。“会计核算不健全”是指不能正确核算增值税的销项税额、进项税额和应纳税额。

增值税小规模纳税人标准为年应征增值税销售额500万元及以下。

已登记为增值税一般纳税人的单位和个人，在2018年12月31日前，可转登记为小规模纳税人，其未抵扣的进项税额作转出处理。

（二）增值税一般纳税人

一般纳税人（以下简称一般纳税人）是指年应纳增值税销售额（以下简称应税销售额）超过小规模纳税人标准的企业和企业性单位。

（1）年应征增值税销售额500万元以上。

（2）已开业的小规模纳税人，其年应税销售额超过小规模纳税人标准的，应在次年1月底以前申请办理一般纳税人认定手续。

（3）年应税销售额未超过标准的小规模企业，会计核算健全，能准确核算并提供销项税额、进项税额的，可申请办理一般纳税人认定手续。

（4）新开业的符合一般纳税人条件的企业，应在办理税务登记的同时申请办理一般纳税人认定手续。税务机关对其预计年应税销售额超过小规模企业标准的暂认定为一般纳税人；其开业后的实际年应税销售额未超过小规模纳税人标准的，应重新申请办理一般纳税人认定手续。符合条件（3）的可继续认定为一般纳税人；不符合的，取消一般纳税人资格。

（5）纳税人总分支机构实行统一核算，其总机构年应税销售额超过小规模企业标准，但分支机构年应税销售额未超过小规模企业标准的,其分支机构可申请办理一般纳税人认定手续。在办理认定手续时,须提供总机构所在地主管税务机关批准其总机构为一般纳税人的证明(总机构申请认定表的影印件)。

一般纳税人和小规模纳税人的认定标准,如表 2-1 所示。

表 2-1 一般纳税人和小规模纳税人的认定标准

企业类型	小规模纳税人	一般纳税人
以货物生产或者提供加工修理修配劳务为主的企业 以货物批发或者货物零售为主的企业 “营改增”试点企业	年应税销售额≤500 万	年应税销售额>500 万
年应税销售额未超过小规模纳税人标准,或者新开业的小型商贸批发企业		可申请为一般纳税人,接受纳税辅导期管理
非企业性单位、不经常发生应税行为的企业	一般按小规模纳税人纳税	

符合一般纳税人条件的,应向其所在国家税务局填写、申报《增值税一般纳税人申请认定表》,办理一般纳税人认定手续。纳税人自认定机关认定为一般纳税人的次月起(新开业纳税人自主管税务机关受理申请的当月起),按照《增值税暂行条例》第四条的规定计算应纳税额,并按照规定领购使用增值税发票。除国家税务总局另有规定外,纳税人一经认定为一般纳税人后,不得转为小规模纳税人。

四、增值税的税率

(一) 增值税基本税率

纳税人销售货物、劳务、有形动产租赁服务或者进口货物(进口抗癌药品除外),除低税率、出口货物和跨境销售服务、无形资产等另有规定外,税率为 13%。

(二) 增值税的低税率

(1) 纳税人销售交通运输、邮政、基础电信、建筑、不动产租赁服务,销售不动产,转让土地使用权,销售或者进口下列货物,税率为 9%:

① 粮食等农产品、食用植物油、食用盐;

② 自来水、暖气、冷气、热水、煤气、石油液化气、天然气、二甲醚、沼气、居民用煤炭制品;

③ 图书、报纸、杂志、音像制品、电子出版物;

④ 饲料、化肥、农药、农机、农膜;

⑤ 国务院规定的其他货物。

(2) 纳税人销售服务(有形动产租赁服务、跨境销售服务除外)、无形资产(土地使用权、跨境销售无形资产除外),税率为 6%。

(3) 自 2018 年 5 月 1 日起,对进口抗癌药品,减按 3%征收进口环节增值税。

（三）增值税的零税率

（1）纳税人出口货物，适用增值税零税率；

（2）跨境销售部分服务、无形资产，适用增值税零税率。

① 国际运输服务。包括在境内载运旅客或者货物出境；在境外载运旅客或者货物入境；在境外载运旅客或者货物。

② 航天运输服务。

③ 向境外单位提供的完全在境外消费的下列服务：研发服务；合同能源管理服务；设计服务；广播影视节目（作品）的制作和发行服务；软件服务；电路设计及测试服务；信息系统服务；业务流程管理服务；离岸服务外包业务；转让技术。

④ 财政部和国家税务总局规定的其他服务。

五、增值税征收率

（一）征收率 3%

1. 小规模纳税人，适用 3%的征收率。

包括营改增小规模纳税人，如交通运输业、邮政业、建筑业、金融业、现代服务业、生活服务业小规模纳税人，均按 3%征收率计征增值税。

2. 一般纳税人销售自产的下列货物，可按照简易计税办法依照 3%征收率计税。

（1）县级及县级以下小型水力发电单位生产的电力。小型水力发电单位，是指各类投资主体建设的装机容量为 5 万千瓦以下（含 5 万千瓦）的小型水力发电单位。

（2）建筑用和生产建筑材料所用的砂、土、石料。

（3）以自己采掘的砂、土、石料或其他矿物连续生产的砖、瓦、石灰（不含黏土实心砖瓦）。

（4）用微生物、微生物代谢产物、动物毒素、人或动物的血液或组织制成的生物制品。

（5）自来水。

（6）商品混凝土（仅限于以水泥为原料生产的水泥混凝土）。

3. “营改增”试点一般纳税人下列应税行为，可按照简易计税方法依照 3%征收率计税。

（1）公共交通运输服务。公共交通运输服务包括轮客渡、公交客运、地铁、城市轻轨、出租车、长途客运、班车。班车，是指按固定路线、固定时间运营并在固定站点停靠的运送旅客的陆路运输服务。

（2）经认定的动漫企业为开发动漫产品提供的动漫脚本编撰、形象设计、背景设计、动画设计、分镜、动画制作、摄制、描线、上色、画面合成、配音、配乐、音效合成、剪辑、字幕制作、压缩转码（面向网络动漫、手机动漫格式适配）服务，以及在境内转让动漫版权（包括动漫品牌、形象或者内容的授权及再授权）。

（3）电影放映服务、仓储服务、装卸搬运服务、收派服务和文化体育服务。

（4）以纳入营改增试点之日前取得的有形动产为标的物提供的经营租赁服务。

（5）在纳入营改增试点之日前签订的尚未执行完毕的有形动产租赁合同。

（6）建筑服务。

① 一般纳税人以清包工方式提供的建筑服务，可以选择适用简易计税方法计税。以清包工方式提供建筑服务，是指施工方不采购建筑工程所需的材料或只采购辅助材料，并收取人工费、管理费或者其他费用的建筑服务。

② 一般纳税人为甲供工程提供的建筑服务，可以选择适用简易计税方法计税。

甲供工程，是指全部或部分设备、材料、动力由工程发包方自行采购的建筑工程。

③ 一般纳税人为建筑工程老项目提供的建筑服务，可以选择适用简易计税方法计税。

(7) 公路经营企业中的一般纳税人收取试点前开工的高速公路的车辆通行费，可以选择适用简易计税方法，减按3%的征收率计算应纳税额。

试点前开工的高速公路，是指相关施工许可证明上注明的合同开工日期在2016年4月30日前的高速公路。

(二) 征收率5%

"营改增"纳税人(包括一般纳税人和小规模纳税人)销售动产以及不动产经营租赁部分业务依照5%的征收率计征增值税。

1. 销售不动产

(1) 一般纳税人销售其2016年4月30日前取得(不含自建)的不动产，可以选择适用简易计税方法，以取得的全部价款和价外费用减去该项不动产购置原价或者取得不动产时的作价后的余额为销售额，按照5%的征收率计算应纳税额。

(2) 一般纳税人销售其2016年4月30日前自建的不动产，可以选择适用简易计税方法，以取得的全部价款和价外费用为销售额，按照5%的征收率计算应纳税额。

(3) 小规模纳税人销售其取得(不含自建)的不动产(不含个体工商户销售购买的住房和其他个人销售不动产)，应以取得的全部价款和价外费用减去该项不动产购置原价或者取得不动产时的作价后的余额为销售额，按照5%的征收率计算应纳税额。

(4) 小规模纳税人销售其自建的不动产，应以取得的全部价款和价外费用为销售额，按照5%的征收率计算应纳税额。

(5) 房地产开发企业中的一般纳税人，销售自行开发的房地产老项目，可以选择适用简易计税方法按照5%的征收率计税。房地产老项目，是指《建筑工程施工许可证》注明的合同开工日期在2016年4月30日前的房地产项目。

(6) 房地产开发企业中的小规模纳税人，销售自行开发的房地产项目，按照5%的征收率计税。

(7) 其他个人销售其取得(不含自建)的不动产(不含其购买的住房)，应以取得的全部价款和价外费用减去该项不动产购置原价或者取得不动产时的作价后的余额为销售额，按照5%的征收率计算应纳税额。

(8) 个人将购买不足2年的住房对外销售的，按照5%的征收率全额缴纳增值税；个人将购买2年以上含2年的非普通住房对外销售的，以销售收入减去购买住房价款后的差额按照5%的征收率缴纳增值税；个人将购买2年以上含2年的普通住房对外销售的，免征增值税。上述政策仅适用于北京市、上海市、广州市和深圳市。

2. 不动产经营租赁服务

(1) 一般纳税人出租其2016年4月30日前取得的不动产，可以选择适用简易计税方法法，按照5%的征收率计算应纳税额。

(2) 小规模纳税人出租其取得的不动产(不含个人出租住房)，应按照5%的征收率计算应纳税额。

(3) 其他个人出租其取得的不动产(不含住房)，应按照5%的征收率计算应纳税额。

(4) 个人出租住房，应按照5%的征收率减按1.5%计算应纳税额。

3. 中外合作开采的原油、天然气

中外合作油(气)田开采的原油、天然气按实物征收增值税，征收率为5%。在计征增值税时，不抵扣进项税额。原油、天然气出口时，不予退税。

六、税收优惠

(一)《增值税暂行条例》规定的免税项目

(1) 农业生产者销售的自产农产品。

(2) 避孕用品和用具。

(3) 古旧图书。

(4) 直接用于科学研究、科学试验和教学的进口仪器、设备。

(5) 外国政府、国际组织无偿援助的进口物资和设备。

(6) 由残疾人的组织直接进口供残疾人专用的物品。

(7) 其他个人(自然人)销售自己使用过的物品。

(8) 根据国家指令无偿提供的铁路运输服务、航空运输服务，属于《试点实施办法》第十四条规定的(向其他单位或者个人无偿提供)用于公益事业的服务。

(9) 存款利息。

(10) 被保险人获得的保险赔付。

(11) 房地产主管部门或者其指定机构、公积金管理中心、开发企业以及物业管理单位代收的住房专项维修基金。

(12) 在资产重组过程中，通过合并、分立、出售、置换等方式，将全部或者部分实物资产以及与其相关联的债权、负债和劳动力一并转让给其他单位和个人，其中涉及的不动产、土地使用权转让行为。

(二) 增值税的出口退(免)税

为鼓励本国产品出口，我国采取国际上通行的税收规则，对出口产品退免税，以不含税价格进入国际市场，增强本国产品的竞争能力。按照《增值税暂行条例》规定，我国实行出口货物零税率的优惠政策，不但出口环节不纳税，而且可以退还以前纳税环节中已纳税款。

我国出口货物增值税的退(免)税政策有三个：一是出口免税并且退税；二是出口免税但不予退税；三是出口不免税也不予退税，即征税后出口的政策。

1. 出口免税并且退税

出口免税并且退税是指出口的凡属于已征或应征增值税的货物，除国家明确规定不予退(免)税的货物和出口企业从小规模纳税人购进并持普通发票的部分货物外，都是出口货物退(免)税的货物范围，均应予以退还已征增值税和消费税或免征应征的增值税和消费税。可以退(免)税的货物应是报关离境出口收汇并已核销的，在财务上作销售处理的，属于增值税、消费税征税范围的货物。以上货物报关出口后，按照生产和国内流通的实际税负和出口退税率计算的退税额，在“先征后退”或“免、抵、退”的退税办法下申请退税。

出口免税并且退税政策的适用范围是具备以上条件的生产性自营出口或委托外贸企业代理出口的自产货物出口业务以及有进出口经营权的外贸企业收购后直接出口或委托其他外贸企业代理出口货物的业务。

此外，我国对以下一些特定出口货物（属于税法列举规定的免税货物或限制、禁止出口的货物除外），也适用出口免税并且退税政策。

(1) 对外承包工程公司运出境外用于对外承包项目的货物。

(2) 对外承接修理修配业务的企业用于对外修理修配的货物。

(3) 外轮供应公司、远洋运输供应公司销售给外轮、远洋国轮而收取外汇的货物。

(4) 企业在国内采购并运往境外作为在国外投资的货物。

(5) 利用外国政府贷款或国际金融组织贷款，通过国际招标由国内企业中标的机电产品、建筑材料。

(6) 对外补偿贸易、易货贸易及小额贸易出口的货物。

(7) 对港澳台贸易的货物。

2. 出口免税但不予退税

以下货物，除了属于税法列举规定的限制或禁止出口的外，实行国内免税或出口免税，但不予退税的政策。

(1) 属于生产企业的小规模纳税人自营出口或委托外贸企业代理出口的自产货物。

(2) 外贸企业从小规模纳税人购进并持普通发票的货物出口，免税但不予退税。但对于出口的抽纱、工艺品、香料油、山货、草柳竹藤编织品等，考虑其生产采购的特殊性，特准退税。

(3) 外贸企业直接购进国家规定的免税货物（包括免税农产品）出口的。

(4) 来料加工复出口的货物，即原材料进口免税，加工自制的货物出口不退税。

(5) 避孕药品和用具、古旧图书，内销免税，出口也免税。

(6) 国家出口计划内的卷烟：有出口卷烟权的企业出口国家出口卷烟计划内的卷烟，在生产环节免征增值税、消费税，出口环节不办理退税；其他非计划内出口的卷烟照章征收增值税和消费税，出口一律不退税。

(7) 军品以及军队系统企业出口军需工厂生产或军需部门调拨的货物免税，不予退税。

(8) 国家规定的其他免税货物，如农业生产者销售的自产农业产品、饲料、农膜等。

出口享受免征增值税的货物，其耗用的原材料、零部件等支付的进项税额，包括准予抵扣的运输费用所含的进项税额，不能从内销货物的销项税额中抵扣，应计入产品成本处理。

3. 出口不免税也不予退税

以下货物除了经批准属于进料加工复出口贸易外，实行出口不免税也不退税政策。

(1) 国家计划外出口的原油（自 1999 年 9 月 1 日起国家计划内出口的原油恢复按 13% 的退税率退税）、国家计划外出口的卷烟。

(2) 援外项目下的出口货物不免税也不退税；但对利用中国政府的援外优惠贷款和合作项目基金方式下出口的货物，比照一般贸易出口，实行出口退税政策。

(3) 国家禁止出口的货物，包括天然牛黄、麝香、铜及铜基合金(出口电解铜自 2001 年 1 月1 日起按 17%的退税率退还增值税，自 2018 年 5 月 1 日起按 16%的出口退税率退还增值税，自 2019 年 3 月 5 日起按 13%的退税率退还增值税)、白银等。

(三) 其他有关增值税免税优惠的项目

(1) 为了完善部分资源综合利用，促进节能减排，有关资源综合利用及其他产品增值税政策如下。

① 对销售再生水、以废旧轮胎为全部生产原料生产的胶粉、翻新轮胎、生产原料中掺兑废渣比例不低于 30%的特定建材产品等自产货物，实行免征增值税政策。

② 对污水处理劳务免征增值税。

③ 对销售以工业废气为原料生产的高纯度二氧化碳产品、以垃圾为燃料生产的电力或者热力、以煤炭开采过程中伴生的舍弃物油母页岩为原料生产的页岩油、以废旧沥青混合凝土为原料生产的再生沥青混凝土、采用旋窑法工艺生产的水泥(包括水泥熟料，下同)或者外购水泥熟料采用研磨工艺生产的水泥(水泥生产原料中掺兑废渣比例不低于 30%)等资产货物，实行增值税即征即退的政策。

④ 对销售以退役军用发射药为原料生产的涂料硝化棉粉，对燃煤发电厂及各类工业企业产生的烟气、高硫天然气进行脱硫生产的副产品，以废旧酒糟和酿酒低底锅水为原料生产的蒸汽、活性炭、白碳黑、乳酸、乳酸钙、沼气，以煤矸石、煤泥、石煤、油母页岩为燃料生产的电力和热力，利用风力生产的电力，部分新型墙体材料产品等自产货物，增值税实行即征即退 50%的政策。

⑤ 对销售自产的综合利用生物柴油实行增值税先征后退政策。

⑥ 在 2010 年底以前，对符合条件的增值税一般纳税人销售再生资源缴纳的增值税实行先征后退政策。

(2) 自 2008 年 6 月 1 日起，纳税人生产销售和批发、零售有机肥产品免征增值税。纳税人兼营免税、减税项目的，应当分别核算免税、减税项目的销售额；未分别核算销售额的，不得免税、减税。纳税人销售货物或者应税劳务适用免税规定的，可以放弃免税，依照条例的规定缴纳增值税。放弃免税后，36 个月内不得再申请免税。

(3) 对农民专业合作社的增值税政策。农民专业合作社，是指依照《中华人民共和国农民专业合作社法》规定设立和登记的农民专业合作社。

① 对农民专业合作社销售本社成员生产的农业产品，视同农业生产者销售自产农业产品免征增值税。

② 对农民专业合作社向本社成员销售的农膜、种子、种苗、化肥、农药、农机，免征增值税。

(4) 免税店销售免税品的增值税政策。

① 对于海关隔离区内免税店销售免税品以及市内免税店销售但在海关隔离区内提取免税品的行为，不征收增值税。对于免税店销售其他不属于免税品的货物，应照章征收增值税。

② 纳税人兼营应征收增值税货物或劳务和免税品的，应分别核算应征收增值税货物或劳务和免税品的销售额。未分别核算或者不能准确核算销售额的，其免税品与应征收增值税货物或劳务一并征收增值税。

(5) 除经中国人民银行和商务部批准经营融资租赁业务的单位所从事的融资租赁业务

外，其他单位从事的融资租赁业务，租赁的货物的所有权转让给承租方的，征收增值税；租赁的货物的所有权未转让给承租方的，不征收增值税。

(6) 转让企业全部产权涉及的应税货物的转让，不属于增值税的征税范围，不征收增值税。

(7) 对从事热力、电力、燃气、自来水等公用事业的增值税纳税人收取的一次性费用，凡与货物的销售数量有直接关系的，征收增值税；凡与货物的销售数量无直接关系的，不征收增值税。

(8) 纳税人代有关行政管理部门收取的费用，凡同时符合以下条件的，不属于价外费用，不征收增值税。

① 经国务院、国务院有关部门或省级政府批准。

② 开具经财政部门批准使用的行政事业收费专用票据。

③ 所收款项全额上缴财政或虽不上缴财政但由政府部门监管，专款专用。

(9) 纳税人销售货物的同时代办保险而向购买方收取的保险费，以及从事汽车销售的纳税人向购买方收取的代购买方缴纳的车辆购置税、牌照费，不作为价外费用征收增值税。

(10) 纳税人销售软件产品并随同销售一并收取的软件安装费、维护费、培训费等收入，应按照增值税混合销售行为的有关规定征收增值税，并可享受软件产品增值税即征即退政策。对软件产品交付使用后，按期或按次收取的维护费、技术服务费、培训费等不征收增值税。纳税人受托开发软件产品，著作权属于受托方的征收增值税，著作权属于委托方或属于双方共同拥有的不征收增值税。

(11) 印刷企业接受出版单位委托，自行购买纸张，印刷有统一刊号(CN)以及采用国际标准书号编序的图书、报纸和杂志，按货物销售征收增值税。

(12) 对增值税纳税人收取的会员费收入不征收增值税。

(13) 按债转股企业与金融资产管理公司签订的债转股协议，债转股原企业将货物资产作为投资提供给债转股新公司的，免征增值税。

(14) 各燃油电厂从政府财政专户取得的发电补贴不属于增值税规定的价外费用，不计入应税销售额，不征收增值税。

模块二 增值税的计算

一、增值税销项税额的计算

销项税额＝销售额×适用税率

由于增值税是价外税，式中的“销售额”不包括销项税额。纳税人采用销售额和销项税额合并定价方法的，应按照下列公式计算销售额：

销售额＝含税销售额÷(1＋税率)

（一）货物、加工修理修配劳务销售额的确认

1. 一般销售业务销售额的确认

销售货物、加工修理修配劳务，以纳税人向购买方收取的全部价款和价外费用为销售额，但不包括收取的销项税额。

价外费用，包括价外向购买方收取的手续费、补贴、基金、集资费、返还利润、奖励费、违约金、滞纳金、延期付款利息、赔偿金、代收款项、代垫款项、包装费、包装物租金、储备费、优质费、运输装卸费以及其他各种性质的价外收费。但以下项目不包括在内：委托加工应征消费税的消费品所代收代缴的消费税。同时符合以下条件的代垫运输费用：承运部门的运输费用发票开具给购买方的；纳税人将该项发票转交给购买方的。同时符合以下条件代为收取的政府性基金或者行政事业性收费：由国务院或者财政部批准设立的政府性基金，由国务院或者省级人民政府及其财政、价格主管部门批准设立的行政事业性收费；收取时开具省级以上财政部门印制的财政票据；所收款项全额上缴财政。销售货物的同时代办保险等而向购买方收取的保险费，以及向购买方收取的代购买方缴纳的车辆购置税、车辆牌照费。

2. 特殊情况下销售额的确认

（1）包装物押金

① 纳税人销售一般货物而出租、出借包装物收取的押金，单独记账核算的，时间在 1 年以内又未逾期的，不并入销售额征税。

“逾期”是指按合同约定实际逾期或收取 1 年以上的押金，无论是否退还，均应并入销售额征税。对于个别包装物周转使用期限较长的，报经税务机关确定后，可适当放宽逾期期限。

② 对销售除啤酒、黄酒以外的其他酒类产品而收取的包装物押金，无论是否返还及会计上如何核算，均应并入当期销售额征税。

（2）采取折扣方式销售

① 商业折扣。商业折扣又称折扣销售。税法规定，商业折扣形式，如果销售额和折扣额在同一张发票上分别注明的，可按折扣后的余额作为销售额计算增值税。

注意，上述所指商业折扣仅限于货物价格折扣，如果销售方将自产、委托加工或购买的货物用于实物折扣，比如“买一赠一”之类的捆绑销售，则该实物应按“视同销售行为”计算增值税。

② 现金折扣。现金折扣又称销售折扣。现金折扣是及时收回款项而给予购买方的一种折扣方法。税法规定，现金折扣形式，必须按照货款总价作为销售额计算增值税。

（3）以旧换新方式销售

① 一般货物以旧换新销售，应按新货物同期销售价格确定销售额，不得扣减旧货物的收购价格。

② 对金银首饰以旧换新业务，可按销售方实际收取的不含增值税的全部价款征收增值税，即可扣减旧金银首饰的收购价格。

(4) 以物易物方式销售

税法规定，以物易物双方都应做购销处理，以各自发出的货物核算销售额并计算销项税额，以各自收到的货物按规定核算购货款并计算进项税额。

(5) 还本方式销售

还本销售是指纳税人在销售货物后，到一定期限由销售方一次或分次退还给购货方全部或部分价款。税法规定，还本方式销售，按货物的销售价格征收增值税，不得扣减还本支出。

(二) 各项服务销售额的确认

1. 交通运输服务销售额的确认

(1) 交通运输业纳税人有偿提供交通运输服务，以取得的全部价款和价外费用为增值税的计税依据。即原则上以发生应税交易取得的全部收入为计税依据。价外费用，是指价外收取的各种性质的价外收费，但不包括代为收取的政府性基金或者行政事业性收费。

(2) 将承揽的运输业务分给其他单位或者个人的，以其取得的全部价款和价外费用扣除其支付给其他单位或者个人的运输费用后的余额为销售额。

(3) 纳税人提供国际货物运输代理服务，以其取得的全部价款和价外费用，扣除支付给国际运输企业的国际运输费用后的余额为销售额。国际货物运输代理服务，是指接受货物收货人或其代理人、发货人或其代理人、运输工具所有人、运输工具承租人或运输工具经营人的委托，以委托人的名义或者以自己的名义，在不直接提供货物运输服务的情况下，直接为委托人办理货物的国际运输、从事国际运输的运输工具进出港口、联系安排引航、靠泊、装卸等货物和船舶代理相关业务手续的业务活动。

(4) 航空运输企业的销售额，不包括代收的机场建设费和代售其他航空运输企业客票而代收转付的价款。

2. 邮政服务销售额的确认

(1) 各省、自治区、直辖市和计划单列市邮政企业（以下称总机构）应当汇总计算总机构及其所属邮政企业（以下称分支机构）提供邮政服务的增值税应纳税额，抵减分支机构提供邮政服务已缴纳（包括预缴和查补，下同）的增值税额后，向主管税务机关申报纳税。总机构汇总的销售额，为总机构及其分支机构提供邮政服务的销售额。总机构汇总的进项税额，是指总机构及其分支机构提供邮政服务而购进货物、接受加工修理修配劳务和应税服务，支付或者负担的增值税额。

(2) 分支机构提供邮政服务，按照销售额和预征率计算应预缴税额，按月向主管税务机关申报纳税，不得抵扣进项税额。计算公式为：

应预缴税额＝（销售额＋预订款）×预征率

销售额为分支机构对外（包括向邮政服务接受方和本总、分支机构外的其他邮政企业）提供邮政服务取得的收入；预订款为分支机构向邮政服务接受方收取的预订款。销售额不包括免税项目的销售额；预订款不包括免税项目的预订款。

3. 电信服务销售额的确认

(1) 纳税人提供电信业服务时，附带赠送用户识别卡、电信终端等货物或者电信业服务的，应将其取得的全部价款和价外费用进行分别核算，按各自适用的税率计算缴纳增值税。

(2) 中国移动通信集团公司、中国联合网络通信集团有限公司、中国电信集团公司及其成员单位通过手机短信公益特服号为公益性机构(名单见附件)接受捐款服务，以其取得的全部价款和价外费用，扣除支付给公益性机构捐款后的余额为销售额。

(3) 境内单位和个人向中华人民共和国境外单位提供电信业服务，免征增值税。

(4) 积分兑换形式赠送的电信业服务，不征收增值税。

4. 建筑服务销售额的确认

(1) 建筑服务销售额为纳税人提供建筑服务收取的全部价款和价外费用。

(2) 提供建筑服务适用简易计税方法的，以取得的全部价款和价外费用扣除支付的分包款后的余额为销售额。

5. 金融服务销售额的确认

(1) 贷款服务，以提供贷款服务取得的全部利息及利息性质的收入为销售额。

(2) 直接收费金融服务，以提供直接收费金融服务收取的手续费、佣金、酬金、管理费、服务费、经手费、开户费、过户费、结算费、转托管费等各类费用为销售额。

(3) 金融商品转让，按照卖出价扣除买入价后的余额为销售额。

销售额＝卖出价－买入价

转让金融商品出现的正负差，按盈亏相抵后的余额为销售额。若相抵后出现负差，可结转下一纳税期与下期转让金融商品销售额相抵，但年末时仍出现负差的，不得转入下一个会计年度。金融商品的买入价，可以选择按照加权平均法或者移动加权平均法进行核算，选择后36个月内不得变更。金融商品转让，不得开具增值税专用发票。

(4) 金融机构转贴现利息收入免税，不计入销售额。

6. 现代服务销售额的确认

(1) 经纪代理服务，以取得的全部价款和价外费用，扣除向委托方收取并代为支付的政府性基金或者行政事业性收费后的余额为销售额。

销售额＝取得的全部价款和价外费用－向委托方收取并代为支付的政府性基金或者行政事业性收费向委托方收取的政府性基金或者行政事业性收费，不得开具增值税专用发票。

(2) 客运场站服务，以其取得的全部价款和价外费用，扣除支付给承运方运费后的余额为销售额。

7. 生活服务销售额的确认

旅游服务，可以选择以取得的全部价款和价外费用，扣除向旅游服务购买方收取并支付给其他单位或者个人的住宿费、餐饮费、交通费、签证费、门票费和支付给其他接团旅游企业的旅游费用后的余额为销售额。选择该办法计算销售额的试点纳税人，向旅游服务购买方收取并支付的上述费用，不得开具增值税专用发票，可以开具普通发票。

(三) 无形资产销售额的确认

纳税人转让无形资产以纳税人转让无形资产从受让方取得的货币、货物和其他经济利益为销售额。

(四) 不动产销售额的确认

房地产开发企业中的一般纳税人销售其开发的房地产项目(选择简易计税方法的房地产老项目除外),以取得的全部价款和价外费用,扣除受让土地时向政府部门支付的土地价款后的余额为销售额。

销售额=取得的全部价款和价外费用-受让土地时向政府部门支付的土地价款

(五) 视同销售行为销项税额的计算

纳税人发生视同销售行为无销售价格的,或者销售货物、加工修理修配劳务、服务、无形资产及不动产价格明显偏低并无正当理由的,按下列顺序核定销售额:

(1) 按照纳税人最近时期销售同类货物、劳务、服务、无形资产或者不动产的平均价格确定;

(2) 按照其他纳税人最近时期销售同类货物、劳务、服务、无形资产或者不动产的的平均价格确定;

(3) 按照组成计税价格确定。组成计税价格的公式为:

组成计税价格=成本×(1+成本利润率)

属于应征消费税的货物,其组成计税价格中应加计消费税额。其组成计税价格公式为:

组成计税价格=成本×(1+成本利润率)+消费税税额

【例 2-1】 某食品厂为增值税一般纳税人,2020 年 6 月 4 日销售甲产品一批,开具增值税专用发票,不含税价为 60 万元;另收取包装物押金 3 000 元。6 月 20 日,该厂将自产的 500 件乙产品全部发放给本企业职工(假设乙产品无同类产品市场价格),每件成本价为 300 元,成本利润率为 10%。已知适用的增值税税率为 13%。计算该食品厂 2020 年 6 月的销项税额。

解 甲产品的销售额=600 000(元)

甲产品的销项税额=600 000×13%=78 000(元)

乙产品的组成计税价格=500×300×(1+10%)=165 000(元)

发放乙产品的销项税额=165 000×13%=21 450(元)

该食品厂 2018 年 6 月的销项税额=78 000+21 450=99 450(元)

二、增值税进项税额的计算

(一) 增值税进项税额的含义

增值税进项税额,是指纳税人购进货物、加工修理修配劳务、服务、无形资产或者不动产,支付或者负担的增值税额。

(二) 准予抵扣进项税额的确认

1. 增值税专用发票

一般纳税人购进货物、加工修理修配劳务、服务、无形资产、不动产的进项税额,为增值税专用发票上(含税控机动车统一发票)上注明的增值税额。

一般纳税人接受投资转入的货物,以及接受捐赠转入的货物,其扣税凭证符合规定的,允许抵扣进项税额。

2. 海关进口增值税专用缴款书

一般纳税人进口货物的进项税额，为从海关取得的进口增值税专用缴款书上注明的增值税额。

对于进口货物，增值税专用缴款书上若标明两个单位名称，既有代理进口单位名称，又有委托进口单位名称的，只准予其中取得专用缴款书原件的单位抵扣税款。

3. 农产品收购发票或者农产品销售发票

一般纳税人购进农产品，取得增值税专用发票或者海关进口增值税专用缴款书，可以按照发票上注明的增值税额抵扣进项税额。此外，一般纳税人向农业生产者购买免税农产品，按税务机关批准使用的农产品收购发票的价款，按10%的税率计算进项税额；向小规模纳税人购买农产品，也允许按取得的农产品销售发票上注明的价款，按10%的税率计算进项税额。纳税人购进用于生产销售或委托加工16%税率货物的农产品，按照12%的扣除率计算进项税额。

4. 税务局为小规模企业代开的专用发票

一般纳税人取得由税务局为小规模纳税人代开的增值税专用发票，可按照代开的专用发票上注明的税额抵扣进项税额。

5. 从境外单位或者个人购进服务、无形资产或者不动产，自税务机关或者扣缴义务人取得的解缴税款的完税凭证上注明的增值税额。

【例 2-2】 某食品厂为增值税一般纳税人，2020年6月8日采购一批原材料，货款已付，取得增值税专用发票，注明不含税价为300 000元；支付采购途中的运费，取得增值税专用发票，注明不含税价为4 000元。假设增值税专用发票当月均已认证通过。计算该食品厂2020年6月的进项税额。

解 采购原材料可抵扣的进项税额＝300 000×13%＝39 000(元)

支付运费可抵扣的进项税额＝4 000×9%＝360(元)

该食品厂2018年6月的进项税额＝39 000＋360＝39 360(元)

(三) 进项税额的抵扣办法

1. 增值税一般纳税人取得2017年1月1日及以后开具的增值税专用发票、海关进口增值税专用缴款书、机动车销售统一发票、收费公路通行费增值税电子普通发票，取消认证确认、稽核比对、申报抵扣的期限。纳税人在进行增值税纳税申报时，应当通过本省(自治区、直辖市和计划单列市)增值税发票综合服务平台对上述扣税凭证信息进行用途确认。

2. 增值税一般纳税人取得2016年12月31日及以前开具的增值税专用发票、海关进口增值税专用缴款书、机动车销售统一发票，超过认证确认、稽核比对、申报抵扣期限，但符合规定条件的，仍可按照《国家税务总局关于逾期增值税扣税凭证抵扣问题的公告》(2011年第50号，国家税务总局公告2017年第36号、2018年第31号修改)、《国家税务总局关于未按期申报抵扣增值税扣税凭证有关问题的公告》(2011年第78号，国家税务总局公告2018年第31号修改)规定，继续抵扣进项税额。

(四) 不得抵扣的进项税额

纳税人购进货物、加工修理修配劳务、服务、无形资产或者不动产，发生以下情形的，不得抵扣其对应的进项税额：

(1) 未按规定取得、保存增值税扣税凭证的。

(2) 用于简易计税方法计税项目、免征增值税项目、集体福利或者个人消费的购进货物、加工修理修配劳务、服务、无形资产和不动产。

其中涉及的固定资产、无形资产、不动产，仅指专用于上述项目的固定资产、无形资产(不包括其他权益性无形资产)、不动产。

纳税人的交际应酬消费属于个人消费。

(3) 非正常损失的购进货物，以及相关的加工修理修配劳务和交通运输服务。

(4) 非正常损失的在产品、产成品所耗用的购进货物(不包括固定资产)、加工修理修配劳务和交通运输服务。

(5) 非正常损失的不动产，以及该不动产所耗用的购进货物、设计服务和建筑服务。

(6) 非正常损失的不动产在建工程所耗用的购进货物、设计服务和建筑服务。

纳税人新建、改建、扩建、修缮、装饰不动产，均属于不动产在建工程。

(7) 购进的旅客运输服务、贷款服务、餐饮服务、居民日常服务和娱乐服务。

(8) 财政部和国家税务总局规定的其他情形。

三、增值税进项税额转出的计算

已经抵扣了进项税额的货物、加工修理修配劳务、服务、无形资产或不动产，如果改变了用途，用于不准抵扣进项税额的项目，或者因人为管理不善、违反法律法规造成货物损毁或没收，应将其对应的进项税额从当期扣减，即将进项税额转出。

无法确定该进项税额的，按照当期实际成本计算进项税额转出额。

已抵扣进项税额的固定资产、无形资产或者不动产，按照下列公式计算进项税额转出额：

进项税额转出额＝固定资产、无形资产或者不动产净值×适用税率

式中，固定资产、无形资产或者不动产净值，是指纳税人根据财务会计制度计提折旧或摊销后的余额。

【例 2-3】 某食品厂为增值税一般纳税人，2020 年 5 月购进的一批原材料，取得增值税专用发票注明进项税额共 64 000 元，已抵扣。2020 年 6 月底，企业将该批原材料的 1/4 用于职工食堂使用。计算该食品厂 2020 年 6 月进项税额转出额。

解 根据相关规定，购进货物用于集体福利，不可抵扣其进项税额；如果已经抵扣进项税额，应进行进项税额转出。

该食品厂 2020 年 6 月进项税额转出额＝64 000×1/4＝16 000(元)

四、增值税应纳税额的计算

(一) 一般计税方法

一般纳税人发生应税行为适用一般计税方法计税。

应纳增值税＝当期销项税额－(当期进项税额－当期进项税额转出)

【例 2-4】 某一般纳税人甲企业 2020 年 6 月销售产品，开出增值税专用发票，价款

20 万元，税额 2.6 万元；收取运费，开出增值税专用发票，价款 3 000 元，税额 270 元；销售给小规模纳税人产品，开出普通发票，价税合计 2.26 万元；将自产一批产品对外投资，成本10 万元。

当月购进生产设备一台，专用发票注明价款 50 000 元，增值税 6 500 元。采购原材料，取得增值税专用发票，价款 6 万元，税额 7 800 元；支付运费，取得普通发票，价款 2 000 元；购入免税农产品，支付收购价 4 万元。

上月购入一批货物，取得增值税专用发票，价款 6 000 元，税额 780 元，已抵扣进项税额。本月底甲企业将该批货物发放给职工。

要求：计算甲企业当月应纳增值税。

解　销项税额＝26 000＋270＋22 600÷(1＋13%)×13%＋100 000×(1＋10%)×13%＝43 170(元)

进项税额＝6 500＋7 800＋40 000×9%＝17 900(元)

进项税额转出额＝780(元)

本月应纳增值税＝43 170－(17 900－780)＝26 050(元)

【例 2-5】　2020 年 6 月份，某建筑业一般纳税人发生如下业务：

提供建筑服务，选择一般计税方法，开具专用发票注明价款 327 万元；出租本年 5 月份购买的脚手架一台，取得收入 2.26 万元(含税)；购买混凝土价值 4.52 万元(含税)，取得增值税专用发票；购买办公用房一套，取得专用发票注明价款 200 万元，税额 18 万元。

要求：计算该建筑企业当月应纳增值税。

解　提供建筑服务销项税额＝3 270 000÷(1＋9%)×9%＝270 000(元)

动产租赁销项税额＝22 600÷(1＋13%)×13%＝2 600(元)

购买混凝土进项税额＝45 200÷(1＋13%)×13%＝5 200(元)

总结：

本期销项税额合计＝270 000＋2 600＝272 600(元)

本期进项税额＝5 200＋180 000＝185 200(元)

本期应纳增值额＝272 600－185 200＝87 400(元)。

【例 2-6】　2018 年 6 月份某房地产开发企业一般纳税人发生如下业务：销售自行开发的房地产项目，选择一般计税方法，价税合计取得收入 130.2 万元，当期允许扣除的土地价款为 43 万元；支付建筑商的建筑费用，价税合计 54.5 万元。

要求：计算该企业当期应纳增值税。

解　采取一般计税方法的房地产项目以取得的全部价款和价外费用扣除土地价款后的余额为销售额。

销售自行开发的房地产销项税额＝(1 302 000－430 000)÷(1＋9%)×9%＝72 000(元)

进项税额＝545 000÷(1＋9%)×9%＝45 000(元)

本期应纳增值税＝72 000－45 000＝27 000(元)

【例 2-7】　某金融机构为一般纳税人，2020 年 5 月发生如下经济业务：融资融券利息收入 1 484 万元；同业贷款不含税利息收入 1 060 万元；收到贴现利息收入 1 696 万元；出售股票取得 500 万元，结转股票成本 700 万元；金融机构转贴现利息收入 800 万元；购入办公设备 43.9 万元，其中 10 万元的设备专用于金融机构转贴现；支付非贷款服务的综合咨询费 84.8 万元；支付金融机构转贴现利息支出 600 万元。

要求：计算该金融机构本季度应纳增值税。（以上价格均为含税价）

解 前 3 项利息收入属贷款服务，

销项税额＝(14 840 000＋10 600 000＋16 960 000)÷(1＋6%)×6%＝2 400 000(元)

金融商品转让卖出买入价相抵后出现负差，可结转下一纳税期与下期转让金融商品销售额相抵；

金融机构转贴现利息收入 800 万元为免税收入；

用于免税项目的办公设备不可抵扣，

则办公设备的进项税额＝(439 000－100 000)÷(1＋13%)×13%＝39 000(元)

支付非贷款服务的综合咨询费可抵扣进项税额＝848 000÷(1＋6%)×6%＝48 000(元)

支付金融机构转贴息利息支出，对方免税，无进项。

总结：本期销项税额＝2 400 000(元)

本期进项税额＝39 000＋48 000＝87 000(元)

本期应纳增值税＝2 400 000－87 000＝2 313 000(元)

【例 2-8】 某酒店为增值税一般纳税人，2020 年 5 月发生如下业务：

本月取得提供住宿服务收入 63.6 万元(含税)，本月提供餐饮收入，全部开具增值税普通发票 14.84 万元(含税)；酒店客房前台商品销售收入 4.52 万元(含税)，未开具增值税普通发票。

本月纳税人购进饮料食品支付含税价款 3.39 万元，取得专用发票注明税额 0.39 万元；本月酒店从养殖户手中购买鸡、鸭、鱼，开具农产品收购发票 5 份，收购金额 3 万元；酒店免费为住宿酒店客户提供接送机服务，本月往返途中共支付高速公路通行费发票价税合计 2.06 万元；该酒店首次购买防伪税控开票器具共支付 2 260 元，取得航天信息公司开具的增值税专用发票，价款 2 000 元，税额 260 元。

要求：计算该酒店当月应纳增值税。

解 餐饮、住宿服务销项税额＝(636 000＋148 400)÷(1＋6%)×6%＝44 400(元)

销售商品销项税额＝45 200÷(1＋13%)×13%＝5 200(元)

购入食品进项税额＝33 900÷(1＋13%)×13%＝3 900(元)

购入农产品进项税额＝30 000×9%＝2 700(元)

高速公路通行费进项税额＝20 600÷(1＋3%)×3%＝600(元)

增值税纳税人初次购买增值税税控系统专用设备，可按价税合计额在增值税应纳税额中全额抵减。

总结：当期销项税额＝44 400＋5 200＝49 600(元)

当期进项税额＝3 900＋2 700＋600＝7 200(元)

可抵免税额＝2 260(元)

当期应纳增值税＝49 600－7 200－2 260＝40 140(元)

(二) 简易计税方法

应纳增值税＝含税销售额÷(1＋征收率)×征收率

1. 一般纳税人简易计税方法计税

一般纳税人发生财政部和国家税务总局规定的特定应税行为,可以选择适用简易计税方法计税,但一经选择,36 个月内不得变更。采取简易计税方法的业务,不得抵扣其购入项目的进项税额。

一般纳税人采用简易计税方法计征增值税,征收率有 3%和 5%两档。

【例 2-9】 2020 年 6 月份,某建筑业一般纳税人发生如下业务:跨县承包建筑劳务(甲供材)合同价值 400 万元,分包给乙公司 150 万元,选择按简易计税方法,开具普票,项目完工并结算。要求计算该业务应纳增值税。

解 一般纳税人甲供材或建筑服务老项目,可选择简易计税方式,以取得的全部价款和价外费用扣除支付的分包费后的余额为销售额,按照 3%征收率计征增值税。

应纳增值税＝(4 000 000－1 500 000)÷(1＋3%)×3%＝72 816(元)

由于跨县区提供建筑服务,应在项目所在地主管国税机关预缴增值税 72 816 元。

【例 2-10】 某房地产企业为一般纳税人,本月销售 2016 年 4 月 30 日前自行开发的房地产项目,选择按简易计税方法,取得含税收入 53.1 万元;该项目支付建筑商的建筑费用,价税合计 22.2 万元,取得专用发票注明税额为 2.2 万元;向个人出租 2016 年 4 月 30 日前自建的房地产收取租金 12 万元。计算该企业当期应纳增值税。

解 销售自行开发的房地产老项目,采取简易计税方法,按 5%的征收率计征增值税,用于简易计税方法项目的进项税金不得抵扣。房地产企业出租 2016 年 4 月 30 日前取得的不动产,按 5%的征收率计征增值税。

当期应纳增值税＝53 1000÷(1＋5%)×5%＋120 000÷(1＋5%)×5%＝31 000(元)

【例 2-11】 2020 年 6 月某服装厂为一般纳税人,转让一栋已使用 3 年的仓库,取得价款和价外费用 305 万元(含税)。该仓库购置原价为 100 万元。

要求:计算该服装厂转让购置从仓库应纳增值税。

解 一般纳税人企业销售其 2016 年 4 月 30 日前取得(不含自建)的不动产,可以选择适用简易计税方法,以差价为销售额,按照 5%的征收率计算应纳税额。

应纳增值税＝(3 050 000－2 000 000)÷(1＋5%)×5%＝50 000(元)

2. 小规模纳税人简易计税方法计税

各行业小规模纳税人采用简易计税方法计征增值税,不得抵扣其购入项目的进项税额。

小规模纳税人(包括营改增小规模纳税人),普遍适用 3%的征收率。如交通运输业、邮政业、建筑业、金融业、现代服务业、生活服务业小规模纳税人,均按 3%征收率计征增值税。但是,小规模纳税人销售不动产、不动产经营租赁业务适用 5%的征收率。

【例 2-12】 某小规模纳税人乙企业本月含税销售额 15 万元,本月购入商品 10 万元。

要求：计算乙企业本月应纳增值税。

解 乙企业本月应纳增值税＝150 000÷(1＋3%)×3%＝4368.93(元)

【例 2-13】 2020 年 6 月，某小规模纳税人企业销售其购买的办公楼一栋，取得价款和价外费用合计 305 万元(含税)，该办公楼购置原价为 100 万元。

要求：计算该笔业务应纳增值税。

解 小规模纳税人销售其取得(不含自建)的不动产(不含个体工商户销售购买的住房和其他个人销售不动产)，应以差价为销售额，按照 5%的征收率计算应纳税额。

应纳增值税＝(3 050 000－2 000 000)÷(1＋5%)×5%＝50 000(元)

(三) 销售自己使用过的物品、固定资产或销售旧货的税务处理

1. 小规模纳税人销售自己使用过的物品、固定资产或经营旧货的税务处理

(1) 小规模纳税人(除其他个人外，下同)，销售自己使用过的固定资产以外的物品，按 3%的征收率正常征收增值税。

(2) 小规模纳税人销售自己使用过的固定资产，依照 3%征收率减按 2%征收增值税。

(3) 小规模纳税人销售旧货，依照 3%征收率减按 2%征收增值税。

所称旧货，是指进入二次流通的具有部分使用价值的货物(含旧汽车、旧摩托车、旧游艇)，但不包括自己使用过的货物。

2. 一般纳税人销售自己使用过的物品、固定资产或销售旧货的税务处理

(1) 销售自己使用过的除固定资产以外的物品，应当按正常销售货物适用税率征收增值税。

(2) 销售自己使用过的已抵扣进项税额的固定资产(包括 2013 年 8 月 1 日以后购进或自制的汽车、摩托车、游艇)，应当按正常销售货物适用税率征收增值税。

(3) 销售自己使用过的属于《增值税暂行条例》第十条规定不得抵扣且未抵扣进项税额的固定资产，或销售自己使用过的 2013 年 8 月 1 日前购进或自制的小汽车、摩托车、游艇(未抵扣进项税额)，自 2014 年 7 月 1 日起，按照简易办法依照 3%征收率减按 2%征收增值税。

(4) 销售旧货，自 2014 年 7 月 1 日起，按照简易办法依照 3%征收率减按 2%征收增值税。

纳税人销售自己使用过的物品、固定资产或销售旧货，税务处理如表 2-2 所示。

表 2-2 销售自己使用过的物品或经营旧货

纳税人	销售情况	税务处理	计税公式
小规模纳税人(除其他个人外)	销售自己使用过的固定资产以外的物品	按 3%征收率正常征收增值税	增值税＝含税售价÷(1＋3%)×3%
	销售自己使用过的固定资产	依照 3%征收率减按 2%征收增值税	增值税＝含税售价÷(1＋3%)×2%
	销售旧货		

续表

<table>
<tr><th>纳税人</th><th>销售情况</th><th>税务处理</th><th>计税公式</th></tr>
<tr><td rowspan="4">一般纳税人</td><td>销售自己使用过的固定资产以外的物品</td><td rowspan="2">按正常销售货物适用税率</td><td rowspan="2">销项税额＝含税售价÷(1＋13％)×13％</td></tr>
<tr><td>销售自己使用过的已抵扣进项税额的固定资产</td></tr>
<tr><td>销售自己使用过的未抵扣进项税额的固定资产</td><td rowspan="2">简易征收，依照3％征收率减按2％征收增值税</td><td rowspan="2">增值税＝含税售价÷(1＋3％)×2％</td></tr>
<tr><td>销售旧货</td></tr>
</table>

(四) 进口货物应纳增值税的计算

增值税一般纳税人与小规模纳税人进口货物增值税应纳税额的计算方法相同，都是按照组成计税价格和规定的税率计算应纳增值税。

进口环节增值税由海关代征。增值税一般纳税人缴纳进口环节增值税后，可以取得海关开具的进口增值税专用缴款书，作为抵扣进项税额的凭证。

【例 2-14】 甲公司为增值税一般纳税人，于 2020 年 5 月进口商品一批，海关核定的关税完税价格为 600 万元。该批产品当月在国内销售，取得不含税销售额 1 400 万元。该商品的关税税率为 10％，增值税税率为 13％。计算甲公司 2018 年 5 月应纳增值税额。

解 进口环节应纳关税税额＝600×10％＝60(万元)

增值税的组成计税价格＝关税完税价格＋关税＝600＋600×10％＝660(万元)

进口环节应纳增值税额＝660×13％＝85.8(万元)

国内销售货物的销项税额＝1 400×13％＝182(万元)

甲公司 3 月应纳增值税额＝182－85.8＝96.2(万元)

五、起征点

个人发生应税行为的销售额未达到增值税起征点的，免征增值税；达到起征点的，全额计算缴纳增值税。增值税起征点不适用于登记为一般纳税人的个体工商户。

自 2011 年 11 月 1 日起，增值税的起征点为：

(1) 按期纳税的，月销售额为 5 000～20 000 元；

(2) 按次纳税的，每次(日) 销售额为 300～500 元。

进一步加大对小微企业的税收支持力度，经国务院批准，2019 年 12 月 1 日至 2021 年 12 月 31 日，增值税小规模纳税人月销售额不超过 10 万元(含 10 万元，下同)的，按照规定免征增值税。其中以 1 个季度为纳税期限的增值税小规模纳税人，季度销售额不超过 30 万元的，免征增值税。

模块三 增值税的纳税申报

一、纳税义务发生时间的确定

增值税纳税义务发生时间，主要是指增值税纳税人、扣缴义务人发生应税、扣缴税款行为应承担纳税义务、扣缴义务的起始时间。

从2009年1月1日起，增值税纳税义务发生时间的确定标准发生了一些变更，具体如下。

(1) 销售货物或者应税劳务，为收讫销售款项或者取得索取销售款项凭据的当天；先开具发票的，为开具发票的当天。同时，对于“收讫销售款项或者取得索取销售款项凭据的当天”，按销售结算方式的不同，又具体规定为：

① 采取直接收款方式销售货物，不论货物是否发出，均为收到销售款或者取得索取销售款凭据的当天。

② 采取托收承付和委托银行收款方式销售货物，为发出货物并办妥托收手续的当天。

③ 采取赊销和分期收款方式销售货物，为书面合同约定的收款日期的当天；无书面合同的或者书面合同没有约定收款日期的，为货物发出的当天。

④ 采取预收货款方式销售货物，为货物发出的当天；但生产销售生产工期超过12个月的大型机械设备、船舶、飞机等货物，为收到预收款或者书面合同约定的收款日期的当天。

⑤ 委托其他纳税人代销货物，为收到代销单位的代销清单或者收到全部或部分货款的当天。未收到代销清单及货款的，为发出代销货物满180天的当天。

⑥ 销售应税劳务，为提供劳务同时收讫销售款或者取得索取销售款的凭据的当天。

⑦ 纳税人发生视同销售货物行为(其中，将货物交付其他单位或者个人代销、销售代销货物除外)，为货物移送的当天。

(2) 进口货物，为报关进口的当天。

(3) 增值税扣缴义务发生时间为纳税人增值税纳税义务发生的当天。

二、纳税期限

纳税人发生增值税纳税义务后，应在规定的纳税期限内缴纳税款。按照《增值税暂行条例》的规定，增值税的纳税期限分别为1日、3日、5日、10日、15日、1个月或者1个季度。纳税人的具体纳税期限，由主管税务机关根据纳税人应纳税额的大小分别核定；不能按照固定期限纳税的，可以按次纳税。

纳税人以1个月或者1个季度为1个纳税期的，自期满之日起15日内申报纳税；以1日、3日、5日、10日或者15日为1个纳税期的，自期满之日起5日内预缴税款，于次月1日起15日内申报纳税并结清上月应纳税款。

三、纳税地点

增值税具体纳税地点具体如下。

(1) 固定业户应当向其机构所在地的主管税务机关申报纳税。总机构和分支机构不在同一县(市)的，应当分别向各自所在地的主管税务机关申报纳税；经国务院财政、税务主管部门或者其授权的财政、税务机关批准，可以由总机构汇总向总机构所在地的主管税务机关申报纳税。

(2) 固定业户到外县(市)销售货物或者劳务，应当向其机构所在地的税务机关报告外出经营事项，并向其机构所在地的税务机关申报纳税；未报告的，应当向销售地或者劳务发生地的税务机关申报纳税；未向销售地或者劳务发生地的税务机关申报纳税的，由其机构所在地的税务机关补征税款。

(3) 非固定业户销售货物或者应税劳务，应当向销售地或者劳务发生地的主管税务机关申报纳税；未向销售地或者劳务发生地的主管税务机关申报纳税的，由其机构所在地或者居住地的主管税务机关补征税款。

(4) 进口货物，应当向报关地海关申报纳税。

(5) 扣缴义务人应当向其机构所在地或者居住地的主管税务机关申报缴纳其扣缴的税款。

四、一般纳税人纳税申报办法

纳税申报所需资料有：《增值税及附加税费申报表(一般纳税人适用)》(如表 2-2)、《增值税及附加税费申报表附列资料(一)》(本期销售情况明细)、《增值税及附加税费申报表附列资料(二)》(本期进行税额明细)、《增值税及附加税费申报表附列资料(三)》(服务、不动产和无形资产扣除项目明细)、《增值税及附加税费申报表附列资料(四)》(税额抵减情况表)、《增值税及附加税费申报表附列资料(五)》(附加税费情况表)、《增值税减免税申报明细表》。

一般纳税人要按照《税收征收管理法实施细则》的规定保管附报资料。账簿、会计凭证、报表、完税凭证及其他有关纳税资料应当保存 10 年。但是，法律、行政法规另有规定的除外。

增值税纳税申报表如表 2-2 所示。

表 2-2　增值税及附加税费申报表

(一般纳税人适用)

根据国家税收法律法规及增值税相关规定制定本表。纳税人不论有无销售额，均应按税务机关核定的纳税期限填写本表，并向当地税务机关申报。

税款所属时间：自　年　月　日至　年　月　日　　填表日期：　年　月　日　　金额单位：元(列至角分)

纳税人识别号(统一社会信用代码)：　　所属行业：

纳税人名称：	法定代表人姓名		注册地址		生产经营地址	
开户银行及账号		登记注册类型		电话号码		

续表

项目		栏次	一般项目		即征即退项目	
			本月数	本年累计	本月数	本年累计
销售额	(一)按适用税率计税销售额	1				
	其中:应税货物销售额	2				
	应税劳务销售额	3				
	纳税检查调整的销售额	4				
	(二)按简易办法计税销售额	5				
	其中:纳税检查调整的销售额	6				
	(三)免、抵、退办法出口销售额	7			—	—
	(四)免税销售额	8			—	—
	其中:免税货物销售额	9			—	—
	免税劳务销售额	10			—	—
税款计算	销项税额	11				
	进项税额	12				
	上期留抵税额	13				—
	进项税额转出	14				
	免、抵、退应退税额	15			—	—
	按适用税率计算的纳税检查应补缴税额	16			—	—
	应抵扣税额合计	17=12+13−14−15+16		—		—
	实际抵扣税额	18(如17<11,则为17,否则为11)				
	应纳税额	19=11−18				
	期末留抵税额	20=17−18				—
	简易计税办法计算的应纳税额	21				
	按简易计税办法计算的纳税检查应补缴税额	22			—	—
	应纳税额减征额	23				
	应纳税额合计	24=19+21−23				

续表

项目		栏次	一般项目		即征即退项目	
			本月数	本年累计	本月数	本年累计
税款缴纳	期初未缴税额(多缴为负数)	25				
	实收出口开具专用缴款书退税额	26			—	—
	本期已缴税额	27＝28＋29＋30＋31				
	①分次预缴税额	28		—		—
	②出口开具专用缴款书预缴税额	29		—	—	—
	③本期缴纳上期应纳税额	30				
	④本期缴纳欠缴税额	31				
	期末未缴税额(多缴为负数)	32＝24＋25＋26－27				
	其中：欠缴税额(≥0)	33＝25＋26－27		—		—
	本期应补(退)税额	34＝24－28－29		—		—
	即征即退实际退税额	35	—	—		
	期初未缴查补税额	36			—	—
	本期入库查补税额	37			—	—
	期末未缴查补税额	38＝16＋22＋36－37			—	—
附加税费	城市维护建设税本期应补(退)税额	39			—	—
	教育费附加本期应补(退)费额	40			—	—
	地方教育附加本期应补(退)费额	41			—	—

声明：此表是根据国家税收法律法规及相关规定填写的，本人(单位)对填报内容(及附带资料)的真实性、可靠性、完整性负责。

纳税人(签章)：　　年　月　日

经办人： 经办人身份证号： 代理机构签章： 代理机构统一社会信用代码：	受理人： 受理税务机关(章)：　受理日期：　年　月　日

增值税网上申报程序：

采用网上申报方式的纳税人，要按照有关规定自行对照IC卡准确填写申报表，并在申报期内先将申报资料电子数据（不含税控IC卡）传递到主管税务机关，再携带记录发票存根联信息的税控IC卡到办税服务厅的窗口办理纳税申报事宜，其纸质申报资料也可于季度末申报期内报送至主管税务机关。

税务机关必须坚持在窗口进行申报纳税的审核工作，要按照“一窗式”管理的要求，首先审核申报的销项税额，插卡比对IC卡记录数与网上传来的申报表所填专用发票销售数，确认后记录下存根联信息；再比对认证信息、票据数据，审核进项税额，经审核无误后计算应缴税额，开具缴款书等，发现异常的要及时处理。

纳税人办理申报纳税后，即可凭卡去购买发票，这样可以一次性解决申报纳税和购买发票等事宜，节省时间，方便纳税人。

五、小规模纳税人纳税申报办法

根据《中华人民共和国增值税暂行条例》第二十二条及第二十三条的规定：纳税人不论有无销售额，均应按主管税务机关核定的纳税期限按期填报本表，并于次月1日起15日内，向当地税务机关申报。

小规模纳税人纳税申报表的格式如表2-3所示。

表2-3 增值税及附加税费申报表

（小规模纳税人适用）

纳税人识别号（统一社会信用代码）：

纳税人名称：　　　　　　　　　　　　　　　　　　　　　　金额单位：元（列至角分）

税款所属期：　　年　月　日至　　年　月　日　　　　　　　　填表日期：　　年　月　日

	项目	栏次	本期数		本年累计	
			货物及劳务	服务、不动产和无形资产	货物及劳务	服务、不动产和无形资产
一、计税依据	（一）应征增值税不含税销售额（3%征收率）	1				
	增值税专用发票不含税销售额	2				
	其他增值税发票不含税销售额	3				
	（二）应征增值税不含税销售额（5%征收率）	4	—		—	
	增值税专用发票不含税销售额	5	—		—	
	其他增值税发票不含税销售额	6	—		—	

续表

	项目	栏次	本期数		本年累计	
			货物及劳务	服务、不动产和无形资产	货物及劳务	服务、不动产和无形资产
一、计税依据	(三)销售使用过的固定资产不含税销售额	7(7≥8)		—		—
	其中:其他增值税发票不含税销售额	8		—		—
	(四)免税销售额	9=10+11+12				
	其中:小微企业免税销售额	10				
	未达起征点销售额	11				
	其他免税销售额	12				
	(五)出口免税销售额	13(13≥14)				
	其中:其他增值税发票不含税销售额	14				
二、税款计算	本期应纳税额	15				
	本期应纳税额减征额	16				
	本期免税额	17				
	其中:小微企业免税额	18				
	未达起征点免税额	19				
	应纳税额合计	20=15-16				
	本期预缴税额	21			—	—
	本期应补(退)税额	22=20-21			—	—
三、附加税费	城市维护建设税本期应补(退)税额	23				
	教育费附加本期应补(退)费额	24				
	地方教育附加本期应补(退)费额	25				

声明:此表是根据国家税收法律法规及相关规定填写的,本人(单位)对填报内容(及附带资料)的真实性、可靠性、完整性负责。

纳税人(签章):　　年　月　日

经办人: 经办人身份证号: 代理机构签章: 代理机构统一社会信用代码:	受理人: 受理税务机关(章): 受理日期:　年　月　日

六、增值税专用发票的使用和管理

增值税专用发票，是根据增值税征收管理需要，在内容上兼记货物或应税劳务所负担增值税税额的一种特殊发票。与普通发票不同的是，增值税专用发票不仅是记载货物或应税劳务的销售额和增值税税额的财务收支凭证，而且是兼记销货方纳税义务和购货方进项税额的主要依据，是购货方据以抵扣税款的凭证。企业在销售货物时，应在专用发票上注明向购货方收取的增值税，购货方据此扣税。因此，专用发票对增值税的计算和管理具有十分重要的作用。

增值税一般纳税人应通过增值税防伪税控系统使用增值税专用发票，使用包括领购、开具、缴销、认证纸质专用发票及其相应的数据电文。防伪税控系统是指经国务院同意推行的，使用专用设备和通用设备，运用数字密码和电子存储技术管理专用发票的计算机管理系统。专用设备，是指金税卡、IC 卡、读卡器和其他设备。通用设备是指计算机、点印机、扫描器具和其他设备。

（一）增值税专用发票的联次和基本内容

增值税专用发票的基本联次统一规定为三联，各联次必须按以下规定用途使用：发票联、抵扣联和记账联。发票联，作为购买方核算采购成本和增值税进项税额的记账凭证；抵扣联，作为购买方报送主管税务机关认证和留存备查的凭证；记账联，作为销售方核算销售收入和增值税销项税额的记账凭证。

增值税专用发票的基本内容应包括：

（1）购销双方的纳税人名称、购销双方地址；

（2）购销双方的增值税纳税人税务登记号；

（3）发票字轨号码；

（4）销售货物或劳务的名称、计量单位、数量；

（5）不包括增值税在内的单价及货物总金额；

（6）增值税税率、增值税税额、填开的日期。

（二）增值税专用发票的使用范围

一般纳税人凭“发票领购簿”、IC 卡和经办人身份证明领购增值税专用发票。增值税小规模纳税人和非增值税纳税人不得领购使用。一般纳税人有下列情形之一的，不得领购使用发票，如已领用，税务机关应暂扣其结存的专用发票和 IC 卡。

（1）会计核算不健全的纳税人，即不能按会计制度和税务机关的要求准确核算增值税销项税额、进项税额和应纳税额的纳税人。

（2）不能准确提供有关增值税税务资料的纳税人。

（3）有以下行为，经税务机关责令限期改正而仍未改正的纳税人：

① 虚开增值税专用发票；

② 私制印刷专用发票；

③ 向个人或税务机关以外的单位购买专用发票；

④ 借用他人专用发票；

⑤ 未按规定要求开具专用发票；

⑥ 未按规定保管专用发票；

⑦ 未按规定申请办理防伪税控系统变更发行；

⑧ 未按规定接受税务机关检查。

（三）增值税专用发票的申请、领购和开具

1. 增值税专用发票的申请

防伪税控企业向各区县国家税务局办税服务厅提出书面申请，如实填写“税务行政许可申请表”、“最高开票限额申请表”。如企业初次申请或发生变更增值税专用发票使用数量时，还需要填写“××市防伪税控企业调整最高开票限额、月供票量申请审批表”。同时，办理专用发票申请时，还需要提供下列材料。

(1) 法人代表和发票经办人身份证明。

(2) 营业执照复印件。

(3) 税务登记证复印件。

(4) 一般纳税人申请认定表。

(5) 营业场地产权证明复印件。

(6) 财务报表。

(7) 财务专用章或发票专用章印模。

2. 增值税专用发票的领购

主管税务机关审核后，在“发票领购簿”上加盖“增值税一般纳税人”条形章，将“发票领购簿”发给纳税人。一般纳税人领购专用设备后，凭“最高开票限额申请表”、“××市防伪税控企业调整最高开票限额、月供票量申请审批表”、“发票领购簿”到主管税务机关办理初始发行。一般纳税人凭“发票领购簿”、IC卡和经办人身份证明到主管税务机关凭证窗口领购发票。

3. 增值税专用发票的开具

(1)增值税专用发票的开具范围。除规定不得开具增值税专用发票的情形外，一般纳税人销售货物(包括视同销售货物在内)、应税劳务、根据《增值税暂行条例实施细则》规定应当征收增值税的非应税劳务，应向购买方开具专用发票。

一般纳税人有下列情形之一的，不得开具专用发票。

① 向消费者销售应税项目。

② 销售免税项目。

③ 销售报关出口的货物及在境外销售应税劳务。

④ 将货物用于非应税项目。

⑤ 将货物用于集体福利或个人消费。

⑥ 将货物无偿赠送他人。

⑦ 提供非应税劳务、转让无形资产或销售不动产。

⑧ 商业零售的烟酒、食品、服装、鞋帽(不包括劳保专用部分)、化妆品等消费品。

⑨ 生产经营机器、机车、汽车、轮船、锅炉等大型机械、电子设备的工商企业，凡直接销售给使用单位的。

另外，向小规模纳税人销售应税项目，可以不开具增值税专用发票。

(2) 增值税专用发票的开具要求。《增值税专用发票使用规定》对增值税专用发票开具

提出的要求是:项目齐全,与实际交易相符;字迹清楚,不得压线、错格;发票联和抵扣联加盖财务专用章或者发票专用章;按照增值税纳税义务的发生时间开具。

(3) 增值税小规模纳税人(其他个人除外)发生增值税应税行为,需要开具增值税专用发票的可以自愿使用增值税发票管理系统自行开具。选择自行开具增值税专用发票的小规模纳税人,税务机关不再为其代开增值税专用发票。

(四) 增值税专用发票的管理

1. 对被盗、丢失增值税专用发票的处理

对被盗、丢失增值税专用发票的处理,有以下措施:纳税人必须严格按《增值税专用发票使用规定》保管使用专用发票,对违反规定发生被盗、丢失专用发票的纳税人,按《税收征收管理法》和《发票管理办法》的规定,处以10 000元以下的罚款,并可视具体情况,对丢失专用发票的纳税人,在一定期限内(最长不超过半年)停止领购专用发票;对纳税人申报遗失的专用发票,如发现有非法代开、虚开问题的,该纳税人应承担偷税、骗税的连带责任。

纳税人丢失专用发票后,必须按规定程序向当地主管税务机关、公安机关报失。各地税务机关对丢失专用发票的纳税人按规定进行处罚的同时,代收取"挂失登记表",并将丢失专用发票的纳税人名称、发票份数、字轨号码、盖章与否等情况,统一传(寄)中国税务报社刊登"遗失声明",传(寄)中国税务报社的"遗失声明"必须经县(市)国家税务机关审核盖章、签署意见。

2. 对代开、虚开增值税专用发票的处理

代开、虚开发票的行为都是严重的违法行为。对代开、虚开专用发票的,一律按票面所列货物的适用税率全额征补税款,并按《税收征收管理法》的规定按偷税给予处罚。纳税人所取得的代开、虚开的增值税专用发票,不得作为增值税合法抵扣凭证抵扣进项税额。代开、虚开专用发票构成犯罪的,按《全国人民代表大会常务委员会关于惩治虚开、伪造和非法出售增值税专用发票犯罪的决定》处以刑罚。

模块四 增值税涉税业务账务处理

一、增值税核算的账户设置

增值税计算的基本要素是销项税额和进项税额,因此,增值税核算账务处理的主要内容就是进货的处理、销货的处理以及与之相关的会计处理事项。

(一) 增值税的一般纳税人会计核算

1. "应交税费"账户

(1) 本科目核算企业按照税法等规定计算应交纳的各种税费,包括增值税、消费税、所得税、资源税、土地增值税、城市维护建设税、房产税、城镇土地使用税、车船税、教育费附加等。企业代扣代缴的个人所得税等,也通过本科目核算。

本科目可按应交的税费项目进行明细核算。应交增值税还应分别"进项税额"、"销项税额”、“出口退税”、“进项税额转出”、“已交税金”等设置专栏。

企业应在“应交税费”账户下设置“应交增值税”和“未交增值税”两个明细账户。

(2) 在“应交增值税”明细账中，应设置“进项税额”、“已交税金”、“销项税额”、“出口退税”、“进项税额转出”、“转出未交增值税”、“转出多交增值税”、“减免税款”和“出口抵减内销产品应纳税额”九个专栏。

“进项税额”专栏，记录企业购入货物或接受应税劳务而支付的准予从销项税额中抵扣的增值税。企业购入货物或接受应税劳务支付的进项税额用蓝字登记；退回所购货物，应冲销进项税额，用红字登记。

“已交税金”专栏，记录企业当月上交本月的增值税。

“销项税额”专栏，记录企业销售货物或提供应税劳务应收取的增值税额。企业销售货物或提供应税劳务而收取的销项税额，用蓝字登记；企业被退回的销售货物应冲销的销项税额，用红字登记。

“出口退税”专栏，记录企业出口适用零税率的货物。向海关办理报关出口手续后，企业可凭出口报关单等有关凭证，向税务机关申报办理出口退税而收到退回的税款。出口货物退回的增值税额，用蓝字登记；出口货物办理退税后发生退货或者退关而补交的已退的增值税款，用红字登记。

“进项税额转出”专栏，记录企业的购进货物、在产品、库存商品等发生非正常损失以及其他原因而不应从销项税额中抵扣，按规定转出的进项税额。“进项税额转出”这个专栏，实质上是“进项税额”的抵减性专栏，但为了不与“进项税额”中的退回所购货物混淆，又不便于在借方用红字冲减，因而将其列在贷方。

“转出未交增值税”专栏，反映企业月份终了转出未交的增值税。

“转出多交增值税”专栏，反映企业月份终了转出多交的增值税。

“减免税款”专栏，反映企业按规定减免的增值税税款。

“出口抵减内销产品应纳税款”专栏，反映企业按照规定计算的出口货物的进项税额抵减内销产品的应纳税额。

(3) “应交税费——未交增值税”明细科目，反映本月应交增值税额与已预交的增值税额之间的差额。其借方余额反映多交增值税额，贷方余额反映欠交增值税额。

(二) 小规模纳税人的会计核算

增值税小规模纳税人只需在“应交税费”账户下设置“应交增值税”明细账户，不需在“应交增值税”账户中设置专栏。该账户贷方登记应交的增值税，借方登记实际上交的增值税，贷方余额反映尚未上交或欠交的增值税，借方余额反映多交的增值税。

小规模纳税人企业购入货物无论是否收到增值税专用发票，其支付的增值税额均不计入进项税额，不得由销项税额抵扣，而应计入购货成本；销售收入按不含税价格计算。

二、企业增值税涉税业务的账户处理

(一) 增值税一般纳税人进项税额的会计核算

一般纳税人进项税额的会计核算，通过“应交税费——应交增值税”账户下的“进项税额”、“进项税额转出”、“转出多交增值税”三个三级账户进行。

1. 购进货物进项税额的会计核算

企业可以从国内购进货物，也可从国外进口货物。企业国内采购的货物，应按照专用发票上注明的增值税额，借记“应交税费——应交增值税(进项税额)”账户。按照专用发票上记载的应计入采购成本的金额，借记“材料采购”、“在途物资”、“原材料”、“制造费用”、“管理费用”、“销售费用”、“其他业务成本”等账户；按照应付或实际支付的金额，贷记“应付账款”、“应付票据”、“银行存款”等账户。

【例 2-15】 宏大电器批发公司，从外地某生产厂家购入冰箱一批，取得供货方开具的增值税专用发票，内列冰箱数量 50 台，每台单价 2 300 元，价款合计 115 000 元，增值税税款 14 950元。公司已将冰箱验收入库，但货款尚未支付。该业务应如何处理？

解 借：库存商品——冰箱 115 000
应交税费——应交增值税(进项税额) 14 950
贷：应付账款 129 950

如果一般纳税人购进应税货物并取得合法扣税凭证后，发生退货或进货折扣、折让，应在冲减取得应税货物采购成本的同时，冲减抵扣的进项税额，根据对方开具的红字专用发票上的增值税税额，以红字借记“应交税费——应交增值税(进项税额)”账户，同时以红字借记“原材料”、“库存商品”、“生产成本”、“制造费用”等账户，以红字贷记“银行存款”、“应付账款”、“应付票据”等账户。

【例 2-16】 宏大电器批发公司对所购的冰箱退货应如何进行账务处理？

解 借：库存商品——冰箱 115 000
应交税费——应交增值税(进项税额) 14 950
贷：应付账款 129 950

2. 受托代销视同采购方式及收取手续费方式进项税额的会计核算

受托代销是指企业销售外单位委托代销货物的一种经营方式。受托代销货物所有权属于委托方，不能作为受托方的存货，因此不能在“库存商品”账户中核算，应设置“受托代销商品”账户和“受托代销商品款”账户进行核算。在收取手续费的方式下，收取的手续费通过“其他业务收入——代购代销收入”账户核算。

【例 2-17】 某家医药公司接受新华制药厂委托，代为销售跌打损伤药一批，代销合同约定该医药公司与新华制药厂不含税结算价为 32 000 元，具体售价由医药公司自定。该医药公司按含税售价 47 008 元售出后，与新华制药厂结清应付代销药款并取得厂家开具的增值税专用发票，内列价款 32 000 元，增值税款 4 160 元。该医药公司应如何进行账务处理？

解 销售代销药品时：

借：银行存款 47 008
贷：主营业务收入 41 600
应交税费——应交增值税(销项税额) 5 408

借：主营业务成本 32 000
贷：受托代销商品 32 000

支付厂家代销药款时：

借：应付账款——新华制药厂 32 000
应交税费——应交增值税(进项税额) 4 160

贷:银行存款 36 160

3. 接受应税劳务进项税额的会计核算

一般纳税人接受应税劳务时,应按照取得的专用发票上注明的增值税税额,借记"应交税费——应交增值税(进项税额)"账户;按照专用发票上记载的应计入加工修理修配货物、劳务成本的金额,借记"委托加工物资"、"制造费用"、"管理费用"、"销售费用"、"其他业务成本"等账户;按应付或实际支付的金额,贷记"应付账款"、"银行存款"等账户。

【例 2-18】 某运输公司修理该厂的车辆,以转账支票支付汽车修理厂修理费用,取得汽车修理厂开具的增值税专用发票,修理费 41 000 元,增值税 5 330 元。该业务应如何进行账务处理?

解 借:管理费用 41 000

应交税费——应交增值税(进项税额) 5 330

贷:银行存款 46 330

4. 进口货物进项税额的会计核算

一般纳税人进口货物,应按照海关提供的完税凭证上注明的增值税额,借记"应交税费——应交增值税(进项税额)"账户;按照进口货物的实际采购成本,借记"材料采购"、"在途物资"、"原材料"、"库存商品"等账户;按照应付或实际支付的金额,贷记"应付账款"、"银行存款"、"其他货币资金"等账户。

【例 2-19】 某公司从国外进口一批电子元件,到岸价格为 240 000 元,以信用证方式支付,同时以银行汇票支付进口关税 60 000 元,进口增值税 39 000 元,以转账支票支付该电子元件国内运费 5 000 元,并取得专业运输公司的运费发票。该电子元件按照实际成本验收入库。该业务如何进行账务处理?

解 应抵扣的进项税额=(240 000+60 000)×13%+5 000×9%=39 450(元)

采购成本=240 000+60 000+5 000×(1−9%)=304 550(元)

借:原材料 304 550

应交税费——应交增值税(进项税额) 39 450

贷:其他货币资金——信用证 240 000

——银行汇票 99 000

银行存款 5 000

5. 购进农产品的会计核算

一般纳税人购进农产品时,应按照农产品的买价和规定的扣除率计算进项税额,借记"应交税费——应交增值税(进项税额)"账户;按购进农产品的实际成本数额,借记"材料采购"、"在途物资"、"原材料"、"库存商品"、"周转材料"等账户;按照应付或实际支付的金额,贷记"应付账款"、"银行存款"、"库存现金"等账户。

【例 2-20】 某果品公司以现金向果农收购一批水果,法定收购凭证内列明买价 75 000 元,同时以银行存款支付该水果运输费 2 000 元,取得专业运输公司开具的运输发票。该业务如何进行账务处理?

解 应抵扣的进项税额=75 000×9%+2 000 ×9%=6 930(元)

采购成本=75 000×(1−9%)+2 000×(1−9%)=70 070(元)

借:在途物资　　70 070
　应交税费——应交增值税(进项税额)　　6 930
　贷:库存现金　　75 000
　　银行存款　　2 000

6. 特殊情况的进项税额的会计处理

(1) 购入应税货物或劳务直接用于非应税项目、免税项目、集体福利、个人消费时进项税额的会计核算。一般纳税人购入应税货物或劳务直接用于非应税项目、免税项目、集体福利、个人消费时,无论是否取得合法扣税凭证,其进项税额都不得抵扣,只能按照取得有关发票账单上的价税合计,借记“原材料”、“在途物资”、“材料采购”、“制造费用”、“应付职工薪酬”等账户;按照应付或实际支付的价款合计,贷记“银行存款”、“应付账款”、“应付票据”等账户。

(2) 购进应税货物或接受应税劳务取得普通发票时进项税额的会计核算。一般纳税人购进应税货物或接受应税劳务,如果不能取得增值税专用发票等合法扣款凭证,尽管其所支付或负担的款项中含有增值税款,也一律不得抵扣进项税额。为此,只能按取得的有关发票账单所列金额合计,借记“原材料”、“在途物资”、“材料采购”、“库存商品”、“生产成本”、“管理费用”等账户,贷记“银行存款”、“应付账款”、“应付票据”等账户。

(二) 增值税一般纳税人销项税额的会计核算

一般纳税人的销项税额在会计核算上主要是运用“应交税费——应交增值税”二级账户下的“销项税额”、“转出未交增值税”两个三级账户进行的。

1. 一般销售行为销项税额的会计核算

确认销售商品收入时,企业应按已收或应收的合同或协议价款,加上应收取的增值税额,借记“银行存款”、“应收账款”、“应收票据”等科目;按确定的收入金额,贷记“主营业务收入”、“其他业务收入”等科目;按应收取的增值税额,贷记“应交税费——应交增值税(销项税额)”账户。

【例 2-21】 某设备制造有限公司销售所产设备两台,对外开出增值税专用发票,内列设备价款 125 000 元、增值税税额 16 250 元。款项已收妥并存入银行。该业务如何进行账务处理?

解　借:银行存款　　141 250
　　贷:主营业务收入　　125 000
　　　应交税费——应交增值税(销项税额)　　16 250

纳税人销售应税货物,如果发生销货退回或销售折让,不论是当月销售的退货与折让,还是以前月份销售的退货与折让,均应冲减当月的“主营业务收入”账户;如果销售方能够收到给购货方开出的原增值税专用发票的发票联和税款抵扣联或取得购货方税务机关开具的“开具红字增值税专用发票通知单”,销售方可以开具红字专用发票,并凭红字专用发票上记载的增值税税额,以红字贷记“应交税费——应交增值税(销项税额)”账户,否则一律不得冲减销项税额;如果发生销售折扣,不能将折扣额与正常销售额开在一张发票上。因此,销售折扣额只能全部作为销售方的融资费用,在发生当期借记“财务费用”账户,不能冲减销项税额。

2. 委托代销和受托代销的销项税额的会计核算

纳税人将其生产、经营的应税货物委托代理商代为销售的,由于应税货物在实质对外销售前，委托商和代理商之间只是代理关系，而不是真正意义上的购销关系，因此，在会计处理上，发出委托代销商品并不确认销售收入和销项税额，应按发出的委托代销货物的实际成本，借记“库存商品——委托代销商品”账户，贷记“库存商品”、“原材料”、“周转材料”等账户。收到代理商转来代销清单时，确认销售收入的同时确认销项税额，在会计处理上，借记“银行存款”、“应收账款”账户，贷记“主营业务收入”、“其他业务收入”和“应交税费——应交增值税(销项税额)”账户。但是，如果委托商与代理商之间在代理合同中约定，采取收取代理手续费方式，具体对外销售价由代理商根据市场供求自由确定的，委托商支付的代理手续费不得抵减应确认的销售收入和销项税额，应借记“销售费用”账户。

代理商收到委托商发来的委托代销货物时，按接受价或含税售价借记“库存商品——受托代销商品”账户，按接受价贷记“应付账款”账户；若代理商为零售企业，还应按代理商品的进销差价贷记“商品进销差价”账户。代理商销售代销商品后，要依据代理合同约定的代理商是否具有实质上的代理货物市场定价权，分别处理。若代理商有实质市场定价权，称为视同买断方式，在会计处理上既反映销售收入、销售成本，又反映销项税额；若代理商没有实质市场定价权，称为收取手续费结算方式，在会计处理上反映销项税额，同时等额反映销售收入和销售成本，将代销手续费作为其他业务收入入账。

【例 2-22】 某制药厂委托代理商代销感冒冲剂一批，账面制造成本为 45 000 元，产品适用的增值税税率为 13%。代理合同约定，该批药品的具体市场售价，只能按委托方统一要求的 67 800 元出售，公司按含税销售额的 6%向代理商支付代销手续费。代理商已将代销货物销售出去并向委托方开出代销清单，公司已结清与委托方的相应款项，取得委托方开具的增值税专用发票。该业务如何进行账务处理？

解 (1) 委托方的会计处理：

① 发出代理销售货物时：

借:委托代销商品	45 000	
贷:库存商品		45 000

② 收到代销清单时：

借:应收账款	67 800	
贷:主营业务收入		60 000
应交税费——应交增值税(销项税额)		7 800
借:主营业务成本	45 000	
贷:库存商品——委托代销商品		45 000

③ 收到受托方相应款项时：

借:销售费用	4 068	
银行存款	63 732	
贷:应收账款		67 800

(2) 受托方的会计处理：

① 收到代理货物时：

借:受托代销商品	67 800	
贷:受托代销商品款		67 800

② 代销货物销售后：

借:银行存款 67 800

贷:应付账款——某制药厂 60 000

应交税费——应交增值税(销项税额) 7 800

③ 向委托商开出代销清单并收到委托方开具的增值税专用发票时：

借:应交税费——应交增值税(进项税额) 7 800

贷:应付账款——某制药厂 7 800

同时：

借:受托代销商品款 67 800

贷:受托代销商品 67 800

④ 计提代销手续费并支付委托方相应款项时：

借:应付账款——某制药厂 67 800

贷:其他业务收入——代购代销收入 4 068

银行存款 63 732

3. 混合销售行为销项税额的会计核算

一般纳税人在生产经营活动中，如果销售应税货物或应税劳务的同时涉及非应税劳务时，应将非应税劳务收入额作为混合收入，一并缴纳增值税。在会计处理上，借记“银行存款”、“库存现金”、“应收账款”等账户，贷记“主营业务收入”、“其他业务收入”、“应交税费——应交增值税(销项税额)”账户。

【例 2-23】 某公司本期销售自产设备 5 台，对外开具增值税专用发票，内列设备价款 145 000 元、增值税税额 18 850 元，设备安装费 12 500 元、增值税税额 1 625 元，价款总计 177 975 元，收讫存入银行。该业务如何进行账务处理？

解 借:银行存款 177 975

贷:主营业务收入 145 000

其他业务收入 12 500

应交税费——应交增值税(销项税额) 20 475

4. 将自产、委托加工货物用于非应税项目、免税项目、集体福利和个人消费时销项税额的会计核算

一般纳税人如果将应税货物用于非应税项目、免税项目、集体福利和个人消费，除了用于发放职工实物工资外，按会计制度规定一律不反映应税货物的销售收入和销售成本。按税法规定，应于货物移送使用时按视同销售处理，按应税货物正常市场销售的公允价值作为计税销售额，计提增值税销项税额，贷记“应交税费——应交增值税(销项税额)”账户；按应税货物的账面价值加上相关税款后的数额，借记“生产成本”、“制造费用”、“应付职工薪酬”、“其他应付款”、“销售费用”等账户；按照应税货物的账面余额，贷记“原材料”、“库存商品”、“周转材料”等账户。

【例 2-24】 某电器有限公司，将一批成本为 100 000 元，含税售价为 169 500 元的家用电器作为实物工资向职工发放。该业务如何进行账务处理？

解 销项税额＝169 500÷(1＋13%)×13%＝19 500(元)

借:应付职工薪酬 169 500
　贷:主营业务收入 150 000
　　应交税费——应交增值税(销项税额) 19 500

同时:

借:主营业务成本 100 000
　贷:库存商品 100 000

(三)“营改增”纳税人企业的会计处理

1. 一般计税方法销项税额的会计处理

“营改增”纳税人发生应税行为,增值税纳税义务时间为收到销售款或者取得销售款凭据的当天。

【例 2-25】 2020 年 6 月,某餐饮企业提供餐饮服务收入 106 万元(含税)。

解 相关分录如下:

借:银行存款 1 060 000
　贷:主营业务收入 1 000 000
　　应交税费——应交增值税(销项税额) 60 000

纳税人提供建筑服务、租赁服务采用预收款方式的,应在收到款项时确认增值税纳税义务。

【例 2-26】 某建筑企业为某房地产企业提供建筑服务(一般计税方法),预收款项 1 030 000 元。

解 相关分录如下:

借:银行存款 1 030 000
　贷:预收账款 1 000 000
　　应交税费——应交增值税(销项税额) 30 000

2. 简易计税方法应纳增值税的会计处理

【例 2-27】 2020 年 5 月,某建筑企业为一般纳税人企业,以清包工方式为甲企业提供建筑服务,选择适用简易计税方法计税。当月取得含税施工费 51 500 元。相关计算及会计分录如下:

解 应纳增值税税额$=51\ 500\div(1+3\%)\times3\%=1\ 500$元

借:银行存款 51 500
　贷:主营业务收入 50 000
　　应交税费——未交增值税 1 500

(四)增值税一般纳税人出口退税的会计核算

增值税出口退税是指国家按照有关政策制度的规定,对企业报关出口的货物退还其已纳增值税税额的行为。

1. 外贸企业出口退税的会计核算

(1) 外贸企业出口退税“先征后退”的会计核算。“先征后退”计算办法适用于外贸企业以及实行外贸财务制度的工贸企业收购货物出口的，其销售出口环节的增值税免征；而外贸企业在支付收购货款的同时也支付了生产经营该类商品的企业已纳的增值税款。因此，在货物出口后按收购成本与退税率计算退税额，退还外贸企业。征、退税之差，计入企业成本。

外贸企业出口货物应退增值税税额的计算公式为：

应退税额＝外贸收购不含增值税的购进金额×退税率

外贸企业从小规模纳税人处购进持普通发票的应予出口退税的货物，应退增值税税额的计算公式为：

应退税额＝普通发票所列销售额÷(1＋征收率)×退税率

(2) 外贸企业出口退(免)税的账务处理。外贸企业出口货物有自营出口和委托出口两种形式，其出口货物所获得的增值税退税款，在账务处理上，应冲减相应的“进项税额”或“已交税金”，而且不并入利润征收企业所得税。计算应退增值税税额时，借记“其他应收款”账户，贷记“应交税费——应交增值税(出口退税)”账户；计算不予退还的增值税税额时，借记“主营业务成本”账户，贷记“应交税费——应交增值税(进项税额转出)”账户；实际收到出口货物退回的增值税时，借记“银行存款”账户，贷记“其他应收款”账户。

【例 2-28】 某外贸公司拥有进出口经营权，本期购进一批家电产品用于出口，取得对方开具的增值税专用发票，内列家电货款 200 万元、增值税税额 26 万元，价税款合计以银行汇票付讫。该批所购家电产品本期全部出口，申请退税的单证齐全，出口退税率为 10%。该业务如何进行账务处理？

解 (1) 申报出口退税时：

应退增值税税额＝2 000 000×10%＝200 000(元)

出口货物不予退税的税额＝2 000 000×(13%－10%)＝60 000(元)

借：其他应收款——应退增值税　　　　200 000

　贷：应交税费——应交增值税(出口退税)　　　　200 000

同时：

借：主营业务成本　　　　60 000

　贷：应交税费——应交增值税(进项税额转出)　　　　60 000

(2) 收到增值税退税款时：

借：银行存款　　　　200 000

　贷：其他应收款——应退增值税　　　　200 000

2. 生产企业“免、抵、退”增值税的会计处理

(1) 生产企业“免、抵、退”增值税的会计核算。“免”税是指对生产企业出口的自产货物，免征本企业生产环节的增值税。“抵”税是指生产企业出口的自产货物所耗用的原材料、零部件等已纳的增值税税款，抵顶内销货物应纳的增值税税款。“退”税是指生产企业出口或委托外贸企业代理出口的自产货物在当月内应抵顶的进项税额大于应纳税额时，经主管税务机关批准，对未抵顶完的税额予以退税。具体计算公式如下：

当期应纳税额＝当期内销货物的销项税额－(当期进项税额－当期免、抵、退税不得免征和抵扣税额)－上期留抵税额

如上述当期应纳税额计算结果为正数，说明企业从内销货物销项税额中抵扣后还有余额，即为应纳增值税税额，无退税额；如计算结果为负数，则应予以退税，实际退税额按下列

公式确定：

免、抵、退税额＝出口货物离岸价×外汇人民币牌价×出口货物退税率－免、抵、退税额抵减额

免、抵、退税额抵减额＝免税购进原材料价格×出口货物退税率

当期应退税额和免抵税额的计算公式如下。

① 如当期期末留抵税额≤当期免、抵、退税额，则计算公式为：

当期应退税额＝当期期末留抵税额

当期免、抵税额＝当期免、抵、退税额－当期应退税额

② 如当期期末留抵税额＞当期免、抵、退税额，则计算公式为：

当期应退税额＝当期免、抵、退税额

当期免、抵税额＝0

(2) 生产企业"免、抵、退"增值税的账务处理。企业按购进原材料等取得的增值税专用发票上记载的增值税税额与根据退税率计算的增值税税额的差额，借记"主营业务成本"账户，贷记"应交税费——应交增值税(进项税额转出)"账户；按规定的退税率计算出口货物的进项税额抵减内销产品的应纳税额，借记"应交税费——应交增值税(出口抵减内销产品应纳税额)"账户，贷记"应交税费——应交增值税(出口退税)"账户；对确因出口比重过大，在规定期限内不足抵减的，不足部分可按有关规定给予退税，借记"其他应收款"账户，贷记"应交税费——应交增值税(出口退税)"账户。

【例 2-29】 某电子科技公司为有进出口经营权的生产企业，本期内销电子产品不含税价款为 1 200 000 元，出口销售电子产品折合人民币 2 300 000 元，同期购入货物的进项税额为 140 000 元，期初未交增值税借方余额为 60 000 元，出口退税率为 10%，申请退税单证齐全。该业务如何进行账务处理？

解 内销产品销项税额＝1 200 000×13%＝156 000(元)

当期不予抵(退)税额＝2 300 000×(13%－10%)＝69 000(元)

当期应纳(退)增值税税额＝156 000 －(140 000－69 000)－60 000＝25 000(元)

(1) 结转当期不予抵(退)税额时：

借：主营业务成本　　69 000

　贷：应交税费——应交增值税(进项税额转出)　　69 000

(2) 上缴应交增值税税额时：

借：应交税费——应交增值税(已交税金)　　25 000

　贷：银行存款　　25 000

知识小结

在我国现阶段，增值税是指对在我国境内销售货物、提供加工修理修配劳务、进口货物以及销售服务、无形资产、不动产的单位和个人，就其货物、劳务、服务、无形资产、不动产的增值额和进口货物金额为计税依据而课征的一种流转税。凡在我国境内销售货物、提供加工修理修配劳务、进口货物以及销售服务、无形资产、不动产的企业单位及个人，均为增值税的纳税人。增值税的纳税人分为小规模纳税人和一般纳税人。

知识巩固

1. 什么是增值税？增值税的主要特点是什么？
2. 增值税一般纳税人和小规模纳税人是如何划分的？
3. 哪些人不能认定为增值税一般纳税人？
4. 增值税基本征税范围有哪些？

案例讨论

被告甲工厂多年来，一直向原告乙工厂购买生产用化工产品。2018 年 4 月，双方因货款的支付问题发生纠纷而终止业务。之后，原告、被告为此事虽多次协商，但均无结果。原告遂于 2020 年 2 月诉讼至法院，要求判令被告偿付欠款 52 729 元。被告在诉讼中承认购买原告产品属实，但否认欠原告的货款。被告为支持自己的主张，仅提供了原告出具给被告的增值税发票。在增值税发票能否作为付款凭证这一问题上，审判人员在审理中存在两种不同的观点。

第一种观点是：增值税发票可作为付款凭据，被告无须再付款。其理由是，根据《发票管理办法》的规定，发票是指在购销商品、提供或者接受服务以及从事其他经营活动中，开具、收取的收付款凭证。本案被告为支持自己的主张已提供了原告开具的增值税发票。根据上述的规定，足以说明被告已付清货款，被告无须再付款给原告。

第二种观点是：仅有增值税发票并不能说明被告已付清货款。被告应如数将货款给付原告。

讨论：以上两种观点，哪个较合理？

实训设计

【实训目标】

(1) 能够准确处理企业增值税的涉税处理；

(2) 掌握纳税申报表的填写。

【实训内容与要求】

实训内容：

大华公司是一家机械制造企业，为一般纳税人，适用的增值税税率为 13%，上期留抵的增值税为 0 元。该公司存货按实际成本计价核算，某年 9 月共发生如下与增值税相关的业务。

业务 1：9 月 2 日，向某物资公司购买钢材 15 000 千克，用于公司行政办公楼建设，钢材每千克 3 元，增值税税率为 13%，开出转账支票，并现金支付 200 元运输费，钢材已验收入库。

业务 2：9 月 2 日，向某公司销售货物——甲产品，共计 500 件，单价 800 元，增值税税率为 13%，业务部门开出增值税专用发票，储运部办妥发货手续并代垫运费 1 200 元。

业务 3：9 月 4 日，收到银行划账通知，支付供水公司水费 28 302 元，增值税税率 6%。

业务4:9月5日,领用15 000千克钢材,价值为51 860元。

业务5:9月5日,支付电力公司电费42 000元,增值税税率为13%,共计47 460元。

业务6:9月6日,某公司通知大华公司,称9月2日从本公司购入的甲品有瑕疵,要求给予折让,经公司相关人员认定同意予以折让。依据市国税局销售折让证明单开出红色专用发票。数量500件,单价16元,增值税税率为13%。

业务7:9月6日,向外地某公司销售乙产品2 000件,单价500元,增值税税率为13%,开出增值税专用发票,代垫运杂费6 200元。收到对方一张含代垫运费的银行承兑汇票1 136 200元。

业务8:9月8日,向某钢材公司购入钢材150 000千克,单价50元,增值税税率为13%,取得供货方开具的防伪税控增值税专用发票和运输单位开具的运输发票6 300元,货款付讫。

业务9:9月11日,向水泥厂购买水泥50 000千克,单价0.32元,用于行政办公楼的建设,款项已通过银行付讫。

业务10:9月11日,销售甲产品600件,单价780元,增值税税率为13%,款项已收到。

业务11:9月13日,银行转来异地"托收承付结算部分拒绝付款理由书",托收金额为469 200元,拒付金额为9 360元,因为购货方在验货时发现甲产品少了10件。

业务12:9月14日,向本市一家公司销售乙产品800件,单价500元,增值税税率为13%,款项已收到。

业务13:9月14日,缴纳上月应交未交增值税112 000元。

业务14:9月18日,大华公司以20台,价值共200 000元的自产机械设备与其他公司联合组建成大方机械设备贸易公司,同类设备对外不含税售价为每台10 000元,成本价每台7 000元,大华公司所占股份为20%。

业务15:9月17日,仓库送来收料单,价值757 440元,款项上月已付。

业务16:9月17日,收到委托本市包装公司加工的包装物专用木箱,支付加工费30 000元和增值税款3 900元。

业务17:9月18日,向某公司销售生产多余A材料,数量1 000千克,单价55元,税率为13%,款项已收到。

业务18:9月19日,向本市某公司销售甲产品800件,单价800元,增值税税率为13%,款项未收。

业务19:9月23日,向某公司销售货物1 500件,单价800元,办理托运手续,运费1 500元,由本公司负担,并办妥货款托收手续。

业务20:9月26日,向本市某公司销售货物,甲产品600件,单价790元,乙产品400件,单价400元,增值税税率为13%,商品自提,收到转账支票。

业务21:9月28日,收到本月19日销售给某公司货物的销售款736 000元。

业务22:9月30日,收到仓库发来的材料盘点报告表,A材料盘亏价值1 004元,属于合理损耗,B材料因为管理不善意外损失价值3 050元,进项税额为396.5元,合计价值为3 446.5元。

实训要求:

(1) 根据经济业务编制会计分录,确定本期应缴纳的增值税额。

(2) 利用所学知识及网络资源,解决实训过程中税收法规方面的问题。

(3) 利用网络资源学习和巩固纳税申报流程(可参考国家税务总局网站——办税导航)。

(4) 利用老师提供的资料,尝试增值税纳税申报表的填制。

【成果与检验】

实训结束,写出实训总结,主要包括:在实训中,为完成任务做了哪些准备工作;在实训中遇到了哪些新问题及解决方式;纳税申报中获得的新技能有哪些。

学习情境三
消费税纳税实务

学习目标

- 了解消费税的基本知识；
- 掌握消费税应纳税额的计算；
- 能根据业务资料计算消费税应纳税额；
- 能进行消费税的纳税申报。

消费税是以特定消费品和消费行为为征税对象的一种流转税。它能调节我国产业结构、引导消费方向、调节收入，保证我国财政收入的稳定、平抑物价、平衡供求关系，在国民经济建设中发挥了重要作用。我国目前实行的消费税法，其基本规范是 2008 年 11 月 5 日国务院颁布的、2009 年 1 月 1 日起实施的《中华人民共和国消费税暂行条例》（以下简称《消费税暂行条例》）以及 2008 年 12 月 15 日财政部、国家税务总局颁布的《中华人民共和国消费税暂行条例实施细则》（以下简称《消费税暂行条例实施细则》）。

模块一 消费税基础认知

一、消费税的概念

消费税是对在我国境内从事生产、委托加工以及进口应税消费品的单位和个人，就其销售额或销售数量，在特定环节征收的一种税。

资料卡

我国消费税的发展和演变

由于我国古代商品交易一直比较繁荣，消费税很早就产生了。据有关记载，我国在周代就开始征收具有消费税性质的税种，从西汉时期开始对酒课税，后来随着时代的推进，各个朝代对消费品课税的范围不断扩大。

1912 年中华民国成立后，消费税的课征范围进一步扩大，除了对食盐课征盐税外，还对卷烟、棉纱、火柴、水泥、麦粉、熏烟、啤酒等消费品进行了消费税的课征。在抗日战争时期,国民政府为了筹集军费,还开征了所谓的“战时消费税”。

从1949年中华人民共和国成立到1993年,我国的消费税的发展经历了复杂的道路,国家先后开征了特种消费行为税、娱乐税、筵席税以及特别消费税。除上述税种外,我国在1949年以后各个不同时期施行的货物税、商品流通税、工商统一税、工商税、产品税和原增值税等多种流转税也都对一些奢侈品和非生活必需品采用较高的税率,以便调节纳税人的收入、引导消费。这些流转税或多或少地带有消费税的性质。

我国现行的消费税是流转税体系的一个重要组成部分。1994年,我国实行了税制改革,建立了以流转税为主体的税制体系,在对商品普遍征收增值税的基础上,对特定消费品再加征一道消费税。2006年4月,我国对消费税作了进一步改革。

二、消费税的征税范围

消费税的征税范围主要是根据我国目前的经济发展现状和消费政策、人民群众的消费水平和消费结构以及财政的需要,并借鉴国外的通行做法而加以确定的。消费税选择部分商品为课征对象,征税范围限定在中国境内生产、委托加工和进口的应税消费品,所包括的应税消费品大体可以分为以下五类。

(1) 从保护身体健康、生态环境等方面的需要出发,不提倡也不宜过度消费的某些消费品,如烟酒及酒精、鞭炮、焰火等。

(2) 非生活必需品中的一些高档、奢侈的消费品,如贵重首饰及珠宝玉石、高档化妆品等。

(3) 高能耗及高档消费品,如小汽车、摩托车等。

(4) 一些特殊的资源性消费品,如汽油、柴油。

(5) 具有财政意义的消费品,如护肤护发品等。

消费税一般在应税消费品的生产、委托加工和进口环节征收,但采用包金、镀金工艺以外的其他工艺制成的含金、银首饰及镶嵌首饰,如锻压金、铸金、复合金首饰等,都应在零售环节征收消费税。

三、消费税的纳税人

消费税的纳税义务人为在中华人民共和国境内生产、进口和委托加工应税消费品的单位和个人。单位是指企业、行政单位、事业单位、军事单位、社会团体及其他单位;个人是指个体工商户及其他个人;中华人民共和国境内是指生产、委托加工和进口应税消费品的起运地或所在地在中国境内。

具体来说,消费税的纳税人包括:生产应税消费品的单位和个人;进口应税消费品的单位和个人;委托加工应税消费品的单位和个人。其中,委托加工应税消费品的,受托方为消费税的代扣代缴义务人(受托方为个体经营者的除外),自产自用应税消费品的,由自产自用单位和个人在移送使用时缴纳消费税。

四、消费税的税目及税率

消费税共设置了15个税目，消费税税率，最低1%，最高56%。

具体而言，我国消费税税目包括以下内容。

1. 烟

凡是以烟叶为原料加工生产的产品，不论使用何种辅料，均属于本税目的征收范围，具体包括卷烟（进口卷烟、白包卷烟、手工卷烟和未经国务院批准纳入计划的企业及个人生产的卷烟）、雪茄烟和烟丝，同时，自2022年11月1日起，将电子烟纳入消费税征收范围。

从2001年12月20日起，对既有自产卷烟，同时又委托联营企业加工与自产卷烟牌号、规格相同卷烟的工业企业（以下简称回购企业），从联营企业购进后再直接销售的卷烟，对外销售时不论是否加价，凡是符合下述条件的，不再征收消费税；不符合下述条件的，则征收消费税。

（1）回购企业在委托联营企业加工卷烟时，除提供给联营企业所需加工卷烟牌号外，还须同时提供税务机关已公示的消费税计税价格。联营企业必须按照已公示的调拨价格申报缴税。

（2）回购企业将联营企业加工卷烟回购后再销售的卷烟，其销售收入应与自产卷烟的销售收入分开核算，以备税务机关检查；如不分开核算，则一并计入自产卷烟销售收入征收消费税。

2. 酒

酒是酒精度在1度以上的各种酒类饮料。酒类包括粮食白酒、薯类白酒、黄酒、啤酒、果啤和其他酒。

3. 高档化妆品

该税目的征收范围包括高档美容、修饰类化妆品、高档护肤类化妆品和成套化妆品。

4. 贵重首饰及珠宝玉石

该税目的征收范围包括各种金银珠宝首饰和经采掘、打磨、加工的各种珠宝玉石，具体如下。

（1）金银珠宝首饰。金银珠宝首饰包括以金、银、白金、宝石、珍珠、钻石、翡翠、珊瑚、玛瑙等高贵稀有物质以及其他金属、人造宝石等制作的各种纯金银首饰及镶嵌首饰（含人造金银、合成金银首饰等）。

（2）珠宝玉石。珠宝玉石的种类包括钻石、珍珠、松石、青金石、欧泊石、橄榄石、长石、玉、石英、玉髓、石榴石、锆石、尖晶石、黄玉、碧玺、金绿玉、绿柱石、刚玉、琥珀、珊瑚、煤玉、龟甲、合成刚玉、合成宝石、双合石、玻璃仿制品等。

5. 鞭炮、焰火

鞭炮又称爆竹，是用多层纸密裹火药，接以药引线，制成的一种爆炸品。焰火指烟火剂，一般系包扎品，内装药剂，点燃后烟火喷射，呈各种颜色，有的还变幻成各种景象，分平地小焰火和空中大焰火两类。本税目征收范围包括各种鞭炮、焰火，通常分为13类，即喷花类、旋转类、旋转升空类、火箭类、吐珠类、线香类、小礼花类、烟雾类、造型玩具类、爆竹类、摩擦炮类、组合烟花类、礼花弹类。体育上用的发令纸、鞭炮药引线，不按本税目征收。

6. 成品油

本税目包括汽油、柴油、石脑油、溶剂油、航空煤油、润滑油、燃料油七个子目。

甲醇汽油属于消费税征税范围。以柴油组分为主，经调和精制可以用作柴油发动机的非标油品，也属于柴油的征收范围。以动植物油为原料，经提纯、精炼、合成等工艺生产的生物柴油，不属于消费税征收范围。

7. 摩托车

在摩托车的税目下，有"气缸容量为250毫升"和"气缸容量为250毫升以上"两上了目。

8. 小汽车

汽车是指由动力驱动，具有四个或四个以上车轮的非轨道承载的车辆。

本税目征收范围包括含驾驶员座位在内最多不超过9个座位(含)的、在设计和技术特性上用于载运乘客和货物的各类乘用车和含驾驶员座位在内的座位数在10～23座(含23座)的、在设计和技术特性上用于载运乘客和货物的各类中轻型商用客车。

用排气量小于15升(含)的乘用车底盘(车架)改装、改制的车辆属于乘用车征收范围。用排气量大于15升的乘用车底盘(车架)或用中轻型商用客车底盘(车架)改装、改制的车辆属于中轻型商用客车征收范围。

含驾驶员人数(额定载客)为区间值的(如8～10人、17～26人)小汽车，按其区间值下限人数确定征收范围。

电动汽车不属于本税目征收范围。车身长度大于7米(含7米)，并且座位在10～23座(含23座)以下的商用客车，不属于中轻型商用客车征税范围，不征收消费税。沙滩车、雪地车、卡丁车、高尔夫车不属于消费税征收范围，不征收消费税。

对于企业购进货车或厢式货车改装生产的商务车、卫星通讯车等专用汽车不属于消费税征税范围，不征收消费税。

9. 高尔夫球及球具

高尔夫球及球具是指从事高尔夫球运动所需的各种专用设备，包括高尔夫球、高尔夫球杆及高尔夫球包(袋)等。本税目征收范围包括高尔夫球、高尔夫球杆、高尔夫球包(袋)。高尔夫球杆的杆头、杆身和握把属于本税目的征收范围。

10. 高档手表

高档手表是指销售价格(不含增值税)每只在10 000元(含10 000元)以上的各类手表。本税目征收范围包括符合以上标准的各类手表。

11. 游艇

游艇是指长度大于8米小于90米，船体由玻璃钢、钢、铝合金、塑料等多种材料制作，可以在水上移动的水上浮载体。按照动力划分，游艇分为无动力艇、帆艇和机动艇。本税目征收范围包括艇身长度大于8米(含8米)小于90米(含90米)，内置发动机，可以在水上移动，一般为私人或团体购置，主要用于水上运动和休闲娱乐等非谋利活动的各类机动艇。

12. 木制一次性筷子

本税目征收范围包括各种规格的木制一次性筷子。未经打磨、倒角的木制一次性筷子属于本税目征税范围。不包括竹制筷子。

13. 实木地板

实木地板是指以木材为原料，经锯割、干燥、刨光、截断、开榫、涂漆等工序加工而成的块状或条状的地面装饰材料。实木地板按生产工艺不同，可分为独板（块）实木地板、实木指接地板、实木复合地板三类；按表面处理状态不同，可分为未涂饰地板和漆饰地板两类。本税目征收范围包括各类规格的实木地板、实木指接地板、实木复合地板及用于装饰墙壁、天棚的侧端面为榫、槽的实木装饰板。未经涂饰的素板属于本税目征收范围。

14. 电池

自 2015 年 2 月 1 日起，对电池（铅蓄电池除外）征收消费税；对无汞原电池、金属氢化物镍蓄电池（又称“氢镍蓄电池”或“镍氢蓄电池”）、锂原电池、锂离子蓄电池、太阳能电池、燃料电池、全钒液流电池免征消费税。2015 年 12 月 31 日前对铅蓄电池缓征消费税；自 2016 年 1 月 1 日起，对铅蓄电池按 4%税率征收消费税。

15. 涂料

涂料是指涂于物体表面能形成具有保护、装饰或特殊性能的固态涂膜的一类液体或固体材料总称。自 2015 年 2 月 1 日起，对涂料征收消费税，施工状态下挥发性有机物含量低于 420 克/升（含）的涂料免征消费税。

消费税税目税率表如表 3-1 所示。

表 3-1 消费税税目税率表

税　目	税　率
一、烟（生产环节）	
1. 卷烟	
（1）甲类卷烟（每标准条调拨价≥70 元）	56%加 0.003 元/支
（2）乙类卷烟（每标准条调拨价<70 元）	36%加 0.003 元/支
（3）批发环节	11%加 0.005 元/支
2. 雪茄烟	36%
3. 烟丝	30%
4. 电子烟	
（1）生产（进口）环节	36%
（2）批发环节	11%
二、酒	
1. 白酒	20%加 0.5 元/500 克（或者 500 毫升）
2. 黄酒	240 元/吨
3. 啤酒	
（1）甲类啤酒（每吨出厂价格在 3 000 元以上）	250 元/吨
（2）乙类啤酒（每吨出厂价格在 3 000 元以下）	220 元/吨
4. 其他酒	10%

续表

税目	税率
三、高档化妆品	15%
四、贵重首饰及珠宝玉石	
1. 金银首饰、铂金首饰和钻石及钻石饰品	5%
2. 其他贵重首饰和珠宝玉石	10%
五、鞭炮、焰火	15%
六、成品油	
1. 汽油	1.52元/升
2. 柴油	1.20元/升
3. 航空煤油	1.20元/升
4. 石脑油	1.52元/升
5. 溶剂油	1.52元/升
6. 润滑油	1.52元/升
7. 燃料油	1.20元/升
七、摩托车	
1. 气缸容量(排气量,下同)为250毫升的	3%
2. 气缸容量在250毫升以上的	10%
八、小汽车	
1. 乘用车	
(1) 气缸容量(排气量,下同)在1.0升(含1.0升)以下的	1%
(2) 气缸容量在1.0升以上至1.5升(含1.5升)的	3%
(3) 气缸容量在1.5升以上至2.0升(含2.0升)的	5%
(4) 气缸容量在2.0升以上至2.5升(含2.5升)的	9%
(5) 气缸容量在2.5升以上至3.0升(含3.0升)的	12%
(6) 气缸容量在3.0升以上至4.0升(含4.0升)的	25%
(7) 气缸容量在4.0升以上的	40%
2. 中轻型商用客车	5%
3. 超豪华小汽车	10%(零售环节)
九、高尔夫球及球具	10%
十、高档手表	20%
十一、游艇	10%
十二、木制一次性筷子	5%
十三、实木地板	5%
十四、电池	4%
十五、涂料	4%

模块二 消费税的计算

按照《消费税暂行条例》的规定，消费税实行从价定率、从量定额或者从价定率和从量定额复合计税的办法计算应纳税额。

一、从价定率计算方法

在从价定率计算方法下，应纳税额的计算取决于应税消费品的销售额和适用的税率两个因素。其基本计算公式为：

应纳税额＝销售额×适用税率

（一）关于销售额的确定

销售额是纳税人销售应税消费品向购买方收取的全部价款和价外费用。价外费用是指价外向购买方收取的手续费、补贴、基金、集资费、返还利润、奖励费、违约金、滞纳金、延期付款利息、赔偿金、代收款项、代垫款项、包装费、包装物租金、储备费、优质费、运输装卸费以及其他各种性质的价外收费，但承运部门的运费发票开具给购货方的，纳税人将该项发票转交给购货方的代垫运费不包括在内。同时符合条件的、代为收取的政府性基金或行政事业收费也不包括在销售额内。

销售额的确定需注意下列问题：

（1）销售额不包括向购买方收取的增值税款。如果纳税人应税消费品的销售额中未扣除增值税款或者因不得开具增值税专用发票而发生价款和增值税税款合并收取的，在计算消费税时，应当换算为不含增值税税款的销售额。其公式为：

应税消费品销售额＝含增值税的销售额÷(1＋增值税税率或征收率)

（2）实行从价定率办法计算应纳消费税额后的应税消费品连同包装物销售的，包装物的售价无论是否单独计价核算，均应并入应税消费品的销售额中征收消费税。如果包装物不随产品销售而收取押金，其押金不应并入销售额征税。但对没收的逾期未还包装物的押金，应并入应税消费品的销售额一并征税。既随同消费品补价销售，另外又收押金的，纳税人在期限外仍未退还押金的，应并入应税消费品的销售额一并征税。

（3）纳税人销售甲类卷烟或粮食白酒，计税价格显著低于产地市场零售价的，应由主管税务机关逐级上报核实计税价格，按税务总局核定的计税价格作为计税依据。

（4）纳税人销售的应税消费品，以外汇结算销售额的，应当按外汇市场价格折合成人民币计算应纳税额。其销售额的人民币折合率可以选择结算的当天或者当月 1 日的国家外汇牌价(原则上为中间价)。纳税人应在事先确定采取何种折合率，确定后 1 年内不得变更。

（5）纳税人用于换取生产资料和消费资料，投资人入股或抵偿债务等方面的应税消费品，应当以纳税人同类消费品最高售价作为计税依据计算消费税。

【例 3-1】 新华汽车厂 10 月份以自产小汽车(500 毫升气缸容量)20 辆换取某钢厂生产的钢材 400 吨，每吨钢材 3 000 元。该厂生产的同一型号小汽车销售价格分别为 10 万元/

辆、9 万元/辆和 8 万元/辆，计算用于换取钢材的小汽车应纳消费税额（以上价格均不含增值税）。

解 小汽车适用的消费税税率为 1%。根据国家有关规定，纳税人用于换取生产资料和消费资料、投资入股和抵偿债务等方面的应税消费品，应当以纳税人同类应税消费品的最高销售价格作为计税依据计算消费税。因此，该汽车制造厂用于换取钢材的小汽车应缴纳的消费税为：

应纳税额＝销售额×税率＝20×10×1%＝2(万元)

(6) 纳税人通过自设非独立核算门市部销售的自产应税消费品，应当按门市部对外销售额或销售数量征收消费税。

【例 3-2】 某摩托车厂为增值税一般纳税人，5 月份将生产的 20 辆摩托车以每辆出厂价 20 000 元(不含增值税)运给自设非独立核算的门市部；门市部又以每辆 34 800 元(含增值税)售给消费者。摩托车适用的消费税税率为 10%，摩托车厂 5 月份应缴纳消费税税额为多少？

解 应纳税额＝销售额×税率＝34 800÷(1＋16%)×20×10%＝60 000(元)

(二) 关于自产自用应税消费品的应纳税额

纳税人自产自用的应税消费品，用于连续生产应税消费品的不纳税，即作为生产最终应税消费品的直接材料，并构成最终应税消费品实体的，不纳税。除此之外，用于其他方面的应税消费品应纳消费税，包括纳税人将自产自用应税消费品用于生产非应税消费品、在建工程、管理部门、非生产机构、提供劳务、馈赠、赞助、集资、广告、样品、职工福利、奖励等方面，虽然没有取得销售收入，但从性质上仍视同销售，予以征税。纳税人自产自用的应税消费品，按照纳税人生产的同类消费品的销售价格计算纳税；没有同类消费品销售价格的，按照组成计税价格计算纳税，其计算公式为：

组成计税价格＝(成本＋利润)/(1－消费税税率)

或

组成计税价格＝成本×(1＋成本利润率)÷(1－消费税税率)

这里，同类消费品的销售价格是指纳税人当月销售的同类消费品的销售价格。如果当月同类消费品各期销售价格高低不同，应按销售数量加权平均计算。如果当月无销售或当月未完结的，应按照同类消费品上月或最近月份的销售价格计算纳税。

成本是指应税消费品产品的生产成本。利润是根据应税消费品的全国平均利润率计算的利润。国家税务总局规定的平均成本利润率如表 3-2 所示。

表 3-2 平均成本利润率

单位：%

货物名称	利润率	货物名称	利润率
甲类卷烟	10	贵重首饰及珠宝玉石	6
乙类卷烟	5	摩托车	6
雪茄烟	5	高尔夫球及球具	10
烟丝	5	高档手表	20
粮食白酒	10	游艇	10

续表

货物名称	利润率	货物名称	利润率
薯类白酒	5	木制一次性筷子	5
其他酒	5	实木地板	5
高档化妆品	5	乘用车	8
鞭炮、焰火	5	中轻型商用客车	5

【例 3-3】 华美日用化妆品厂为增值税一般纳税人，它将一批自产的高档化妆品用于职工福利，该高档化妆品生产成本为 3 000 元，成本利润率为 5%，无同类产品售价。该批高档化妆品应缴纳的消费税为多少？

解 组成计税价格＝3 000×(1＋5%)÷(1－15%)＝3 706(元)

应纳消费税额＝3 706×15%＝556(元)

(三) 关于委托加工应税消费品的应纳税额

委托加工应税消费品是指由委托方提供原料和主要材料，受托方只收取加工费和代垫部分辅助材料加工的应税消费品。委托加工的应税消费品用于直接出售的，不再征收消费税。对于由受托方提供原材料生产的应税消费品或者受托方先将原材料卖给委托方，然后再接受加工的应税消费品以及由受托方以委托方名义购进原材料生产的应税消费品，不论纳税人在财务上是否作销售处理，都不得作为委托加工应税消费品，而应当按照销售自制应税消费品缴纳消费税。

委托加工的应税消费品，受托方在交货时已代收、代缴消费税，委托方收回后直接出售的，不再征收消费税。《消费税暂行条例》规定，委托加工的应税消费品，按照受托方的同类消费品的销售价格计算纳税；没有同类消费品销售价格的，按照组成计税价格计算纳税。其组成计税价格的计算公式：

组成计税价格＝(材料成本＋加工费)/(1－消费税税率)

这里，同类消费品的销售价格，是指纳税人或者代收代缴义务人当月销售的同类消费品的销售价格，如果当月同类消费品各期销售价格高低不同，应按销售数量加权平均计算。如果当月无销售或当月销售未完结，应按同类消费品上月或最近月份的销售价格计算纳税。

材料成本是指委托方提供加工材料的实际成本。其材料实际成本必须在委托加工合同中注明，凡未提供材料成本的，受托方所在地税务机关有权核定其材料成本。加工费是指受托方加工应税消费品向委托方所收取的全部费用(包括代垫辅助材料的实际成本)。受托方必须如实向委托方提供收取的全部费用。

【例 3-4】 某长途运输公司委托某汽车制造厂加工小客车 50 辆，该小客车气缸容量在 2 000 毫升。受托单位没有同类产品销售价格，小客车单位成本 18 000 元，支付加工费 45 000元，支付其他费用 5 000 元。计算该批汽车应纳的消费税。

解 组成计税价格＝(18 000×50＋45 000＋5 000)÷(1－5%) ＝1 000 000(元)

汽车制造厂代收代缴消费税＝1 000 000×5%＝50 000(元)

(四) 关于进口应税消费品的应纳税额

进口应税消费品实行从价定率计税办法时，组成计税价格为消费税的计税额。组成计税价格的计算公式为：

组成计税价格＝(关税完税价格＋关税)/(1－消费税税率)

应纳税额＝组成计税价格×适用税率

这里，关税完税价格是指海关核定的关税完税价格。

【例 3-5】 圣华外贸公司从国外进口一批应税消费品，该批消费品的关税完税价格为 90 万元，按规定应缴纳关税 18 万元。如所进口的该消费品的消费税税率为 10％，则进口环节应缴纳的消费税为多少？

解 组成计税价格＝(90＋18)÷(1－10％)＝120(万元)

应纳消费税税额＝120×10％＝12(万元)

二、从量定额计算方法

实行从量定额征收办法的应税消费品的计税依据是应税消费品的销售数量。其应纳税额的计算公式为：

应纳税额＝应税消费品的销售数量×单位税额

这里，销售数量指纳税人生产、进口或委托加工收回的应税消费品的数量。具体如下。

(1) 销售应税消费品的，为应税消费品的销售数量。

(2) 自产自用消费品的，为应税消费品的移送使用数量。

(3) 委托加工应税消费品的，为纳税人收回的应税消费品的数量。

(4) 进口应税消费品的，为海关核定的应税消费品进口征税数量。

实行从量定额办法计算应纳税额的应税消费品，计量单位的换算标准如表 3-3 所示。

表 3-3 吨、升换算表

序号	名称	计量单位的换算标准
1	黄酒	1 吨＝962 升
2	啤酒	1 吨＝988 升
3	汽油	1 吨＝1388 升
4	柴油	1 吨＝1176 升
5	航空煤油	1 吨＝1246 升
6	石脑油	1 吨＝1385 升
7	溶剂油	1 吨＝1282 升
8	润滑油	1 吨＝1126 升
9	燃料油	1 吨＝1015 升

纳税人的计税价格无正当理由又明显偏低的，税务机关有权核定其计税价格，并以核定后的计税价格作为计税额计算应纳消费税。《消费税暂行条例实施细则》对应税消费品的计税价格的核定权限规定如下。

(1) 卷烟、白酒和小汽车的计税价格由国家税务总局核定，送财政部备案。

(2) 其他应税消费品的计税价格由省、自治区和直辖市国家税务局核定。

(3) 进口的应税消费品的计税价格由海关核定。

【例 3-6】 某啤酒厂于 2010 年 7 月份销售啤酒 300 吨，每吨 2 800 元（不含税），则该啤酒厂 7 月份应交纳的消费税为多少？

解 啤酒每吨售价在 3 000 元以下的，适用单位税额为 220 元。

应纳消费税额＝销售数量×定额税率＝300×220＝66 000（元）。

三、从价定率和从量定额的复合计算方法

我国现行消费税政策要求对卷烟和白酒采用从价定率和从量定额的复合计税方法征税。其应纳税额的计算公式为：

应纳税额＝应税销售数量×定额税率＋应税销售额×比例税率

【例 3-7】 某白酒厂为增值税一般纳税人，该厂销售粮食白酒 50 吨，取得不含增值税的销售额 150 万元，则该白酒厂应纳消费税为多少？

解 应纳消费税额＝50×2000×0.5＋1500000×20％＝350 000（元）

四、外购应税消费品已纳税款的扣除

由于某些应税消费品是用外购已缴纳消费税的应税消费品连续生产出来的，对这些连续生产出来的应税消费品计算征税时，税法规定应按当期生产领用数量计算准予扣除外购的应税消费品已纳的消费税税款。扣除范围如下。

(1) 外购已税烟丝生产的卷烟。

(2) 外购已税高档化妆品原料生产的高档化妆品。

(3) 外购已税珠宝、玉石原料生产的贵重首饰及珠宝、玉石。

(4) 外购已税鞭炮、焰火原料生产的鞭炮、焰火。

(5) 外购已税杆头、杆身和握把为原料生产的高尔夫球杆。

(6) 外购已税木制一次性筷子原料生产的木制一次性筷子。

(7) 外购已税实木地板原料生产的实木地板。

(8) 外购已税石脑油、润滑油、燃料油为原料生产的成品油；

(9) 外购已税汽油、柴油为原料生产的汽油、柴油。

从 2001 年 5 月 1 日起，停止执行生产领用外购酒已纳消费税税款准予抵扣的政策。2001 年 5 月 1 日以前购进的已税酒，已纳消费税税款没有抵扣完的一律停止抵扣。

上述当期准予扣除外购应税消费品已纳消费税税款的计算公式为：

当期准予扣除的外购应税消费品已纳消费税税款＝当期准予扣除的外购应税消费品买价×外购应税消费品适用税率

当期准予扣除的外购应税消费品买价＝期初库存的外购应税消费品买价＋当期购进的应税消费品买价－期末库存的外购应税消费品买价

允许扣除已纳税款的应税消费品只限于从工业企业购进的应税消费品和进口环节已缴纳消费税的应税消费品，对从境内商业企业购进应税消费品的已纳税款一律不得扣除。

另外，对于委托加工收回的应税消费品用于连续生产应税消费品的，其委托加工时已纳消费税税款可以比照上述规定从应纳消费税税额中扣除。

外购已税消费品的买价是指购货发票上注明的销售额（不包括增值税税款）。

需要说明的是，纳税人用外购的已税珠宝、玉石原料生产的改在零售环节征收消费税的金银首饰（镶嵌首饰），在计税时一律不得扣除外购珠宝、玉石的已纳税款。

对自己不生产应税消费品，而只是购进后再销售应税消费品的工业企业，其销售的高档化妆品、鞭炮、焰火和珠宝、玉石，凡不能构成最终消费品直接进入消费品市场，而需进一步生产加工的，应当征收消费税，同时允许扣除上述外购应税消费品的已纳税款。

【例 3-8】 某卷烟厂月初库存外购应税烟丝金额为 20 万元，当月又外购应税烟丝金额为 50 万元（不含增值税），月末库存烟丝金额为 10 万元，其余被当月生产卷烟领用，则该卷烟厂当月准予扣除的外购烟丝已纳消费税为多少？

解 烟丝适用的消费税率为 30%。

当月准予扣除的外购烟丝买价＝20＋50－10＝60（万元）

当月准予扣除的外购烟丝已纳消费税＝60×30%＝18（万元）

模块三 消费税的纳税申报

一、纳税义务发生时间

消费税的纳税义务发生时间按不同的生产经营方式和货款的不同结算方式分别进行确定。

（一）销售应税消费品

纳税人销售应税消费品的，按不同的销售结算方式，纳税义务发生时间也不同。

1. 赊销和分期收款结算方式

纳税人采取赊销和分期收款结算方式的，纳税义务的发生时间为书面合同约定的收款日期的当天；书面合同没有约定收款日期或者无书面合同的，纳税义务的发生时间为发出应税消费品的当天。

2. 预收货款结算方式

纳税人采取预收货款结算方式的，纳税义务的发生时间为发出应税消费品的当天。

3. 托收承付和委托银行收款结算方式

纳税人采取托收承付和委托银行收款结算方式的，纳税义务的发生时间为发出应税消费品并办妥托收手续的当天。

4. 其他结算方式

纳税人采取其他结算方式的，纳税义务的发生时间为收讫销售款或者取得索取销售款凭据的当天。

（二）自产自用应税消费品

纳税人自产自用应税消费品的，纳税义务的发生时间为移送使用的当天。

（三）委托加工应税消费品

纳税人委托加工应税消费品的，纳税义务的发生时间为纳税人提货的当天。

（四）进口应税消费品

纳税人进口应税消费品的，纳税义务的发生时间为报关进口的当天。

二、纳税期限

消费税的纳税期限分别为1日、3日、5日、10日、15日、1个月或者1个季度。纳税人的具体纳税期限，由主管税务机关根据纳税人应纳税额的大小分别核定；不能按照固定期限纳税的，可以按次纳税。

纳税人以1个月或者1个季度为1个纳税期的，自期满之日起15日内申报纳税；以1日、3日、5日、10日或者15日为1个纳税期的，自期满之日起5日内预缴税款，于次月1日起15日内申报纳税并结清上月应纳税款。

三、纳税地点

消费税具体纳税地点如下所示。

（1）纳税人销售的应税消费品以及自产自用的应税消费品，除国家另有规定的外，应当向纳税人核算地主管税务机关申报纳税。

（2）委托加工的应税消费品，除受托方为个体经营者外，由受托方向所在地主管税务机关代收代缴消费税税款。

（3）进口的应税消费品，由进口人或者其代理人向报关地海关申报纳税。

（4）纳税人到外县（市）销售或委托外县（市）代销自产应税消费品的，于应税消费品销售后，回纳税人核算地或销售所在地缴纳消费税。

（5）纳税人的总机构与分支机构不在同一县（市）的，应在生产应税消费品的分支机构所在地缴纳消费税。但经国家税务总局及所属省级国家税务局批准，纳税人分支机构应纳消费税也可由总机构汇总向总机构所在地主管税务机关缴纳。根据国家税务总局颁发的《消费税若干具体问题的规定》，对纳税人的总机构与分支机构不在同一省、自治区、直辖市的，如需改由总机构汇总在总机构所在地纳税的，须经国家税务总局批准；对纳税人的总机构与分支机构在同一省（自治区、直辖市）内，而不在同一县（市）的，如需改由总机构汇总在总机构所在地纳税的，须经省级国家税务局批准。

（6）纳税人销售的应税消费品，如因质量等原因由购买方退回时，经所在地主管税务机关审核批准后，可退还已征收的消费税税款，但不能自行直接抵减应纳税额。

四、消费税纳税申报的内容

消费税的纳税人应如实填写"消费税纳税申报表"，并于次月1日起15日内申报纳税并结清上月税款。

1. 纳税申报表的填制方法

（1）实行从价定率办法计算消费税的纳税人，其销售数量栏可不填制，其销售额栏应与增值税的销售额相同，即不含增值税而含消费税的销售额。

(2) 实行从量定额办法计算消费税的纳税人，其销售额栏可以不填制，只填制销售数量。

2. 消费税的纳税申报一般流程

消费税的纳税申报一般流程如下：

(1)确认申报时间。如果以 1 个月为纳税期的，应在下月 15 日前完成纳税申报。

(2)纳税人确认当期应税消费品应纳税额、外购(委托加工)应税消费品用于连续生产可抵扣税额。

(3)依据应纳税额和可抵扣税额等资料，填写相关表单。消费税表单分成品油、小轿车、酒、烟类(工业或批发)、其他应税消费品共五类。

(4)办理申报。申报方式可以有电子申报或自助申报。电子申报内容主要是报表录入与报表发送两项。报表录入是将编制的纳税申报表数据录入系统中，系统录入界面与申报表几乎相同。

(5)报送纸质申报资料，如表 3-4 至表 3-6 所示。

表 3-4　消费税及附加税费申报表

税款所属期：自　　年　　月　　日至　　年　月　日

纳税人识别号(统一社会信用代码)：□□□□□□□□□□□□□□□□□□□□

纳税人名 称：　　　　　　　　　　　　　　　　金额单位：人民币元(列至角分)

<table>
<tr><td rowspan="3">项目
应税
消费品名称</td><td colspan="2">适用税率</td><td rowspan="2">计量单位</td><td rowspan="2">本期销售数量</td><td rowspan="2">本期销售额</td><td rowspan="2">本期应纳税额</td></tr>
<tr><td>定额税率</td><td>比例税率</td></tr>
<tr><td>1</td><td>2</td><td>3</td><td>4</td><td>5</td><td>6=1×4+2×5</td></tr>
<tr><td></td><td></td><td></td><td></td><td></td><td></td><td></td></tr>
<tr><td></td><td></td><td></td><td></td><td></td><td></td><td></td></tr>
<tr><td></td><td></td><td></td><td></td><td></td><td></td><td></td></tr>
<tr><td></td><td></td><td></td><td></td><td></td><td></td><td></td></tr>
<tr><td>合计</td><td>—</td><td>—</td><td>—</td><td>—</td><td>—</td><td></td></tr>
<tr><td colspan="4"></td><td>栏次</td><td colspan="2">本期税费额</td></tr>
<tr><td colspan="4">本期减(免)税额</td><td>7</td><td colspan="2"></td></tr>
<tr><td colspan="4">期初留抵税额</td><td>8</td><td colspan="2"></td></tr>
<tr><td colspan="4">本期准予扣除税额</td><td>9</td><td colspan="2"></td></tr>
<tr><td colspan="4">本期应扣除税额</td><td>10=8+9</td><td colspan="2"></td></tr>
<tr><td colspan="4">本期实际扣除税额</td><td>11[10<(6−7)，则为 10，否则为 6−7]</td><td colspan="2"></td></tr>
<tr><td colspan="4">期末留抵税额</td><td>12=10−11</td><td colspan="2"></td></tr>
<tr><td colspan="4">本期预缴税额</td><td>13</td><td colspan="2"></td></tr>
<tr><td colspan="4">本期应补(退) 税额</td><td>14=6−7−11−13</td><td colspan="2"></td></tr>
<tr><td colspan="4">城市维护建设税本期应补(退)税额</td><td>15</td><td colspan="2"></td></tr>
</table>

续表

教育费附加本期应补(退)费额	16	
地方教育附加本期应补(退)费额	17	
声明：此表是根据国家税收法律法规及相关规定填写的，本人(单位)对填报内容(及附带资料)的真实性、可靠性、完整性负责。 纳税人(签章)：　　年　　月　　日		
经办人： 经办人身份证号： 代理机构签章： 代理机构统一社会信用代码：	受理人： 受理税务机关(章)： 受理日期：　　年　月　日	

表 3-5　本期准予扣除税额计算表

金额单位：元(列至角分)

准予扣除项目 \ 应税消费品名称							合计
一、本期准予扣除的委托加工应税消费品已纳税款计算		期初库存委托加工应税消费品已纳税款	1				
		本期收回委托加工应税消费品已纳税款	2				
		期末库存委托加工应税消费品已纳税款	3				
		本期领用不准予扣除委托加工 应税消费品已纳税款	4				
		本期准予扣除委托加工应税消费品已纳税款	5=1+2−3−4				
二、本期准予扣除的外购应税消费品已纳税款计算	(一)从价计税	期初库存外购应税消费品买价	6				
		本期购进应税消费品买价	7				
		期末库存外购应税消费品买价	8				
		本期领用不准予扣除外购应税消费品买价	9				
		适用税率	10				
		本期准予扣除外购应税消费品已纳税款	11=(6+7−8−9)×10				

续表

二、本期准予扣除的外购应税消费品已纳税款计算	（二）从量计税	期初库存外购应税消费品数量	12				
		本期外购应税消费品数量	13				
		期末库存外购应税消费品数量	14				
		本期领用不准予扣除外购应税消费品数量	15				
		适用税率	16				
		计量单位	17				
		本期准予扣除的外购应税消费品已纳税款	18＝（12＋13－14 －15）×16				
三、本期准予扣除税款合计			19＝5＋11＋18				

表 3-6　本期准予扣除税额计算表

（成品油消费税纳税人适用）

金额单位：元（列至角分）

一、扣除税额及库存计算

扣除油品类别	上期库存数量	本期外购入库数量	委托加工收回连续生产数量	本期准予扣除数量	本期准予扣除税额	本期领用未用于连续生产不准予扣除数量	期末库存数量
1	2	3	4	5	6	7	8＝2＋3＋4－5－7
汽油							
柴油							
石脑油							
润滑油							
燃料油							
合计							

二、润滑油基础油（废矿物油）和变性燃料乙醇领用存

产品名称	上期库存数量	本期入库数量	本期生产领用数量	期末库存数量
1	2	3	4	5＝2＋3－4
润滑油基础油（废矿物油）				
变性燃料乙醇				

五、消费税的纳税环节

1. 生产销售的应税消费品

纳税人生产的应税消费品，于销售时纳税。纳税人生产的、于销售时纳税的应税消费品，是指有偿转让应税消费品的所有权，即以从受让方取得货币、货物、劳务或其他经济利益为条件转让的应税消费品。

2. 自产自用的应税消费品

纳税人自产自用的应税消费品，用于连续生产应税消费品的，不纳税；用于其他方面的，于移送使用时纳税。

3. 委托加工的应税消费品

委托加工的应税消费品，由受托方在向委托方交货时代收代缴税款。

4. 进口的应税消费品

进口的应税消费品，于报关进口时纳税。

5. 金银首饰消费税

(1) 经国务院批准，金银首饰消费税由生产销售环节征收改为零售环节征收。

(2) 纳税人销售（指零售，下同）的金银首饰（含以旧换新），于销售时纳税；用于馈赠、赞助、集资、广告、样品、职工福利、奖励等方面的金银首饰，于移送时纳税；带料加工、翻新改制的金银首饰，于受托方交货时纳税。

模块四　消费税涉税业务的账务处理

一、消费税核算的账户设置

缴纳消费税的企业，在“应交税费”科目下设置“应交消费税”明细科目进行会计核算。该明细科目的借方发生额，反映企业实际缴纳的消费税和待扣的消费税；贷方发生额，反映按规定应缴纳的消费税；期末贷方余额，反映尚未缴纳的消费税；期末借方余额，反映多缴或待扣的消费税。

企业生产的需要缴纳消费税的消费品，在销售后计算应交税款时，借记“税金及附加”科目，贷记“应交税费——应交消费税”科目；实际缴纳消费税时，借记“应交税费——应交消费税”，贷记“银行存款”科目。发生销货退回及退税时作相反的会计分录。

二、常见消费税涉税业务的账务处理

（一）产品对外销售的账务处理

企业对外销售的产品，应交纳的消费税，通过“税金及附加”科目核算。企业按规定计算出应交纳的消费税，借记“税金及附加”科目，贷记“应交税费——应交消费税”科目，退税时作相反的会计处理。

【例 3-9】 某酒厂销售啤酒 100 吨，每吨售价 2 000 元(不含增值税)，货款未收。啤酒每吨成本为 1 000 元，适用单位税额为 220 元。对此，应做怎样的账务处理?

解 企业应做如下会计分录:

应向购买方收取的增值税额＝100×2 000×13%＝26 000(元)

应交纳的消费税＝100×220＝22 000(元)

(1) 借:应收账款	226 000	
贷:主营业务收入		200 000
应交税费——应交增值税(销项税额)		26 000
(2) 借:税金及附加	22 000	
贷:应交税费——应交消费税		22 000
(3) 借:主营业务成本	100 000	
贷:库存商品		100 000

(二) 以应税消费品换取生产资料、抵偿债务等的账务处理

企业将生产的应税消费品用于换取生产资料和消费资料、抵偿债务等，从税务角度看属于销售行为，其账务处理与对外销售类似。以应税消费品换取生产资料和消费资料的，应按售价借记"材料采购"等账户，贷记"主营业务收入"账户。以应税消费品抵偿债务的，按售价借记有关负债账户，贷记"主营业务收入"账户。同时，按计算的消费税税额，借记"税金及附加"账户，贷记"应交税费——应交消费税"账户。还有一点需要注意:纳税人用于换取生产资料和消费资料，投资入股和抵偿债务等方面的应税消费品，应当以纳税人同类应税消费品的最高销售价格作为计税依据计算消费税。

【例 3-10】 承例 3-9，该厂用生产的啤酒换取某进出口公司的生产设备，应纳消费税税额仍为 20 000 元。则应做如下会计分录:

借:固定资产	20 000	
贷:应交税费——应交消费税		20 000

(三) 将生产的应税消费品用于对外投资的账务处理

企业在投资时，应按合同作价借记"长期股权投资"账户，应交消费税也应计入长期投资的账面成本，借记"长期股权投资"账户，贷记"应交税费——应交消费税"账户。

【例 3-11】 某摩托车厂将生产的 20 辆摩托车投资于某快递公司，按规定这 20 辆摩托车共应交纳消费税税额 40 000 元。对此应做如下会计分录:

借:长期股权投资	40 000	
贷:应交税费——应交消费税		40 000

(四) 委托加工应税消费品的账务处理

企业委托加工应税消费品，于委托方提货时，由受托方代扣代缴税款，受托方借记"应收账款"、"银行存款"等科目，贷记"应交税费——应交消费税"科目。委托加工应税消费品收回后，直接用于销售的，委托方应将代扣代缴的消费税计入委托加工的应税消费品成本，借记"委托加工材料"、"主营业务成本"、"自制半成品"等科目，贷记"应付账款"、"银行存款"等科目。委托加工的应税消费品收回后用于连续生产应税消费品，按规定允许抵扣的，委托方

应按代扣代缴的消费税款，借记“应交税费——应交消费税”科目，贷记“应付账款”、“银行存款”科目。

【例 3-12】 某快递公司委托某摩托车厂生产一批摩托车，共应交纳消费税 100 000 元。当快递公司将摩托车提回时，该摩托车厂应代扣代缴这笔应纳税款，并按应扣税额做如下会计分录：

借：应收账款　　100 000

　贷：应交税费——应交消费税　　100 000

（五）进口应税消费品的账务处理

进口应税消费品，应在进口时由进口方缴纳消费税。缴纳的消费税应计入进口应税消费品的成本。企业进口的应税消费品可能是固定资产、原材料或商品流通企业的商品，因此，在进口时应按应税消费品的进口成本连同消费税，借记“固定资产”、“材料采购”、“库存商品”等账户；按支付的准予抵扣的增值税，借记“应交税费——应交增值税（进项税额）”账户；按采购成本，贷记“应付账款”、“银行存款”等账户；按应缴纳的消费税，贷记“银行存款”等账户。

【例 3-13】 某公司从国外进口一批货物，以到岸价格成交，成交价折合人民币 2000 万元。海关以此核定完税价格，关税税率为 20%，消费税税率为 10%，增值税税率为 13%。计算进口该批货物应缴纳的关税、消费税和增值税，并进行账务处理。

解 应交纳的关税＝2 000×20%＝400（万元）

应交纳的消费税＝（2 000＋400）÷（1－10%）×10%＝267（万元）

应交纳的增值税＝（2 000＋400）÷（1－10%）×13%＝347（万元）

借：材料采购　　2 670 000

　应交税费——应交增值税（进项税额）　　3 470 000

　贷：银行存款　　6 140 000

知识小结

消费税是对在我国境内从事生产，委托加工及进口应税消费品的单位和个人，就其销售额或销售数量，在特定环节征收的一种税。

消费税的征税范围为在中华人民共和国境内生产、委托加工、进口、零售的应税消费品，包括烟，酒，高档化妆品，贵重首饰及珠宝玉石，鞭炮、焰火，成品油，摩托车，小汽车，高尔夫球及球具，高档手表，游艇，木制一次性筷子，实木地板，电池，涂料等 15 种商品。

在消费税率方面，大多数应税消费品适用从 1%至 56%的比例税率，仅有啤酒、黄酒、成品油使用定额税率，而白酒和卷烟则实行定额税率与比例税率相结合的复合计税方法。

消费税会计核算时，应开设“应交税费——应交消费税”账户，同时依据不同情况分别开设“税金及附加”等账户。

知识巩固

1. 消费税税目有多少？分别是什么？

2. 消费税应纳税额的计算有哪几种方法？

3. 消费税有哪些特点？消费税纳税人具体是指谁？

4. 某卷烟厂为增值税一般纳税人，该厂销售自己生产的甲种卷烟6箱，每箱50 000支，价款共计150 000元，增值税税款为19 500元，该厂生产的甲种卷烟成本利润率为10%，甲种卷烟消费税定额税率为每支0.003元，比例税率为56%。计算该卷烟厂销售甲种卷烟应纳的消费税。

5. 某化工厂向商场销售一批洗发水，所用的包装物单独计价，按规定应缴纳消费税税额为3 000元，请进行账务处理。

案例讨论

在20×5年中秋节，某卷烟厂为了感谢老客户对烟厂长期以来的支持，赠送老客户10标准箱卷烟，该厂同类产品每箱不含税售价为10 000元；同时，还将首次生产的5标准箱卷烟分配给职工；另外，在市场上销售了300标准箱卷烟。次月，该卷烟厂只申报了在市场上销售的300标准箱卷烟应纳的消费税。之后，该卷烟厂所在地税务机关接到举报说该卷烟厂偷税。

讨论：用于赠送和职工福利，没有取得销售收入的应税消费品是否应当缴纳消费税？如果需要缴纳，则该卷烟厂应纳消费税为多少？

实训设计

【实训目标】

(1) 能够准确处理企业消费税的涉税处理；

(2) 掌握纳税申报表的填写。

【实训内容与要求】

实训内容：

某酒业公司为增值税一般纳税人，主要销售粮食白酒。该酒业公司于20×5年1月对外销售一批粮食白酒，向购买方开具普通销售发票，内列3 000千克，每千克含税售价35元，价税合计105 000元，已收妥存入银行。期末未缴税额为0元，本期没有预缴税额。

实训要求：

(1) 利用所学知识及网络资源解决实训过程中税收法规方面的问题。

(2) 利用网络资源学习和巩固纳税申报流程(可参考国家税务总局网站——办税导航)。

(3) 计算该公司当月应纳消费税并进行相关涉税业务账务处理。

(4) 利用老师提供的资料尝试消费税纳税申报表的填制。

【成果与检验】

实训结束，写出实训总结，主要包括：在实训中，为完成任务做了哪些准备工作；在实训中遇到了哪些新问题及如何解决的；纳税申报中获得的新技能有哪些。

学习情境四
关税纳税实务

学习目标

- 了解关税的基本知识;
- 掌握关税的计税依据和应纳税额的计算;
- 能办理关税纳税申报;
- 能进行关税涉税业务的财务处理。

关税是世界各国普遍征收的一个税种,不但是国家财政收入的重要来源,而且是国家实现对外经济政策和其他政治、经济目的的重要工具,同时也是衡量一个国家市场开放度的主要标志。

模块一 关税基础认知

一、关税的概念

关税是指由设在边境、沿海口岸或国家指定的其他水、陆、空国际交往通道的海关,以国家的名义依法对进出关境的自由流通货物和物品征收的一种流转税。

关税的概念内涵丰富,包括以下四个方面的内容。

1. 征税对象特指进出关境的货物和物品

关税的征税对象是进出国境或关境的货物和物品。属于贸易性进出口的商品称为货物;属于入境旅客携带的、个人邮递的、运输工具服务人员携带的以及用其他方式进口个人自用的非贸易性商品称为物品。关税不同于因商品交换或提供劳务取得收入而课征的流转税,也不同于因取得所得或拥有财产而课征的所得税或财产税,而是对特定货物和物品途经海关通道进出口征税。

2. 以货物进出口统一的关境为征税的地域界限

这里的关境是指实施同一海关法令的境域;国境是指一个主权国家以边界为界限,全面行使主权的境域,包括领土、领海、领空。通常情况下,关境与国境的范围是一致的,但在国境内设有免征关税的自由港或自由贸易区时,这些区域就进出口关税而言处在关境之外,这时关境就小于国境;若几个国家结成关税同盟,组成一个共同的关境,实施统一的关税法令和进出口税则,此时在成员国之间货物进出国境不征收关税,只对来自和运往非同盟成员国的货物进出共同关境征收关税,这时就各成员国来说,关境就大于国境。

另外,进出关境的货物在进出境环节一次性征收关税后,在关境内流通的任何环节均不再征收关税;对于过境货物在本国海关的监管下,不征过境税,因为过境货物不仅有利于国际贸易的开展,而且可以增加本国港口、仓储、运输等部门的收入。

3. 由国家或者是代表国家的海关征收

《中华人民共和国海关法》规定:"中华人民共和国海关是国家的进出关境监督管理机关。海关依照本法和其他有关法律、行政法规,监管进出境的运输工具、货物、行李物品、邮递物品和其他物品,征收关税和其他税、费,查缉走私,并编制海关统计和办理其他海关业务。"在我国,海关总署是行使关税征收权的合法行政机关。

4. 属于流转税

流转税是指根据商品买卖或劳务收费的流转额所征收的税收,即以流通过程中的商品和劳务为课税对象的税收。其特点是:以商品交易和提供劳务为前提;同商品或劳务流转额相联系,不受成本高低的影响。既可对流转全额征税,也可对部分流转额课税。关税与增值税、消费税一样都是流转税的一种。

资料卡

我国关税的起源与发展

我国关税的历史悠久,早在西周时期就已开始设关征税;春秋时期各诸侯国普遍设关征税;秦国统一六国后,设置了关都尉一职对进出境的货物进行征税;西汉时期只有汉武帝设卡征收关税;东汉时期关税日趋繁重;唐朝设立市舶使,负责管理进出国境的船舶、商品并征收关税;宋朝曾经订立商税条例,规定只对商人征收关税,对其他人一律不征;元朝、明朝、清朝前期在全国广设市舶使。鸦片战争以后,我国沦为半殖民地国家,关税制度不是由我国独立制定,而是受不平等条约的约束,成为片面协定关税,关税丧失了保护本国经济发展的作用。新中国成立以后,我国取消了列强在我国的一切特权,废除了一切不平等条约,收回了海关的管理权,建立了完全独立自主的关税政策和海关管理制度。1951 年以后至改革开放前我国先后公布和实施了一些关税法律制度,在当时维护了国家主权和经济利益,增加了国家财政收入。但我国也走过一段弯路,本应由海关征收的关税被同外贸利润绑在一起,由外贸企业合并缴库。从 1980 年起,我国才回归到由海关单独计征关税的轨道。目前,我国现行关税法律规范几经改革和完善,逐步与 WTO 规则及国际准则惯例相衔接,这些法律规范在维护进出口企业的合法权益、规范企业经营管理、促进企业发展等方面都起到了积极作用。

关税法是指国家制定的调整关税征收与缴纳权利义务关系的法律规范。我国现行关税的基本规范包括税收法律、行政法规、行政规章以及部门规范性文件,这些基本规范是海关代表国家向纳税义务人征税的法律依据和工作规程,也是纳税义务人履行纳税义务的法定准则。

我国现行关税的基本规范是2000年7月修正颁布的《中华人民共和国海关法》(以下简称《海关法》)以及2003年10月29日发布的《中华人民共和国进出口关税条例》(以下简称《关税条例》)。

二、关税的特征

关税是各国根据本国的经济和政治需要,用法律形式确定的、由海关对进出口的货物和物品所征收的一种流转税。关税具有如下特征。

1. 关税是一种间接税

关税属于间接税,是因为关税在进出口环节上对商品征税,其税负由进出口商垫付,然后作为成本的一部分加在货价上,转嫁给买方或消费者。

2. 关税的课税主体和客体

关税与一些国内税不同,其课税主体是进出口商,课税客体是进出境的货物。当商品进出国境或关境时,进出口商根据海关的规定向当地海关交纳关税,海关根据《关税法》及有关规定,对课税客体征税。

3. 关税实行复式税则

关税的税则是关税课税范围及其税率的法则。复式税则又称多栏税则,是指一个税目设有两个或两个以上的税率,根据进口货物原产国的不同,分别适用高低不同的税率。这种复式税则充分反映了关税具有维护国家主权、平等互利发展国际贸易往来和经济技术合作的特点。目前,除个别国家外,各国关税普遍实行复式税则。

4. 关税具有涉外统一性,执行统一的对外经济政策

关税是按照全国统一的进出口关税条例和税则征收的,在征收一次性关税后,货物就可在整个关境内流通,不再另行征收关税。随着社会的发展,国家征收关税不单纯是为了满足政府财政上的需要,更重要的是用来维护公平竞争环境。在海关执法中,关税是维护国家法律一致性和贸易政策统一性的一种手段。为了应对激烈的国际市场竞争,维护国家和本国商品的正当权益,关税也是世界贸易组织允许的唯一的保护一国民族工业的合法手段。在我国现阶段,关税被用来争取实现平等互利的对外贸易、保护国内生产、促进本国经济持续健康发展。

三、关税的作用

我国关税在促进对外贸易和国民经济的发展等方面发挥了重要作用,主要体现在以下几个方面。

1. 维护国家主权

一国对进出口货物征收关税,表面上看似乎只是一个与对外贸易相联系的税收问题,其实一国采取什么样的关税政策直接关系到国与国之间的主权和经济利益。随着世界多极化和经济全球化的深入发展,关税已成为世界各国维护本国政治权益、经济权益的一个重要武器。我国根据平等互利和对等原则,通过关税复式税则的运用等方式,争取国际间的关税互惠并反对他国对我国进行关税歧视,促进对外经济技术交往,扩大对外经济合作。

2. 保护、促进国内产业和市场健康发展

由于关税税率的高低和关税的征免,直接影响到进出口货物的成本,进而影响到商品的

市场价格和销售数量，影响到企业的生产和经济效益，所以国家往往通过关税来保护本国国民经济、保护与扶持民族工业、促进经济健康发展。世界各国都注重运用关税手段对外进行经济斗争、反对贸易歧视，保护本国经济不受冲击和损害。我国是一个发展中国家，更应善于运用关税政策保护自己，尤其是当外国向我国倾销商品或对我国商品出口实行无理制裁时，可依照国际通行规则采取相应的关税手段。

3. 优化进出口商品结构，促进对外贸易发展

关税是国家调整经济的重要杠杆，通过税率的高低和关税的减免，可以影响进出口规模，优化进出口商品结构，促进对外贸易稳定增长。《海关法》和《关税条例》等法律规范中，鼓励国家经济建设必需物资和人民生活必需品的进口、鼓励引进外资、鼓励引进先进技术等一系列关税优惠措施，都有意识地引导各类产品的生产，调节进出口商品数量和结构，进而促进国内市场商品的供需平衡、改革开放的深入发展，以及对外贸易的繁荣。

4. 增加国家税收和筹集国家财政收入

从世界大多数国家尤其是发达国家的税制结构分析，关税收入在整个财政收入中的比重不大，并呈下降趋势。但是，一些发展中国家，尤其是一些国内工业不发达、工商税源有限、国民经济主要依赖于某种或某几种初级资源产品出口，以及国内许多消费品主要依赖于进口的国家，征收进出口关税仍然是其取得财政收入的重要渠道之一。在我国，关税收入是财政收入的重要组成部分，虽然加入 WTO 后我国关税占财政收入比例有所下降，但由于不断扩大税基和加强征管，使关税和进口环节税持续大幅度增收。目前，通过关税所筹集的收入，在今后的很长一段时间内，仍是我国十分重要且稳定的财源基础。

5. 实施宏观调控

市场经济条件下的宏观调控，当然不同于传统计划经济。其中，最主要的变化之一，就是政府要操用以税收为代表的经济手段去实施调控。

四、关税的征税对象

关税的征税对象是准许进出关境的货物和物品。关税依货物通过的方向可分为进口税、出口税。在我国，除了关税优惠政策规定的以外，对大部分进口货物征收关税，对出口货物一般不征关税，仅对少部分货物征收出口关税。因此，一般所谓关税，就是指进口关税。由于征税对象和进出口方向不同，其适用的税率也不同。

五、关税的纳税义务人

关税的纳税义务人是指依法负有直接向国家海关部门缴纳关税义务的单位和个人。进口货物的收货人、出口货物的发货人、进出境物品的所有人，是关税的纳税义务人。进出口货物的收发货人是指依法取得对外贸易经营权，并进口或出口货物的法人或者其他社会团体。进出境物品的所有人包括该物品的所有人和推定为所有人的人。一般情况下，对于携带进境的物品，推定其携带人为所有人；对以邮递方式进境的物品，推定其收件人为所有人；对分离运输的行李，推定相应的进出境旅客为所有人；以邮递和其他方式出境的物品，推定其寄件人或托运人为所有人。

（一）关税纳税人的权利

（1）依法进出关境和依法经营的权利。关税的纳税人或其代理人有权根据持有的合法证件从事进出境活动，或者根据国家的法律和海关法规经营与进出境有关的业务。

（2）行使行政救济的权利。关税的纳税人或其代理人对海关有关决定不服的，有权向海关申请复议，甚至向人民法院起诉，请求法律保护。

纳税人或其代理人对海关的征税、减税、补税或退税等有异议时，应当先缴纳税款，然后在一定期限内，向海关提出书面申请复议。对海关的复议决定仍然不服的，可向海关总署申请复议。如对海关总署的复议决定仍然不服的，可向人民法院起诉。

纳税人对海关的处罚决定不服时，应在一定期限内，向当地海关或上一级海关提出书面申请复议。对海关的复议决定仍然不服的，可向人民法院起诉。纳税人也可直接向海关提出诉讼，但这时不得再向海关提出申请复议。

（3）要求按规定减免税和退税的权利。纳税人在符合有关法律法规条件的范围内，有权依法申请减免关税或申请退还多征税款。纳税人应向海关提出书面申请报告，在申请获得批准之前，纳税人必须按照原规定缴纳税款。

（4）索赔的权利。海关在查验进出境货物时，损坏被查验货物的，纳税人或其代理人有权要求赔偿实际损失。

（5）监督的权利。纳税人或其代理人对海关工作人员滥用职权、故意刁难、拖延监管和查验，以及徇私舞弊、玩忽职守或者放纵走私的行为，有权进行揭发、检举和控告，以维护自己的正当权益。

（二）关税纳税人的义务

（1）依法如实申报的义务。纳税人或其代理人应按照有关规定，及时、正确、全面地向海关提供各种申请表、货物单据和其他证件，以如实进行申报。在填写出口商品名称时，应当按海关进口税则的规范名称填写。

（2）协助海关查验货物的义务。按照海关指定的时间，陪同海关人员查验进出口货物，并负责办理货物搬移、开拆和查封货物的（包括度量衡等）工作；在海关需要复查已放行的货物时，应予以协助。

（3）依法缴纳关税、其他税费和罚款的义务。海关对货物征收关税，纳税人或其代理人必须依法缴纳关税，不得采取任何行为偷税漏税。

（4）配合海关对走私违规案件的调查及缴纳罚款的义务。纳税人或其代理人在出现违反海关监管规定的走私行为时，应积极主动地配合海关对走私违规案件的调查。当海关一旦作出处罚时，纳税人或其代理人应按海关的处罚决定缴纳罚款。

（5）学习并遵守关税法律、法规和规章制度。

在关税的缴纳过程中，除非在授权时特别指定，关税代理人（即代理报关人）应当拥有与纳税人同样的权利和义务，因此，本书在后文提到的关税纳税人，都包括关税代理人在内。

六、关税的税目和税率

（一）关税的税目

关税的税目具有两方面的作用：一是明确征税的范围，体现征税的广度，凡属于列举税目之内的产品或收入即为课税对象，反之则为非应税对象；二是对具体征税项目进行归类和界定，以针对不同的税目确定差别税率。

我国海关于 1992 年 1 月 1 日起正式根据《商品名称及编码协调制度》目录的分类原则和内容，实施海关进出口税则和统计商品目录。《商品名称及编码协调制度》是一部完整、系统、通用、准确的国际贸易商品分类体系，主要由品目和子目组成，即各种各样的商品、名称及其规格，计 7 000 多个 8 位数商品号列，分布于 22 类、99 章，章下再分为目和子目。商品编码前两位数代表“章”，前四位数代表“目”，五、六位数代表“子目”。所列商品名称的分类和编排是有一定规律的。从类来看，基本上是按生产部类来分类的，即将同一生产部类的产品归在同一类里。从章来看，基本上是按商品的属性或功能、用途来分类的。而每章中各品目的排列次序一般也是按动、植、矿物质产品顺序排列，而且较为明显的是原材料先于成品，加工程度低的产品先于加工程度高的产品，列名具体的品种先于列名一般的品种。

为适应科学技术进步、产业结构调整、贸易结构优化、加强进出口管理的需要，在符合世界海关组织有关列目原则的前提下，我国每年都对进出口税则中的部分税目进行调整。

（二）关税的税率

关税税率是指海关税则规定的对课征对象征税时计算税额的比例。从我国目前关税的实际征收情况来看，中国关税大致分为进口关税和出口关税两大类。

1. 进口关税税率

我国在加入 WTO 之后，为履行在加入 WTO 关税减让谈判中承诺的有关义务，享有 WTO 成员应有的权利，根据《关税条例》，自 2002 年 1 月 1 日起，我国进口税则设有最惠国税率、协定税率、特惠税率、普通税率、关税配额税率、ITA 税率等税率形式。对进口货物在一定期限内可以实行暂定税率。

（1）进口货物税率。

① 最惠国税率适用原产于与我国共同适用最惠国待遇条款的世界贸易组织成员的进口货物，或原产于与我国签订含有相互给予最惠国待遇条款的双边贸易协定的国家或地区进口的货物，或原产于我国境内的进口货物。

② 协定税率适用原产于与我国签订含有关税优惠条款的区域性贸易协定的国家或者地区的进口货物。协定税率一般比最惠国税率更加优惠。根据我国与有关国家或地区签署的贸易或关税优惠协定，2011 年我国就已对有关国家或地区实施协定税率。

③ 特惠税率适用原产于与我国签订含有特殊优惠条款的贸易协定的国家或地区的进口货物。特惠税率一般低于最惠国税率和协定税率。根据我国与有关国家或地区签署的贸易或关税优惠协定、双边换文情况以及国务院有关决定，2011 年我国继续对老挝等东南亚 4 国、苏丹等非洲 30 国、也门等 7 国，共 41 个联合国认定的最不发达国家实施特惠税率。

④ 普通税率适用于原产于不适用上述优惠税率范围的国家或地区的进口货物，或者原产地不明的进口货物。普通税率是进口税率中最高的税率。

⑤ 暂定税率具有非全税目的特点，是对某些税号中的部分货物在适用最惠国税率的前提下通过法律程序暂时实施的进口税率。进口暂定税率低于最惠国税率。自 2018 年 5 月 1 日起，以暂定税率方式将包括抗癌药在内的所有普通药品、具有抗癌作用的生物碱类药品及有实际进口的中成药进口关税降为零。

⑥ 关税配额税率是对一部分实行关税配额的货物，按低于配额外税率的进口税率征收的关税。世界贸易组织允许关税配额这种形式，在一定时期内对规定的数量或金额以内的进口商品给予关税的优惠待遇，而对超过配额的进口商品征收较高的关税。

根据《关税条例》第十二条的规定，按照国家规定实行关税配额管理的进口货物，关税配额内的，适用关税配额税率；关税配额外的，其税率的适用按照前述税率的规定执行。

⑦ ITA 税率是非全税目信息技术产品税率。根据加入世界贸易组织的有关协议，我国自加入世界贸易组织时起加入《信息技术协定》(ITA)，并取消中国减让表所列所有信息技术产品的关税。

(2) 特殊进口关税税率。特殊进口关税税率主要指的是附加关税，其一般都是在正常征收关税的基础上加征的一种关税，包括报复性关税、反倾销税、反补贴税和保障性关税。

① 报复性关税是指为报复他国对本国出口货物的关税歧视，而对相关国家的进口货物征收的一种进口附加税。

任何国家或者地区违反与我国签订或者共同参加的贸易协定及相关协定，对我国在贸易方面采取禁止、限制、加征关税或者其他影响正常贸易的措施的，对原产于该国家或者地区的进口货物可以征收报复性关税，适用报复性关税税率。征收报复性关税的货物、适用国别、税率、期限和征收办法，由国务院关税税则委员会决定并公布。

② 反倾销税是对倾销商品所征收的进口附加税。根据《中华人民共和国反倾销条例》和《中华人民共和国反补贴条例》的规定，进口产品经初裁确定倾销或者补贴成立，并由此对国内产业造成损害的，可以采取临时反倾销或反补贴措施，实施期限为自决定公告规定实施之日起，不超过 4 个月。采取临时反补贴措施在特殊情形下，可以延长至 9 个月。经终裁确定倾销或者补贴成立，并由此对国内产业造成损害的，可以征收反倾销税和反补贴税，征收期限一般不超过 5 年，但经复审确定终止征收反倾销税或反补贴税，有可能导致倾销或补贴以及损害的继续或再度发生的，征收期限可以适当延长。

③ 反补贴税是对进口商品使用的一种超过正常关税的特殊关税。这种关税是对那些得到其政府进口补贴的外国供应商具有的有利经济条件作用的反应，其目的在于抵消国外竞争者得到奖励和补助产生的影响，从而保护进口国的制造商。这种奖励和补贴包括对外国制造商直接进行支付以刺激出口；对出口商品进行关税减免，对出口项目提供低成本资金融通或类似的物质补助。近年来，反补贴税已成为国际贸易谈判中日益难以取得进展的领域，并且使国际对等贸易的安排复杂化。

④ 当某类商品进口量剧增，对我国相关产业带来巨大威胁或损害时，按照 WTO 有关规则，可以启动一般保障措施，即在与有实质利益的国家或地区进行磋商后，在一定时期内提高该项商品的进口关税或采取数量限制措施，以保护国内相关产业不受损害。根据《中华人民共和国保障措施条例》的规定，有明确证据表明进口产品数量增加，并对生产同类产品或者直接竞争产品的国内产业造成严重损害或者严重损害威胁的，依照本条例的规定进行调查，采取保障措施。临时保障措施采取提高关税的形式。采取临时保障措施，由商务部提出建议，国务院关税税则委员会根据商务部的建议作出决定，由商务部予以公告。海关自公告规定实施之日起执行。

2. 出口货物税率

世界各国一般鼓励商品出口，对大多数出口商品实行出口退税，只有少数国家还在征收出口关税。这些国家一般国内的税源有限，对本国资源丰富、出口量较大的商品征收出口关税，仍然是其财政收入的一项稳定可靠的主要税源。采用出口关税的目的是为了限制本国有大量需求而供应不足的商品出口；或防止本国某些有限的自然资源耗竭；或利用出口税控制和调节某种商品的出口流量，防止盲目出口，以稳定国内外市场价格，争取在国外市场保持有利价格。出于以上原因，目前我国对一部分出口的货物征收出口关税，但对出境的旅客行李物品和个人邮递物品不征收出口税。我国《关税条例》第九条第二款规定，出口关税设置出口税率。对出口货物在一定期限内可以实行暂定税率。我国出口关税的征税对象主要是：需要控制出口的国内经济资源（如重要矿产品、原材料等出口商品，盈利较高且比较稳定的大宗出口商品，在国际市场上占有相当比重的出口商品），以及国际市场容量有限，盲目出口容易在国外降低售价的商品等。

现行税则对 36 种商品计征出口关税，主要是鳗鱼苗、部分有色金属矿砂及其精矿、生锑、磷、氟钽酸钾、苯、山羊板皮、部分铁合金、钢铁废碎料、铜和铝原料及其制品、镍锭、锌锭、锑锭等。出口商品税则税率一直未予调整。但对上述范围内的 23 种商品实行 0～20% 的暂定税率，其中 16 种商品为零关税，6 种商品税率为 10%及以下。与进口暂定税率一样，出口暂定税率优先适用于出口税则中规定的出口税率。因此，我国真正征收出口关税的商品只有 20 种，税率也较低。

3. 关税税率的适用

（1）关税税率适用的一般规则。暂定税率优先于最惠国税率实施；按协定税率、特惠税率进口暂定税率商品时，取低计征关税；按国家优惠政策进口暂定最惠国税率商品时，按优惠政策计算确定的税率与暂定最惠国税率两者取低计征关税，但不得在暂定最惠国税率基础上再进行减免。按照普通税率征税的进口货物不适用进口关税暂定税率。

（2）税率适用中的几种特殊情况。

① 按照普通税率征税的进口货物，经国务院关税税则委员会特别批准，可以适用最惠国税率。

② 对于无法确定原产国别（地区）的进口货物，按普通税率征税。对于某些包装特殊的产品，如以中性包装或裸装形式进口，经查验又无法确定原产国别的货物，除申报时能提供原产地证明的可按原产地确定税率外，一律按普通税率计征关税。

③ 对于原产地是我国香港、澳门和台、澎、金、马关税区的进境货物和我国大陆生产货物经批准复进口需征税的，按最惠国税率征收关税。

（3）关税税率适用的时间。进出口货物应当按照收发货人或者他们的代理人申报进口或出口之日实施的税率征税。进口货物到达前，经海关核准先行申报的，应当按照装载此项货物的运输工具申报进境之日实施的税率征税。

对于退税和补税，一般按该进出口货物原申报进口或者出口之日所实施的税率计算。在实际运用时要区分以下不同情况。

① 按照特定减免税办法批准予以减免税的进口货物，后因情况改变，经海关批准转让、出售或移作他用，需要补税时适用海关填发税款缴款书之日实施的税率。

② 来料加工、进料加工的进口料件等属于保税性质的进口货物，经批准转为内销，适用海关接受该货物申报内销之日实施的税率征税；如未经批准擅自转内销的，则按海关查获日所施行的税则税率征税。

③ 需缴纳税款的暂准进出境货物、物品，适用海关填发税款缴款书之日实施的税率。

④ 分期缴纳税款的租赁进口货物，适用海关填发税款缴款书之日实施的税率。

⑤ 溢卸、误卸货物事后确定需予征税时，应按其原申报进口日期所施行的税则税率征税。如原进口日期无法查明，可适用海关填发税款缴款书之日实施的税率。

⑥ 对由于税则归类的改变、完税价格的审定或其他工作差错而需补征税款时，应按原征税日所施行的税则税率计算。

⑦ 对于批准缓税进口的货物，以后缴税时，不论是否分期还是一次缴清，都应按货物原进口日所施行的税率计征税款。

⑧ 查获的走私进口货物需予补税时，应按查获日所施行的税则税率计征税款。

⑨ 在上述有关条款中，如有发生退税的，都应按原征税日期或补税日期所适用的税率计算退税。

七、关税减免

关税减免是对某些纳税人和征税对象给予鼓励和照顾的一种特殊调节手段，它影响到国家的外贸政策和国家的经济权益，带有很强的政策性。根据《海关法》规定，除法定减免税外的其他减免税均由国务院决定。减征关税在我国加入世界贸易组织之后以最惠国税率或者普通税率为基准。

（一）法定减免税

法定减免税是指我国《海关法》、《关税条例》和《进出口税则》中所规定的给予进出口货物的减免税。进出口货物属法定减免税的，进出口人或其代理人无须事先向海关提出申请，海关征税人员可凭有关证明文件和报关单证按规定予以减免税，海关对法定减免税货物一般不进行后续管理，也不作减免税统计。

根据海关法律规范规定，下列进出口货物，予以减免关税。

(1) 关税税额在人民币50元以下的一票货物，可免征关税。

(2) 无商业价值的广告品和货样，可免征关税。

(3) 外国政府、国际组织无偿赠送的物资，可免征关税。

(4) 进出境运输工具装载的途中必需的燃料、物料和饮食用品，可予免税。

(5) 在海关放行前损失的货物，可根据海关认定的受损程度减征关税。

(6) 经海关核准暂时进境或暂时出境，并在6个月内复运出境或者复运进境的货样、展览品、施工机械、工程车辆、工程船舶、供安装设备时使用的仪器和工具、电视或者摄影器械、盛装货物的容器以及剧团服装道具，在货物收发货人向海关缴纳相当于税款的保证金或者提供担保后，可予暂时免税。

(7) 为境外厂商加工、装配成品和为制造外销产品而进口的原材料、辅料、零件、部件、配套件和包装物料，海关按实际加工出口的成品数量免征进口关税；或者对进口料件先征进口关税，再按照实际加工的成品数量予以退税。

(8) 因故退还的中国出口货物，经海关审查属实，可予免征进口关税，但已征收的出口关税不予退还。

(9) 因故退还的境外进口货物，经海关审查属实，可予免征出口关税，但已征收的进口关税不予退还。

(10) 进口货物如有以下情形,经海关查明属实,可酌情减免进口关税:①在境外运输途中或者在起卸时,遭受损坏或损失的;②起卸后海关放行前,因不可抗力遭受损坏或损失的;③海关查验时已经破漏、损坏或者腐烂,经证明不是保管不慎造成的。

(11) 无代价抵偿货物,即进口货物在征税放行后,发现货物残损、短少或品质不良,而由国外承运人、发货人或保险公司免费补偿或更换的同类货物,可以免税。但有残损或质量问题的原进口货物如未退运国外,其进口的无代价抵偿货物应照章征税。

(12) 我国缔结或者参加的国际条约规定减征、免征关税的货物、物品,按照规定予以减免关税。

(13) 法律规定减征、免征的其他货物。

(二) 特定减免税

特定减免税也称政策性减免税。在法定减免税之外,国家按照国际通行规则和我国实际情况,制定发布的有关进出口货物减免关税的政策,称为特定或政策性减免税。特定减免税货物一般有地区、企业和用途的限制,海关需要进行后续管理,也需要进行减免税统计。

1. 科教用品

为有利于我国科研、教育事业发展,财政部、海关总署、国家税务总局联合发布了《科学研究和教学用品免征进口税收规定》,对科研机构和学校,不以营利为目的,在合理数量范围内进口国内不能生产的科学研究和教学用品,直接用于科学研究或者教学的,免征进口关税和进口环节增值税、消费税。

2. 残疾人专用品

对规定的残疾人个人专用品,免征进口关税和进口环节增值税、消费税;对康复、福利机构,假肢厂和荣誉军人康复医院进口国内不能生产的、规定明确的残疾人专用品,免征进口关税和进口环节增值税。

3. 扶贫、慈善性捐赠物资

对境外自然人、法人或者其他组织等境外捐赠人,无偿向经国务院主管部门依法批准成立的,以人道救助和发展扶贫、慈善事业为宗旨的社会团体以及国务院有关部门和各省、自治区、直辖市人民政府捐赠的,直接用于扶贫、慈善事业的物资,免征进口关税和进口环节增值税。所称扶贫、慈善事业,是指非营利的扶贫济困、慈善救助等社会慈善和福利事业。

4. 加工贸易产品

(1) 加工装配和补偿贸易。加工装配,即来料加工、来样加工及来件装配,是指由境外客商提供全部或部分原辅料、零配件和包装物料,必要时提供设备,由我方按客商要求进行加工装配,成品交外商销售,我方收取工缴费。客商提供的作价设备价款,我方用工缴费偿还。补偿贸易是指由境外客商提供或国内单位利用国外出口信贷进口生产技术或设备,由我方生产,以返销产品方式分期偿还对方技术、设备价款或贷款本息的交易方式。因有利于较快地提高出口产品生产技术,改善我国产品质量和品种,扩大出口,增加我国外汇收入,国家对加工装配和补偿贸易给予一定的关税优惠:进境料件不予征税,准许在境内保税加工为成品后返销出口;进口外商的不作价设备和作价设备,分别比照外商投资项目和国内投资项目的免税规定执行;剩余料件或增产的产品,经批准转内销时,价值在进口料件总值2%以内,且总价值在3 000元以下的,可予免税。

(2) 进料加工。经批准有权经营进出口业务的企业使用进料加工专项外汇进口料件,并在1年内加工或装配成品外销出口的业务,称为进料加工业务。对其关税优惠为:对专为加工出口商品而进口的料件,海关按实际加工复出口的数量,免征进口税;加工的成品出口,免征出口税,但内销料件及成品照章征税;对加工过程中产生的副产品、次品、边角料,海关根据其使用价值分析估价征税或者酌情减免税;剩余料件或增产的产品,经批准转内销时,价值在进口料件总值2%以内,且总价值在5 000元以下的,可予免税。

5. 边境贸易进口物资

为了鼓励我国边境地区积极发展与我国毗邻国家间的边境贸易与经济合作,国家制定了有关扶持、鼓励边境贸易和边境地区发展对外经济合作的政策措施。边境贸易有边民互市贸易和边境小额贸易两种形式。边民互市贸易指边境地区边民在边境线20千米以内、经政府批准的开放点或指定的集市上进行的商品交换活动。边民通过互市贸易进口的商品,每人每日价值在3 000元以下的,免征进口关税和进口环节增值税。边境小额贸易指沿陆地边境线经国家批准对外开放的边境县(旗)、边境城市辖区内,经批准有边境小额贸易经营权的企业,通过国家指定的陆地边境口岸,与毗邻国家边境地区的企业或其他贸易机构之间进行的贸易活动。边境小额贸易企业通过指定边境口岸进口原产于毗邻国家的商品,除烟、酒、高档化妆品以及国家规定必须照章征税的其他商品外,进口关税和进口环节增值税减半征收。

6. 保税区进出口货物

为了创造完善的投资、运营环境,开展为出口贸易服务的加工整理、包装、运输、仓储、商品展出和转口贸易,国家在境内设立了保税区,即与外界隔离的全封闭方式,在海关监控管理下进行存放和加工保税货物的特定区域。保税区的主要关税优惠政策有:进口供保税区使用的机器、设备、基建物资、生产用车辆,为加工出口产品进口的原材料、零部件、元器件、包装物料,供储存的转口货物以及在保税区内加工运输出境的产品,免征进口关税和进口环节税;保税区内企业进口专为生产加工出口产品所需的原材料、零部件、包装物料,以及转口货物予以保税;从保税区运往境外的货物,一般免征出口关税;等等。

7. 出口加工区进出口货物

为加强与完善加工贸易管理,严格控制加工贸易产品内销,保护国内相关产业,并为出口加工企业提供更宽松的经营环境,带动国产原材料、零配件的出口,国家设立了出口加工区。出口加工区的主要关税优惠政策有:从境外进入区内生产性的基础设施建设项目所需的机器、设备和建设生产厂房、仓储设施所需的基建物资,区内企业生产所需的机器、设备、模具及其维修用零配件,区内企业和行政管理机构自用合理数量的办公用品,予以免征进口关税和进口环节税;区内企业为加工出口产品所需的原材料、零部件、元器件、包装物料及消耗性材料,予以保税;对加工区运往区外的货物,海关按照对进口货物的有关规定办理报关手续,并按照制成品征税;对从区外进入加工区的货物视同出口,可按规定办理出口退税。

8. 进口设备

为进一步扩大利用外资,引进国外先进技术和设备,促进产业结构的调整和技术进步,保持国民经济持续、快速、健康发展,对国家鼓励发展的国内投资项目和外商投资项目进口设备,在规定范围内免征进口关税和进口环节增值税。具体为:对符合《外商投资产业指导目录》鼓励类和限制乙类，并转让技术的外商投资项目，在投资总额内进口的自用设备，以及外国政府贷款和国际金融组织贷款项目进口的自用设备、加工贸易外商提供的不作价进口设备，除《外商投资项目不予免税的进口商品目录》所列商品外，免征进口关税和进口环节增值税；对符合《当前国家重点鼓励发展的产业、产品和技术目录》的国内投资项目，在投资总额内进口的自用设备，除《国内投资项目不予免税的进口商品目录》所列商品外，免征进口关税和进口环节增值税；对符合上述规定的项目，按照合同随设备进口的技术及配套件、备件，也免征进口关税和进口环节增值税。

9. 特定行业或用途的减免税政策

为鼓励、支持部分行业或特定产品的发展，国家制定了部分特定行业或用途的减免税政策，这类政策一般对可减免税的商品列有具体清单。例如，为支持我国海洋和陆上特定地区石油、天然气开采作业，对相关项目进口国内不能生产或性能不能满足要求的直接用于开采作业的设备、仪器、零附件、专用工具，免征进口关税和进口环节增值税。

（三）临时减免税

临时减免税是指法定减免税和特定减免税以外的其他减免税，是由国务院根据《海关法》对某个单位、某类商品、某个项目或某批进出口货物的特殊情况，给予特别照顾，一案一批，专文下达的减免税，一般单位不能照此执行。

给予临时减免的情况主要有以下几个方面。

(1) 因国别政策或经济体制的变化等政策上的原因造成企业经营上的亏损或税负过重的。

(2) 税则税率明显不合理但一时又难以调整，给企业带来实际困难的。

(3) 国家需针对特殊困难，给予专门照顾和扶持的。

（四）保税制度

所谓保税制度是指允许对特定的进口货物在入关进境后确定内销或复出口的最终去向前暂缓征缴关税和其他国内税，由海关监管的一种海关制度，即进口货物可以缓缴进口关税和其他国内税，在海关监管下于指定或许可的场所、区域进行储存、中转、加工或制造，是否征收关税视货物最终进口内销或复运出口而定。

模块二 关税的计算

一、关税的计税依据

关税以进出口货物的价格为计税依据，进出口货物的价格应当等于进出口货物数量乘以单位完税价格。

（一）一般进口货物完税价格

进口货物以海关审定的以成交价格为基础的到岸价格为完税价格。实际成交价格是一般贸易项目下进口或者出口货物的买方为购买该货物向卖方实付或应付的价格。到岸价格是指货物在采购地的正常批发价格，加上国外已征的出口税和运抵我国输入地点起卸前的包装费、运费、保险费、手续费等一切费用。用公式表示为：

进口货物关税完税价格＝货价＋采购费用

其中，采购费用包括运抵我国关境内输入地起卸前的运输、保险和其他劳务费用。

实付或应付价格调整规定如下。

(1) 下列费用或者价值未包括在进口货物的实付或者应付价格中的，应当计入完税价格。

① 由买方负担的除购货佣金以外的佣金和经纪费。购货佣金是指买方为购买进口货物向自己的采购代理人支付的劳务费用；经纪费是指买方为购买进口货物向代表买卖双方利益的经纪人支付的劳务费用。

② 由买方负担的与该货物视为一体的容器费用。

③ 由买方负担的包装材料和包装劳务费用。

④ 可以按照适当比例分摊的，由买方直接或间接免费提供或以低于成本价方式销售给卖方或有关方的货物或服务的价值。

⑤ 与该货物有关并作为卖方向我国销售该货物的一项条件，应当由买方直接或间接支付的特许权使用费。

⑥ 卖方直接或间接从买方对该货物进口后转售、处置或使用所得中获得的收益。

(2) 下列费用，如能与该货物实付或者应付价格区分，不得计入完税价格。

① 厂房、机械、设备等货物进口后的基建、安装、装配、维修和技术服务的费用。

② 货物运抵境内输入地之后的运输费用。

③ 进口关税及其他国内税。

(3) 对于进口货物的成交价格不符合规定条件的或者成交价格不能确定的，在客观上无法采用货物的实际成交价格时，海关经了解有关情况，并与纳税义务人进行价格磋商后，依次以下列价格估定该货物的完税价格。

① 相同货物的成交价格估价方法。其定义是“与该货物同时或者大约同时向我国境内销售的相同货物的成交价格”。所谓相同货物，主要指货物的物理特性、质量及产品声誉相同。采用这种比照价格时，相同货物必须已经在被估价货物进口同时或大约同时向进口国进口时，若有好几批相同货物完全符合条件，应采用其中最低的价格。另外，相同货物与被估货物在商业水平、数量、运输方式、运输距离等贸易上的差别也要作调整。

② 类似货物的成交价格估价方法。其定义是“与该货物同时或者大约同时向我国境内销售的类似货物的成交价格”。类似货物指与被估货物在同一国生产制造，虽然不是在所有方面都相同，但具有相似特征和相似组成材料，从而能起到同样作用，而且在商业上可以互换的货物。选择相似货物时，主要应考虑货物的品质、信誉和现有商标。

③ 倒扣价格估价方法。即以被估的进口货物、相同或类似进口货物在境内销售的价格为基础估定完税价格。完税价格的具体确定方法为：进口货物、相同或类似货物在国内市场正常批发价格，减去进口关税和进口环节消费税，以及进口后的正常运输、储存、营业费用及利润。由于各类货物进口后的费用及利润参差不齐，难以正确计算。通常以 CIF 价格的 20%进行计算。

若进口货物不需缴纳进口环节消费税，其完税价格的计算公式为：

完税价格＝进口货物国内市场正常批发价÷(1＋进口关税税率＋20％)

若进口货物需缴纳进口环节消费税，其所缴消费税应从完税价格中扣除，完税价格的计算公式为：

完税价格＝进口货物国内市场正常批发价÷[(1＋进口关税税率)÷(1－消费税税率)＋20％]

资料卡

FOB、CFR、CIF 是什么？

FOB 是"船上交货"的价格术语的简称，又称"离岸价格"。这一价格术语是指卖方在合同规定的装运港把货物装上买方指定的船上，并负责货物装上船上为止的一切费用和风险。

CFR 是"成本加运费"的价格术语简称，又称"离岸加运费价格"。这一术语是指卖方负责将合同规定的货物装上买方指定运往目的港的船上，负责货物装上船上为止的一切费用和风险，并支付运费。

CIF 是"成本加运费、保险费"的价格术语简称，习惯上又称"到岸价格"。这一价格术语是指卖方负责将合同规定的货物装上买方指定运往目的港的船上，办理保险手续，并支付运费和保险费。

④ 计算价格估价方法。采用这种方法，可以按照下列各项总和计算价格：生产该货物所使用的原材料价值和进行装配或其他加工费用，与向境内出口销售同等级或同种类货物的利润、一般费用相符的利润和一般费用，货物运抵境内输入地点起卸前的运输及相关费用、保险费。

⑤ 合理估价方法。所谓合理方法，实际上是对海关估价的一项补救方法，习惯上叫做"最后一招"，也就是在使用上述任何一种估价方法都无法确定海关估价时，海关可以灵活地采用上述方法中任何一个最便于计算海关价格的方法。规定的原则有两条：一是海关估价应当公平、合理、统一和中性；二是尽可能反映贸易实际。合理估价方法不允许使用的估价方法是：在进口国生产的货物的国内售价；加入生产成本以外的费用；货物向第三国出口的价格；最低限价；武断或虚构的海关估价。

以上所列的各种估价方法应依次使用，即当完税价格按列在前面的估价方法无法确定时，才能使用后一种估价方法。但是应进口商的要求，第三种和第四种方法的使用次序可以颠倒。

（二）特殊进口货物完税价格

(1) 加工贸易进口料件及其制成品需征税或内销补税的，海关按照一般进口货物的完税价格规定，审定完税价格。

① 进口时需征税的进料加工进口料件，以该料件申报进口时的价格估定。

② 内销的进料加工进口料件或其制成品(包括残次品、副产品)，以料件原进口时的价格估定。

③ 内销的来料加工进口料件或其制成品(包括残次品、副产品)，以料件申报内销时的价格估定。

④ 出口加工区内的加工企业内销的制成品(包括残次品、副产品),以制成品申报内销时的价格估定。

⑤ 保税区内的加工企业内销的进口料件或其制成品(包括残次品、副产品),分别以料件或制成品申报内销时的价格估定。如果内销的制成品中含有从境内采购的料件,则以所含从境外购入的料件原进口时的价格估定。

⑥ 加工贸易加工过程中产生的边角料,以申报内销时的价格估定。

(2) 从保税区或出口加工区销往区外、从保税仓库出库内销的进口货物(加工贸易进口料件及其制成品除外),以海关审定的价格估定完税价格。对经审核销售价格不能确定的,海关应当按照一般进口货物估价办法的规定,估定完税价格。如销售价格中未包括在保税区、出口加工区或保税仓库中发生的仓储、运输及其他相关费用的,应当按照客观量化的数据资料予以计入。

(3) 运往境外修理的机械器具、运输工具或其他货物,出境时已向海关报明,并在海关规定期限内复运进境的,应当以海关审定的境外修理费和料件费为完税价格。

(4) 运往境外加工的货物,出境时已向海关报明,并在海关规定期限内复运进境的,应当以海关审定的境外加工费和料件费以及该货物复运进境的运输及其相关费用、保险费估定完税价格。

(5)对于经海关批准的暂时进境的货物,应当按照一般进口货物估价办法的规定,估定完税价格。

(6) 租赁方式进口的货物中,以租金方式对外支付的租赁货物,在租赁期间以海关审定的租金作为完税价格;留购的租赁货物,以海关审定的留购价格作为完税价格;承租人申请一次性缴纳税款的,经海关同意,按照一般进口货物估价办法的规定估定完税价格。

(7) 对于境内留购的进口货样、展览品和广告陈列品,以海关审定的留购价格作为完税价格。

(8) 减税或免税进口的货物需予补税时,应当以海关审定的该货物原进口时的价格,扣除折旧部分价值作为完税价格。其计算公式为:

完税价格=海关审定的该货物原进口时的价格×
[1-申请补税时实际已使用的时间(月)/(监管年限×12)]

(9) 以易货贸易、寄售、捐赠、赠送等其他方式进口的货物,应当按照一般进口货物估价办法的规定,估定完税价格。

(三) 进口货物完税价格中运输、保险费及相关费用的计算

1. 以一般海运、陆运、空运方式进口的货物

在进口货物的运输及相关费用、保险费计算中,海运进口货物,计算至该货物运抵境内的卸货口岸;如果该货物的卸货口岸是内河(江)口岸,则应当计算至内河(江)口岸。陆运进口货物,计算至该货物运抵境内的第一口岸;如果运输及其相关费用、保险费支付至目的地口岸,则计算至目的地口岸。空运进口货物,计算至该货物运抵境内的第一口岸;如果该货物的目的地为境内的第一口岸外的其他口岸,则计算至目的地口岸。

陆运、空运和海运进口货物的运费和保险费,应当按照实际支付的费用计算。如果进口货物的运费无法确定或未实际发生,海关应当按照该货物进口同期运输行业公布的运费率

（额）计算运费；按照“货价加运费”两者总额的3‰计算保险费。

2. 以其他方式进口的货物

邮运的进口货物，应当以邮费作为运输及其相关费用、保险费；以境外边境口岸价格条件成交的铁路或公路进口货物，海关应当按照货价的1%计算运输及其相关费用、保险费；作为进口货物的自驾进口的运输工具，海关在审定完税价格时，可以不另行计算运费。

（四）出口货物的完税价格

1. 以成交价格为基础的完税价格

出口货物的完税价格，由海关以该货物向境外销售的成交价格为基础审查确定，并应包括货物运至我国境内输出地点装载前的运输及其相关费用、保险费，但其中包括的出口关税税额，应当扣除。

出口货物的成交价格是指该货物出口销售到我国境外时买方向卖方实付或应付的价格。出口货物的成交价格中含有支付给境外的佣金的，如果单独列明，应当扣除。

2. 出口货物海关估价方法

出口货物的成交价格不能确定时，完税价格由海关依次使用下列方法估定。

（1）同时或大约同时向同一国家或地区出口的相同货物的成交价格。

（2）同时或大约同时向同一国家或地区出口的类似货物的成交价格。

（3）根据境内生产相同或类似货物的成本、利润和一般费用、境内发生的运输及其相关费用、保险费计算所得的价格。

（4）按照合理方法估定的价格。

3. 出口货物完税价格的审定

出口货物完税价格与进口货物完税价格的审定是一致的，都必须在确认的基础上，由海关审定。

（1）出口货物以FOB价格成交的，以扣除出口关税税额后的金额作为完税价格。其计算公式为：

完税价格＝FOB价格÷（1＋出口关税税率）

（2）出口货物以CIF价格成交的，如果该价格包括离境口岸到境外口岸之间的运输费、保险费，则应将该运输费和保险费扣除。其计算公式为：

完税价格＝（CIF价格－运费－保险费）÷（1＋出口关税税率）

二、关税应纳税额的计算

关税应纳税额是根据《进出口税则》中规定的不同计征方法计算出来的。关税的计征方法有从价计征、从量计征、复合计征和滑准计征四种。

（一）应纳进口关税的计算

（1）从价关税的计算公式：

应纳关税税额＝完税价格×税率

（2）从量关税的计算公式：

应纳关税税额＝应税进口货物数量×单位货物税额

(3) 复合关税的计算公式：

应纳关税税额＝应税进口货物数量×单位货物税额＋完税价格×税率

(4) 滑准关税的计算公式：

应纳关税税额＝完税价格×滑准关税税率

【例 4-1】 某进出口企业从某国进口一批大宗货物，成交总价(FOB)为 18 000 000 元，关税税率为 10%。请计算进口关税。

解 应征进口关税税额＝18 000 000×10%＝1 800 000(元)

(二) 应纳出口关税的计算

我国出口关税有从价和从量征收两种计征标准。

(1) 实行从价计征标准的出口关税的计算公式：

应征出口关税税额＝完税价格×出口关税税率

完税价格＝成交价格÷(1＋出口关税税率)

【例 4-2】 某进出口企业从天津市出口皮革制品 2 000 件，成交总价(FOB)为 1 200 000 元，关税税率为 20%。请计算出口关税。

解 应征从价出口关税税额＝1 200 000÷(1＋20%)×20%＝200 000(元)

(2) 实行从量计征标准的出口关税的计算公式：

应征出口关税税额＝货品数量×单位税额

【例 4-3】 某进出口企业从天津市出口羽绒服 2 000 件，成交总价(FOB)为 600 000 元，关税税率为 50 元/件。请计算出口关税。

解 应征从量出口关税税额＝2 000×50＝100 000(元)

模块三 关税的纳税申报

一、关税纳税时间

(一) 申报时间

关税的纳税人或其代理人应在规定的保管期限内向货物或物品的进出境海关申报。进口货物自运输工具申报进境之日起 14 日内，出口货物在货物运抵海关监管区后装货的 24 小时以前，应由进出口货物的纳税义务人向货物进(出)境地海关申报。海关根据税则归类和完税价格计算应缴纳的关税和进口环节代征税，并填发税款缴款书。超过规定期限，海关将依法征收滞纳金。

(二) 缴纳期限

纳税义务人应当自海关填发税款缴款书之日起 15 日内，向指定银行缴纳税款。如关税缴纳期限的最后 1 日是周末或法定节假日，则关税缴纳期限顺延至周末或法定节假日过后的第 1 个工作日。逾期缴纳的，除依法追缴关税外，由海关自到期日的次日起至交清税款之日止，按日加收欠缴税款 0.1%的滞纳金和按月征收延缓缴纳期内的关税利息，利息率为每月10%，不足1个月的按1个月计算。关税滞纳金计算公式为：

$$关税滞纳金=应纳税额\times0.1\%\times滞纳天数$$

如果纳税人确有暂时经济困难，经海关审查批准后，可在一定时期内缓纳关税。关税缓纳期一般为3个月，同时应向海关支付缓纳期内的关税利息。

关税纳税义务人因不可抗力或者在国家税收政策调整的情形下，不能按期缴纳税款的，经海关总署批准，可以延期缴纳税款，但最长不得超过6个月。

二、关税纳税地点

关税的缴纳地点，应根据纳税人申报及进出口货物的具体情况确定。

(1) 关境地征收，即口岸征收。不管纳税人的住址在哪里，进出口货物在哪里通关，纳税人即在哪里缴纳关税，这是常见的方法。

(2) 主管地征收，即集中征收。这是一种由缴纳人所在地的海关(主管地海关)监管其通关，关税也在纳税人所在地缴纳的方式。该方式只适用于集装箱运输。

三、关税退还

关税退还是关税纳税义务人按海关核定的税额缴纳关税后，因某种原因的出现，海关将实际征收多于应当征收的税额(称为溢征关税)退还给原纳税义务人的一种行政行为。根据《海关法》的规定，海关多征的税款，海关发现后应当立即退还。

按规定，有下列情形之一的，进出口货物的纳税义务人可以自缴纳税款之日起1年内，书面声明理由，连同原纳税收据向海关申请退税并加算银行同期活期存款利息，逾期不予受理。

(1) 因海关误征，多纳税款的。

(2) 海关核准免验进口的货物，在完税后，发现有短卸情形，经海关审查认可的。

(3) 已征出口关税的货物，因故未将其运出口，申报退关，经海关查验属实的。

对已征出口关税的出口货物和已征进口关税的进口货物，因货物品种或规格原因(非其他原因)原状复运进境或出境的，经海关查验属实的，也应退还已征关税。海关应当自受理退税申请之日起30日内，作出书面答复并通知退税申请人。本规定强调的是，“因货物品种或规格原因，原状复运进境或出境的”。如果属于其他原因且不能以原状复运进境或出境，不能退税。

四、关税补征和追征

补征和追征是海关在关税纳税义务人按海关核定的税额缴纳关税后，发现实际征收税额少于应当征收的税额(称为短征关税)时，责令纳税义务人补缴所差税款的一种行政行为。

《海关法》根据短征关税的原因，将海关征收原短征关税的行为分为补征和追征两种。由于纳税人违反海关规定造成短征关税的，称为追征；非因纳税人违反海关规定造成短征关税的，称为补征。区分关税追征和补征的目的是区别不同情况适用不同的征收时效，超过时效规定的期限，海关就丧失了追补关税的权利。

根据《海关法》的规定，进出境货物和物品放行后，海关发现少征或者漏征税款，应当自缴纳税款或者货物、物品放行之日起1年内，向纳税义务人补征；因纳税义务人违反规定而造成的少征或者漏征的税款，自纳税义务人应缴纳税款之日起 3 年以内可以追征，并从缴纳税款之日起按日加收少征或者漏征税款万分之五的滞纳金。

模块四　关税涉税业务的账务处理

一、商业企业关税的账务处理

有进出口经营权的商品流通企业，按其经营方式的不同，其进出口业务可以分为自营和代理两大类。

（一）自营进出口业务关税的核算

1. 自营进口业务关税的核算

商品流通企业自营进口业务的商品应缴纳的关税，在会计核算上是通过设置“应交税费——进口关税”科目和“物资采购”科目加以反映的。应缴纳的进口关税，借记“物资采购”科目，贷记“应交税费——进口关税”科目；实际缴纳时，借记“应交税费——进口关税”科目，贷记“银行存款”科目。

【例 4-4】 某商业企业进口一批物资，经海关审定，应付进口关税 900 000 元。请作出相应的会计处理。

解　应交关税时：

借：物资采购　　900 000

　贷：应交税费——进口关税　　900 000

实际缴纳关税时：

借：应交税费——进口关税　　900 000

　贷：银行存款　　900 000

2. 自营出口业务关税的核算

商品流通企业自营出口业务的商品应缴纳的关税，在会计核算上是通过设置“应交税费——出口关税”科目和“主营业务税金及附加”科目加以反映的。应缴纳的出口关税，借记“税金及附加”科目，贷记“应交税费——出口关税”科目；实际缴纳时，借记“应交税费——出口关税” 科目，贷记“银行存款”科目。

【例 4-5】 某商业企业自营出口一批商品，经海关审定，应付出口关税 1 900 000 元。请作出相应的会计处理。

解　应交关税时：

借：税金及附加　　1 900 000

　贷：应交税费——出口关税　　1 900 000

实际缴纳关税时：

借：应交税费——出口关税　　1 900 000

　贷：银行存款　　1 900 000

（二）代理进出口业务关税的核算

商业企业代理进出口业务所缴纳的关税，实际上是替委托方垫付的，日后仍要从委托方收回。商业企业代理进出口业务所缴纳的关税在会计核算上也是通过设置“应交税费”账户来反映的，其对应账户是“应付账款”、“应收账款”、“银行存款”等。

【例4-6】 某单位委托某进出口公司进口一批商品，并向该进出口公司预付了120 000元。受托代理进口商品经海关核定到岸价是3 600 000元，进口关税税率为10%，代理手续费按货价的2%收取。请对进出口公司的各项业务作出会计处理。

解 收到某单位预付款时：

借：银行存款	120 000	
贷：预收货款		120 000

支付货款时（同时支付进口关税）：

借：应收账款——货款	3 600 000	
——垫付进口关税	360 000	
贷：银行存款		3 960 000

与某单位结算货款时：

借：银行存款	3 912 000	
预收货款	120 000	
贷：应收账款——货款		3 600 000
——垫付进口关税		360 000
代购代销收入		72 000

【例4-7】 某进出口公司代理某厂出口一批商品，出口离岸价为1 800 000元，出口关税税率为10%，代理手续费按货价的2%收取。请作出相应的会计处理。

解 计算出口关税时：

借：应收账款	180 000	
贷：应交税费——出口关税		180 000

收到出口货物货款时（同时支付出口关税）：

借：银行存款	1 980 000	
贷：应收账款——出口关税		180 000
应付账款——货款		1 800 000
借：应交税费——应交关税	180 000	
贷：银行存款		180 000

向某厂支付代销货款时：

借：应付账款——货款	1 800 000	
贷：银行存款		1 800 000

向某厂收取代理手续费时：

借：银行存款	36 000	
贷：代购代销收——手续费		36 000

二、工业企业关税的账务处理

（一）进口关税的核算

工业企业通过外贸企业代理或直接从国外进口原材料应支付的进口关税，不通过“应交税费”账户核算，而是将进口关税（包括代征的消费税）与进口原材料的价款、国外运费、保费和国内费用一并直接计入进口原材料成本，借记“物资采购”科目；贷记“银行存款”、“应付账款”等科目。

企业根据同外商签订的加工装配和补偿贸易合同而引进的国外设备，应支付的进口关税按规定以企业专用拨款等支付。实际支付时，借记“在建工程——引进设备工程”科目，贷记“银行存款”等科目。

对于企业根据与外商签订的加工装配或中小型补偿贸易合同而引进的国外设备，其应支付的进口关税在支付时，借记“在建工程——引进设备工程”科目，贷记“长期应付款——补偿贸易引进设备应付款”、“银行存款”等科目。

【例 4-8】 某工业企业进口原材料一批，经海关审定，应付进口关税 4 000 000 元。请作出相应的会计处理。

解 会计分录如下：

借：物资采购——应交关税　　4 000 000

　贷：银行存款　　4 000 000

（二）出口关税的核算

工业企业出口产品如果需要缴纳出口关税，实际支付时可直接计入销售税金，借记“税金及附加”科目，贷记“银行存款”、“应付账款”等科目。

【例 4-9】 某工业企业向美国出口一批产品，经海关审定，应付出口关税 600 000 元。请作出相应的会计处理。

解 会计分录如下：

借：税金及附加　　600 000

　贷：银行存款　　600 000

知识小结

关税是指由设在边境、沿海口岸或国家指定的其他水、陆、空国际交往通道的海关，以国家的名义依法对进出关境的自由流通货物和物品征收的一种流转税。

自 2002 年 1 月 1 日起，我国进口税则设有最惠国税率、协定税率、特惠税率、普通税率、关税配额税率、ITA 税率等税率形式。对进口货物在一定期限内可以实行暂定税率。

关税减免共有三种类型：法定减免税、特定减免税、临时减免税。

关税涉税业务的账务处理分为商业企业关税的账务处理和工业企业关税的账务处理。

知识巩固

1. 简述关税的含义和特征。

2. 简述我国关税的税率是如何设置和适用的。

3. 简述关税的计税依据。

4. 简述关税的补征和追征。

5. 某进出口公司(一般纳税人)从国外进口20台大型机械设备,每台货价1 200万元,假设该类设备进口关税税率为20%,请计算该企业应交纳的关税。

6. 某具有进出口经营权的企业20×5年5月发生以下业务:

第一笔业务:进口一台设备,成交价100万元,发生境外运费3万元,境外保险费0.4万元,其他境外相关费用0.5万元;境内安装调试费5万元。该设备进口关税税率为20%。

第二笔业务:20×1年5月初免税进口一台设备,价款60万元,海关监管期4年,设备的关税税率为15%。该月将其出售给另一国内企业。

第三笔业务:进口甲材料,进口完税价格50万元,报关进口后发现其中20%部分有严重质量问题要求追偿,出口方同意按甲材料原进口价值的10%予以补偿,原货物不再退回,进口方取得无代价抵偿物海关核定完税价5万元,甲材料进口关税税率为20%。

第四笔业务:20×05年4月份进口一批设备,共20台,每台价格0.4万元,该批设备运抵我国境内起卸前的包装、运输、保险和其他劳务费用共计0.5万元。海关于4月15日填发税款缴款书,由于该公司发生暂时经济困难,于5月4日才缴清税款,假设该类设备进口关税税率为30%。

计算:

(1) 第一笔业务应缴纳的关税为多少万元?

(2) 第二笔业务本月应缴纳的关税为多少万元?

(3) 第三笔业务应缴纳的关税为多少万元?

(4) 第四笔业务应缴纳的关税及滞纳金分别为多少元?

案例讨论

关税征税对象和纳税人

张某在从日本探亲回国时,受朋友王某之托,为其在日本购买了一部价值人民币1 400元的照相机。入境时,张某按规定缴纳了关税140元并取得了完税凭证。张某虽然缴纳了关税,但他不明白相机是为李某购买的,为什么要由他来缴纳进口关税。

根据税法规定,入境旅客随身携带的行李物品属非贸易性商品,其持有人为物品的纳税人。张某携带照相机,是持有人,因此,应依法缴纳入境关税。张某回国后,在将照相机连同购货发票和完税凭证交付李某时,李某付给张某货款1 400元,税款140元。这时,140元关税就由李某负担了。在这里张某是纳税人,即负有纳税义务的人;李某是负税人,即税款的最终负担者。

讨论：

(1) 关税的征税对象是指什么？

(2) 关税纳税人的权利和义务都有哪些？

实训设计

【实训目标】

(1) 能够准确处理企业关税的涉税处理；

(2) 掌握关税纳税申报。

【实训内容与要求】

实训内容：

20×3 年 9 月 1 日，某公司由于承担某工程项目，经批准进口了一台电子设备，使用 2 年后项目完工。20×5 年 8 月 31 日，公司将该电子设备出售给了国内另一家工程公司，并向海关办理申报补税手续。该电子设备的到岸价格为 300 万元。假设 20×3 年进口时该电子设备关税税率为 10%，20×5 年转售时该设备关税税率为 5%，海关规定的监管年限为 5 年。按规定，该公司应补交多少关税？

实训要求：

(1) 利用所学知识及网络资源解决实训过程中税收法规方面的问题。

(2) 利用网络资源学习和巩固纳税申报流程（可参考国家税务总局网站——办税导航）。

(3) 利用老师提供的资料尝试关税纳税申报表的填制。

【成果与检验】

实训结束，写出实训总结，主要包括：在实训中，为完成任务做了哪些准备工作；在实训中遇到了哪些新问题及如何解决的；纳税申报中获得的新技能有哪些。

学习情境五
企业所得税纳税实务

学习目标

- 了解企业所得税的基本知识；
- 掌握企业所得税的计税依据和应纳税额的计算；
- 能办理企业所得税纳税申报；
- 能进行企业所得税涉税业务的财务处理。

在我国现行税种中，企业所得税是国家参与企业利润分配、调节企业收益水平、正确处理国家与企业分配关系的一个重要税种，它直接影响着国家、企业和个人的利益分配。因此，征收企业所得税有利于增加国家财政收入，有利于国家实现宏观调控目标，有利于促进社会经济的可持续发展，有利于维护国家主权和国家利益。

模块一　企业所得税基础认知

一、企业所得税的概念

企业所得税是指对我国境内的企业和其他取得收入的组织，就它们在一定期间内的生产经营所得和其他所得而征收的一种税。

企业所得税是以企业为纳税人，以企业一定期间的纯所得额为计税依据而征收的一种税。从世界各国来看，企业的法律形态主要有独资企业、合伙企业和公司企业等三种，但各国对独资企业和合伙企业一般征收个人所得税，对公司企业则征收企业所得税。

资料卡

我国企业所得税的起源与发展

我国企业所得税的历史相对较短。新中国成立以后，1950 年政务院发布了《全国税政实施要则》，规定全国设置 14 种税收，标志着我国企业所得税体系的初步建立。1958 年实行工商税制改革，所得税被定名为工商所得税。

改革开放以来，我国企业所得税制度得到了迅速发展。1980年9月10日，第五届全国人民代表大会第三次会议通过了《中华人民共和国中外合资经营企业所得税法》，这是我国第一部企业所得税法。1981年12月13日，第五届全国人民代表大会第四次会议通过了《中华人民共和国外国企业所得税法》，该法实行20%～40%的5级超额累进税率，另按应纳税所得额附征10%的地方所得税。这两部法律标志着与中国社会主义有计划的市场经济体制相适应的所得税制度改革开始起步。1984年9月，国务院发布了《中华人民共和国国营企业所得税条例(草案)》和《国营企业调节税征收办法》，并于当年10月1日起施行，国营企业中的大中型企业实行55%的比例税率，小型企业等适用10%～55%的8级超额累进税率；1985年4月，国务院发布了《中华人民共和国集体企业所得税暂行条例》，实行10%～55%的8级超额累进税率，原来对集体企业征收的工商税(所得税部分)同时停止执行；1988年6月，国务院发布了《中华人民共和国私营企业所得税暂行条例》。这些规范使我国的企业所得税制度建设进入了健康发展的新阶段。

1991年，第七届全国人民代表大会将《中华人民共和国中外合资经营企业所得税法》和《中华人民共和国外国企业所得税法》两部法律合并为《中华人民共和国外商投资企业和外国企业所得税法》，涉外所得税制的完善对我国经济的发展起到了重要的促进作用。1993年12月13日，国务院将《中华人民共和国国营企业所得税条例(草案)》、《国营企业调节税征收办法》、《中华人民共和国集体企业所得税暂行条例》和《中华人民共和国私营企业所得税暂行条例》进行整合，制定了《中华人民共和国企业所得税暂行条例》，该条例的出台标志着我国的所得税制度改革向着科学化和规范化的方向迈出了重要步伐。

现行的企业所得税法律制度是2007年3月16日第十届全国人大第五次会议通过的《中华人民共和国企业所得税法》，该法将内资企业原适用的《中华人民共和国企业所得税暂行条例》和外资企业原适用的《中华人民共和国外商投资企业和外国企业所得税法》两法合一。该法的出台对中国经济发展可谓意义深远。2007年12月11日，国务院发布了《中华人民共和国企业所得税法实施条例》，自2008年1月1日起施行。

二、企业所得税的特征

企业所得税不仅具有其他各税的强制性、无偿性和固定性等共同特征，而且具有不同于其他税种的特征。现行的企业所得税的主要特征有以下几点。

1. 税基约束力强

应纳税所得额是企业所得税的税基，应纳税所得额等于纳税人每个纳税年度的收入总额减去准予扣除项目金额之后的余额。为了保护税基，企业所得税法明确了收入总额、扣除项目金额的确定以及资产的税务处理等内容。其中，收入总额是指纳税人在一个纳税年度内取得的各项收入，包括生产所得、经营收入、财产转让收入、利息收入、租赁收入、特许权使用费收入、股息收入和其他收入。准予扣除的项目主要是指与纳税人取得收入有关的成本、费用、税金和损失等。这些都体现了税法的强制性与统一性，有利于保护税基，维护国家利益。

2. 将企业划分为居民企业和非居民企业

根据不同的企业在向中国政府缴纳所得税时纳税义务的不同，现行企业所得税将企业划分为居民企业和非居民企业两大类：居民企业负无限纳税义务，即来源于中国境内外的所得都要向中国政府缴纳所得税；非居民企业负有限纳税义务，即来源于中国境内的所得要向中国政府缴纳所得税。

3. 企业所得税是直接税

企业所得税作为典型的直接税，其税负由纳税人直接承担，税负不易转嫁。这使得所得税与流转税等间接税又有诸多不同。此外，正因为所得税是直接税，因而需以纳税人的实际负担能力为计税依据，无所得则不征税。这与流转税不管有无利润，只要有商品流转收入就要征税是不同的。

4. 实行按年计算、分期预缴的征收办法

企业所得税的征收一般是以全年的应纳税所得额为计税依据的，实行按年计征、分月或分季预缴、年终汇算清缴的征收办法。对经营时间不足一年的企业，要将实际经营期间的所得额换算成一年的所得额计算缴纳所得税。这样有利于与会计管理工作的协调，也有利于体现公平税收负担。

三、企业所得税的作用

1. 增加国家财政收入的作用

企业所得税是我国主体税种之一，对组织国家税收收入具有重要作用。随着我国国民经济的快速发展和企业经济效益的不断提高，我国企业所得税税收收入总额越来越大，在整个税收收入中所占的比例也呈现逐年提高的趋势。

2. 发挥对社会经济宏观调控的作用

在为国家组织财政收入的同时，由于企业所得税有减免税、降低税率、加计扣除、加速折旧等诸多措施，所以它可以作为国家宏观调控的一个重要工具，来促进我国产业结构调整和经济平稳较快发展。

3. 促进企业改善经营管理活动，提高企业的盈利能力

由于企业所得税只对利润征税，往往采用比例税率，因此对大多数企业来说承担的税负水平相同。相对于累进税率，采用比例税率的企业所得税更有利于促使企业改善经营管理，努力降低成本，提高盈利能力和水平。

四、企业所得税的纳税人

我国企业所得税法采用注册地和实际管理机构所在地的双重标准，按照纳税义务的不同，将纳税人分为居民企业和非居民企业。

1. 居民企业

居民企业是指依法在中国境内成立，或者依照外国（地区）法律成立但实际管理机构在中国境内（即虽然不在中国注册，但是管理在中国）的企业，包括除个人独资企业和合伙企业以外的公司、企业、事业单位、社会团体、民办非企业单位、基金会、外国商会、农民专业合作

社以及取得收入的其他组织。

依据我国法律、法规成立的个人独资企业、合伙企业征收个人所得税即可，不再征收企业所得税，目的是避免重复征税，减轻纳税人的负担。

2. 非居民企业

非居民企业是指依照外国(地区)法律成立且实际管理机构不在中国境内，但在中国境内设立机构、场所的或者在中国境内未设立机构、场所，但有来源于中国境内所得的企业。这些企业承担有限纳税义务，一般只就来源于我国境内的所得纳税。

非居民企业委托营业代理人在中国境内从事生产经营活动的，包括委托单位和个人经常代其签订合同，或者储存、交付货物等，该营业代理人视为非居民企业在中国境内设立的机构、场所。

五、企业所得税的征税对象

企业所得税的征税对象从内容上看包括生产经营所得、其他所得和清算所得，从空间范围上看包括来源于中国境内、境外的所得。但并不是说企业取得的任何一项所得，都是企业所得税的征税对象。

1. 居民企业的征税对象

居民企业应就来源于中国境内、境外的所得作为征税对象。所得包括销售货物所得、提供劳务所得、转让财产所得、股息红利等权益性投资所得，以及利息所得、租金所得、特许权使用费所得、接受捐赠所得和其他所得。

2. 非居民企业的征税对象

非居民企业在中国境内设立机构、场所的，应当就其所设机构、场所取得的来源于中国境内的所得，以及发生在中国境外但是与其在中国境内所设立机构、场所有实际联系的所得，缴纳企业所得税。非居民企业在中国境内未设立机构、场所的或者虽然设立机构、场所，但是取得的所得与其所设立机构、场所没有实际联系的，应当就其来源于中国境内的所得缴纳企业所得税。实际联系是指非居民企业在中国境内设立的机构、场所拥有据以取得所得的股权、债权，以及拥有、管理、控制据以取得所得的财产等。

六、企业所得税税率

企业所得税税率是体现国家与企业分配关系的核心要素。税率设计的原则是兼顾国家、企业、职工个人三者利益，既要保证国家财政收入的稳定增长，又要使企业在发展生产、经营方面有一定的财力保证；既要考虑到企业的实际情况和负担能力，又要维护税率的统一性。

我国企业所得税实行比例税率，具体税率如下。

(1) 基本税率为25%：适用于居民企业和在中国境内设立机构、场所且所得与机构、场所有关联的非居民企业。

(2) 低税率为20%：适用于在中国境内未设立机构、场所，或者虽设立机构、场所，但取得的所得与其所设机构、场所没有实际联系的非居民企业。但实际征税时适用10%的税率。

自2019年1月1日至2021年12月31日，对小型微利企业年应纳税所得额不超过100万元的部分，减按25%计入应纳税所得额，按20%的税率缴纳企业所得税；对年应纳税所得额超过100万元但不超过300万元的部分，减按50%计入应纳税所得额，按20%的税率缴纳企业所得税。上述小型微利企业是指从事国家非限制和禁止行业，且同时符合年度应纳税所得额不超过300万元、从业人数不超过300人、资产总额不超过5000万元等三个条件的企业。

七、企业所得税税收优惠

企业所得税的减免权在中央，除税法规定的减免税项目外，各级政府及各部门无权减免企业所得税。目前，我国的企业所得税法主要规定了以下企业所得税税收优惠政策。

(1) 国家对重点扶持和鼓励发展的产业和项目，给予企业所得税优惠。

(2) 企业的下列收入为免税收入。

① 国债利息收入，其是指企业购买财政部发行的国家公债所取得的利息收入。但是企业持有其他企业发行的债券取得的利息收入不属于免税范畴。

② 符合条件的居民企业之间的股息、红利等权益性投资收益，是指居民企业直接投资于其他居民企业取得的投资收益，不包括连续持有居民企业公开发行并上市流通的股票短于12个月取得的投资收益。权益性投资是指为获取其他企业的权益或净资产所进行的投资，如对其他企业的普通股股票投资、为获取其他企业股权的联营投资等均属权益性投资。企业进行这种投资是为了取得对另一企业的控制权，或实施对另一个企业的重大影响，或具有其他目的。这里的居民企业之间不包括投资到“独资企业、合伙企业、非居民企业”。

③ 在中国境内设立机构、场所的非居民企业从居民企业取得与该机构、场所有实际联系的股息、红利等权益性投资收益，其不包括投资于另一居民企业公开发行并上市流通的股票所取得的投资收益。

④ 符合条件的非营利组织的收入，不包括非营利组织从事营利性活动取得的收入，但国务院财政、税务主管部门另有规定的除外。

(3) 企业的下列所得，可以免征、减征企业所得税。

① 从事农、林、牧、渔业所得。

② 从事国家重点扶持的公共基础设施项目投资经营的所得。

③ 从事符合条件的环境保护、节能节水项目的所得。

④ 从事符合条件的技术转让所得。

⑤ 非居民企业在中国境内未设立机构、场所的，或者虽设立机构、场所但取得的所得与其所设机构、场所没有实际联系的所得。

(4) 符合条件的小型微利企业，减按20%的税率征收企业所得税。国家需要重点扶持的高新技术企业，减按15%的税率征收企业所得税。

(5) 创业投资企业从事国家需重点扶持和鼓励的创业投资，可以按照其投资额的70%在股权持有满两年的当年抵扣该创业投资企业的应纳税所得额；当年不足抵扣的，可以在以后纳税年度结转抵扣。

(6) 固定资产加速折旧。企业的固定资产由于技术进步等原因，确需加速折旧的，可以缩短折旧年限或者采取加速折旧的方法。

(7) 企业购置用于环境保护、节能节水、安全生产等专用设备的投资额，可以按一定比例实行税额抵免。

(8) 民族自治地方的自治机关对本民族自治地方的企业应缴纳的企业所得税中属于地方分享的部分，可以决定减征或者免征。自治州、自治县决定减征或者免征的，须报省、自治区、直辖市人民政府批准。对民族自治地方内国家限制和禁止行业的企业，不得减征或者免征企业所得税。

(9) 企业的下列支出，可以在计算应纳税所得额时加计扣除。

① 企业为开发新技术、新产品、新工艺发生的研究开发费用，未形成无形资产计入当期损益的，在按照规定据实扣除的基础上，按照研究开发费用的 50%加计扣除；形成无形资产的，按照无形资产成本的 150%摊销。自 2018 年 1 月 1 日至 2020 年 12 月 31 日，企业为开发新技术、新产品、新工艺发生的研究开发费用，未形成无形资产计入当期损益的，在按照规定据实扣除的基础上，按照研究开发费用的 75%加计扣除，形成无形资产的，按照无形资产成本 175%摊销。对从事文化产业支撑技术等领域的文化企业，开发新技术、新产品、新工艺发生的研究开发费用，允许按照税收法律法规的规定，在计算应纳税所得额时加计扣除。

② 安置残疾人员及国家鼓励安置的其他就业人员所支付的工资。

(10) 资源综合利用。企业综合利用资源，生产符合国家产业政策规定的产品所取得的收入，可以在计算应纳税所得额时减计收入。

模块二　企业所得税的计算

一、企业所得税的计税依据

企业所得税的计税依据或税基是企业的应纳税所得额。其计算公式为：

应纳税所得额＝收入总额－准予扣除项目金额

(一) 收入总额的确定

1. 一般收入的确认

(1) 销售货物收入。销售货物收入是指企业销售商品、产品、原材料、包装物、低值易耗品以及其他存货取得的收入。

(2) 提供劳务收入。提供劳务收入是指企业从事建筑安装、修理修配、交通运输、仓储租赁、金融保险、邮电通信、咨询经纪、文化体育、科学研究、技术服务、教育培训、餐饮住宿、中介代理、卫生保健、社区服务、旅游娱乐、加工以及其他劳务服务活动取得的收入。

(3) 转让财产收入。转让财产收入是指企业转让固定资产、生物资产、无形资产、股权、债权等财产取得的收入。

(4) 股息、红利等权益性投资收益。股息、红利等权益性投资收益是指企业因权益性投资从被投资方取得的收入。股息、红利等权益性投资收益，按照被投资方作出利润分配决定的日期确认收入的实现，国务院财政、税务主管部门另有规定的除外。

(5) 利息收入。利息收入是指企业将资金提供给他人使用但不构成权益性投资,或者因他人占用本企业资金取得的收入,包括存款利息、贷款利息、债券利息、欠款利息等收入。利息收入按照合同约定的债务人应付利息的日期确认收入的实现。

(6) 租金收入。租金收入是指企业提供固定资产、包装物或者其他有形资产的使用权取得的收入。租金收入按照合同约定的承租人应付租金的日期确认收入的实现。

(7) 特许权使用费收入。特许权使用费收入是指企业提供专利权、非专利技术、商标权、著作权以及其他特许权的使用权取得的收入。特许权使用费收入,按照合同约定的特许权使用人应付特许权使用费的日期确认收入的实现。

(8) 接受捐赠收入。接受捐赠收入是指企业接受的来自其他企业、组织或者个人无偿给予的货币性资产、非货币性资产。接受捐赠收入按照实际收到捐赠资产的日期确认收入的实现。

(9) 其他收入。其他收入是指企业取得的除以上收入以外的其他收入,包括企业资产的溢余收入、逾期未退包装物押金收入、确实无法偿付的应付款项、已作坏账损失处理后又收回的应收款项、债务重组收入、补贴收入、违约金收入、汇兑收益等。

2. 特殊收入的确认

(1) 以分期收款方式销售货物的,按照合同约定的收款日确认收入的实现。

(2) 企业受托加工制造大型机械设备、船舶、飞机以及从事建筑、安装、装配工程业务或者提供其他劳务等,持续时间超过 12 个月的,按照纳税年度内完工进度或者完成的工作量确认收入的实现。

(3) 采取产品分成方式取得收入的,按照企业分得产品的日期确认收入的实现,其收入额应按照产品的公允价值确定。

(4) 企业发生非货币性资产交换以及将货物、财产、劳务用于捐赠、偿债、赞助、集资、广告、样品、职工福利或者利润分配等用途的,应当视同销售货物、转让财产或者提供劳务,但国务院财政、税务主管部门另有规定的除外。

(二) 扣除项目的确定

1. 准予扣除的项目

准予扣除项目如下。

(1) 成本。成本是指企业在生产经营活动中发生的销售成本、销货成本、业务支出以及其他耗费。

(2) 费用。费用是指企业在生产经营活动中发生的销售费用、管理费用和财务费用,已经计入成本的有关费用除外。

(3) 税金。税金是指企业发生的除企业所得税和允许抵扣的增值税以外的各项税金及其附加。

(4) 损失。损失是指企业在生产经营活动中发生的固定资产和存货的盘亏、毁损、报废损失,转让财产损失,呆账损失,坏账损失,自然灾害等不可抗力因素造成的损失以及其他损失。

企业发生的损失,减除责任人赔偿和保险赔款后的余额,依照国务院财政、税务主管部门的规定扣除。企业已经作为损失处理的资产,在以后纳税年度又全部收回或者部分收回时,应当计入当期收入。

(5) 其他支出。其他支出是指除成本、费用、税金、损失外，企业在生产经营活动中发生的与生产经营活动有关的、合理的支出，具体如下。

① 企业在生产经营活动中发生的合理的不需要资本化的借款费用，准予扣除。企业为购置、建造固定资产、无形资产和经过一年以上的建造才能达到预定可销售状态的存货发生借款的，在有关资产购置、建造期间发生的合理的借款费用，应当作为资本性支出计入有关资产的成本，并依照相关规定扣除。

② 企业在生产经营活动中发生的下列利息支出，准予扣除：非金融企业向金融企业借款的利息支出、金融企业的各项存款利息支出和同业拆借利息支出、企业经批准发行债券的利息支出；非金融企业向非金融企业借款的利息支出，不超过按照金融企业同期同类贷款利率计算的数额的部分。

③ 企业在货币交易中，以及纳税年度终了时将人民币以外的货币性资产、负债按照期末即期人民币汇率中间价折算为人民币时产生的汇兑损失，除已经计入有关资产成本以及与向所有者进行利润分配相关的部分外，准予扣除。

④ 企业参加财产保险，按照有关规定缴纳的保险费，准予扣除。

⑤ 企业依照法律、行政法规有关规定提取的用于环境保护、生态恢复等方面的专项资金，准予扣除。上述专项资金提取后改变用途的，不得扣除。

⑥ 企业发生的合理的劳动保护支出，准予扣除。

⑦ 企业发生与生产经营有关的手续费及佣金支出，不超过以下规定计算限额以内的部分，准予扣除；超过部分，不得扣除。

第一，保险企业。财产保险企业按当年全部保费收入扣除退保金等后余额的15%计算限额；人身保险企业按当年全部保费收入扣除退保金等后余额的10%计算限额。

第二，其他企业。按与具有合法经营资格中介服务机构或个人(不含交易双方及其雇员、代理人和代表人等)所签订服务协议或合同确认的收入金额的5%计算限额。

2. 不准予扣除的项目

(1) 向投资者支付的股息、红利等权益性投资收益款项。

(2) 企业所得税税款。

(3) 税收滞纳金。

(4) 罚金、罚款和被没收财物的损失。

(5) 超标的捐赠支出。

(6) 赞助支出。

(7) 企业发生的与生产经营活动无关的各种非广告性质支出。

(8) 未经核定的准备金支出(不符合国务院财政、税务主管部门规定的各项资产减值准备、风险准备等准备金支出)。

(9) 企业之间支付的管理费、企业内营业机构之间支付的租金和特许权使用费，以及非银行企业内营业机构之间支付的利息。

(10) 与取得收入无关的其他支出。

3. 特殊规定

纳税人在计算应纳税所得额时，下列项目应按规定的范围和标准扣除。

(1) 利息支出。

① 纳税人在生产、经营期间,向金融机构借款的利息支出,按照实际发生数扣除;向非金融机构借款的利息支出,不高于按照金融机构同类、同期贷款利率计算的数额以内的部分,准予扣除。

② 企业经批准集资的利息支出,不高于同期同类商业银行贷款利率的部分,允许扣除;其超过的部分,不许扣除。

③ 企业向非金融机构借款的利息支出,属于购建固定资产竣工决算投产后发生的各项贷款利息支出,计入财务费用;但其利息超过金融机构同类、同期贷款利率的部分,纳税时进行调整。

④ 罚息列支问题。纳税人逾期归还银行贷款,银行按规定加收的罚息,不属于行政性罚款,允许在税前扣除。

(2) 工资薪金支出。企业发生的合理的工资薪金支出,准予扣除。但是下列支出不应作为工资薪金支出。

① 雇员向纳税人投资而分得的权益性投资收益。

② 根据国家或省级政府的规定为雇员支付的社会保障性缴款。

③ 各项劳动保护支出。

④ 雇员调动工作的旅费和安家费。

⑤ 雇员离退休、退职待遇的各项支出。

⑥ 独生子女补贴。

⑦ 纳税人负担的住房公积金。

⑧ 饮食服务业按国家规定提取的提成工资、软件开发企业实际发放的工资总额。

(3) 职工福利费、职工工会经费、职工教育经费。

① 企业发生的职工福利费支出,不超过工资薪金总额14%的部分,准予扣除。

② 企业拨缴的职工工会经费,不超过工资薪金总额2%的部分,准予扣除。

③ 除国务院财政、税务主管部门另有规定外,企业发生的职工教育经费支出,不超过工资薪金总额2.5%的部分,准予扣除;超过部分,准予在以后纳税年度结转扣除。

(4) 企业发生的公益性捐赠。企业发生的公益性捐赠支出,在年度利润总额12%以内的部分,准予在计算应纳税所得额时扣除。

(5)业务招待费。纳税人发生的与生产、经营业务有关的业务招待费,按照发生额的60%扣除,但最高不得超过当年销售(营业)收入的5‰。

(6) 各类保险基金、统筹基金。纳税人按照国家有关规定上缴的各类保险基金和统筹基金等,包括基本养老基金、补充养老基金、基本医疗基金和补充医疗基金,经税务机关审核后,在规定的比例内扣除。

(7) 各种保险费。企业依照国务院有关主管部门或者省级人民政府规定的范围和标准为职工缴纳的基本养老保险费、基本医疗保险费、失业保险费、工伤保险费、生育保险费等基本社会保险费和住房公积金,准予扣除。企业为投资者或者职工支付的补充养老保险费、补充医疗保险费,在国务院财政、税务主管部门规定的范围和标准内,准予扣除。

自2008年1月1日起,企业为在本企业任职或者受雇的全体员工支付的补充养老保险费、补充医疗保险费,分别在不超过职工工资总额5%标准内的部分,在计算应纳税所得额时准予扣除；超过的部分，不予扣除。

除企业依照国家有关规定为特殊工种职工支付的人身安全保险费和国务院财政、税务主管部门规定可以扣除的其他商业保险费外，企业为投资者或者职工支付的商业保险费，不得扣除。

(8) 固定资产租赁费。纳税人根据生产、经营的需要租入固定资产所支付的租赁费的扣除，应根据不同的租赁方式分别按下列规定处理：以经营租赁方式租入固定资产发生的租赁费支出，按照租赁期限均匀扣除；以融资租赁方式租入固定资产发生的租赁费支出，按照规定构成融资租入固定资产价值的部分应当提取折旧费用，分期扣除。

(9) 纳税人按规定支付给总机构的与本企业生产、经营有关的管理费。纳税人按规定支付给总机构的与本企业生产、经营有关的管理费，需提供总机构出具的管理费汇集范围、定额、分配依据和方法等证明文件，经主管税务机关审核后，准予扣除。管理费提取采取比例和定额控制，提取比例不得超过总收入的2%，总机构管理费不包括技术开发费。总机构节余的管理费可结转下一年度使用，但须相应核减下年度的提取比例。

(10) 新产品、新技术、新工艺研究开发费。企业研究新产品、新技术、新工艺所发生的各项费用，不受比例限制，计入管理费用扣除。并且当年技术开发费比上年实际发生额增长10%及以上的，可按实际发生额加扣50%，加扣部分如果超过当年应纳税所得额，以后年度不再抵扣。有拨付经费的研究开发费，不得在税前扣除，也不得计入增长比例的计算。亏损企业只能据实扣除，不得加扣。

(11) 资助科技开发费。资助非关联的研究机构和高等学校研究开发新产品、新技术、新工艺所发生的研究经费，经主管税务机关审核确定，其资助支出可以全额在当年度应纳税所得额中扣除，但当年度应纳税所得额不足抵扣的，不得结转抵扣。

(12) 技术改造国产设备投资。在我国境内投资并符合国家产业政策的技术改造项目的企业，其项目所需国产设备投资的40%，可以从技术改造项目设备购置当年比前一年新增的企业所得税中抵免。当年新增的企业所得税不足抵免时，可在五年内抵免。

(13) 其他项目。其他项目包括广告费用、业务宣传费、汇兑损益、佣金等。

(三) 资产的税务处理

资产的税务处理主要包括资产的分类、确认、计价、扣除和处置等方面的内容。企业为取得其拥有的各项资产所支付的金额，应区分资本性支出和收益性支出，从而确定从纳税人的收入总额中准予扣除的项目和不准予扣除的项目，以正确计算应纳税所得额。对于资本性的支出，不允许作为成本费用从纳税人的收入总额中一次性扣除，而应采取分期计提折旧或者分期摊销的方式从以后各期的收入总额中分期予以扣除。收益性支出可以作为成本费用从纳税人的收入总额中一次性扣除。企业所得税税务处理的资产主要包括固定资产、无形资产、递延资产和流动资产。

1. 固定资产的税务处理

纳税人的固定资产是指使用期限超过一年的房屋、建筑物、机器、机械、运输工具以及其他与生产、经营有关的设备、器具、工具等非货币性资产。未作为固定资产管理的工具、器具等，作为低值易耗品，可以一次或分期扣除。

(1) 固定资产的计税基础。固定资产的计税基础一般应以原价(历史成本)为准。具体规定如下。

① 外购的固定资产，以购买价款和支付的相关税费以及直接归属于使该资产达到预定用途发生的其他支出为计税基础。

② 自行建造的固定资产，以竣工结算前发生的支出为计税基础。

③ 融资租入的固定资产，以租赁合同约定的付款总额和承租人在签订租赁合同过程中发生的相关费用为计税基础；租赁合同未约定付款总额的，以该资产的公允价值和承租人在签订租赁合同过程中发生的相关费用为计税基础。

④ 盘盈的固定资产，以同类固定资产的重置完全价值为计税基础。

⑤ 通过捐赠、投资、非货币性资产交换、债务重组等方式取得的固定资产，以该资产的公允价值和支付的相关税费为计税基础。

⑥ 改建的固定资产，除已足额提取折旧的固定资产的改建支出和租入固定资产的改建支出外，以改建过程中发生的改建支出增加计税基础。

另外，固定资产的价值确定后，除下列特殊情况外，一般不得调整。

① 国家统一规定的清产核资。

② 将固定资产的一部分拆除。

③ 固定资产发生永久性损害，经主管税务机关审核，可调整至该固定资产可收回金额，并确认损失。

④ 根据实际价值调整原暂估价值或发现原计价有错误。

(2) 固定资产的折旧范围。固定资产按照直线法计算的折旧，准予扣除。下列固定资产不得计算折旧扣除：房屋、建筑物以外未投入使用的固定资产；以经营租赁方式租入的固定资产；以融资租赁方式租出的固定资产；已足额提取折旧仍继续使用的固定资产；与经营活动无关的固定资产；单独估价作为固定资产入账的土地；其他不得计算折旧扣除的固定资产。

另外，从事开采石油、天然气等矿产资源的企业，在开始商业性生产前发生的费用和有关固定资产的折耗、折旧方法，由国务院财政、税务主管部门另行规定。

(3) 固定资产折旧的计提方法。

① 企业应当根据固定资产的性质和使用情况，合理确定固定资产的预计净残值。固定资产的预计净残值一经确定，不得变更。在新税法中未明确规定固定资产的净残值比例。

② 企业应当自固定资产投入使用月份的次月起计算折旧；停止使用的固定资产，应当自停止使用月份的次月起停止计算折旧。

(4) 固定资产的最低折旧年限。除国务院财政、税务主管部门另有规定外，固定资产计算折旧的最低年限如下：房屋、建筑物，为 20 年；飞机、火车、轮船、机器、机械和其他生产设备，为 10 年；与生产经营活动有关的器具、工具、家具等，为 5 年；飞机、火车、轮船以外的运输工具，为 4 年；电子设备，为 3 年。

(5) 固定资产折旧的特殊规定。

① 利用管理费购置的固定资产的列支问题。企业为开发新技术、研制新产品所购置的试制用关键设备、测试仪器，单台价值在 10 万元以下的，可一次或分次摊入管理费用，其中达到固定资产标准的单独管理，不再提取折旧。

② 购入的计算机及软件列支问题。企业购入的计算机应用软件，随同计算机一起购入的，计入固定资产价值；单独购入的，作为无形资产管理，按法律规定的有效期限或合同规定的受益年限进行摊销，没有规定有效期限或受益年限的，在五年内平均摊销。

2. 无形资产的税务处理

无形资产是指企业为生产产品、提供劳务、出租或者经营管理而持有的、没有实物形态的非货币性长期资产，包括专利权、商标权、著作权、土地使用权、非专利技术、商誉等。

(1) 无形资产的计税基础。无形资产按取得时的实际成本计价。

① 投资者作为资本金或者合作条件投入的无形资产，按照评估确认或者合同、协议约定的金额计价。

② 外购的无形资产，按照实际支付的价款和支付的相关税费以及直接归属于使该资产达到预定用途发生的其他支出计价。

③ 自行开发并且依法申请取得的无形资产，按照开发过程中实际支出计价。

④ 接受捐赠的无形资产，按照发票账单所列金额或者同类无形资产的市价计价。

⑤ 非专利技术和专利的计价应当经法定评估机构评估确认。

⑥ 除企业合并外，商誉不得作价入账。

(2) 无形资产的摊销。无形资产按照直线法计算的摊销费用，准予扣除。下列无形资产不得计算摊销费用扣除，具体包括：自行开发的支出已在计算应纳税所得额时扣除的无形资产，自创商誉，与经营活动无关的无形资产，其他不得计算摊销费用扣除的无形资产。

无形资产的摊销年限不得低于10年。作为投资或者受让的无形资产，有关法律规定或者合同约定了使用年限的，可以按照规定或者约定的使用年限分期摊销。外购商誉的支出，在企业整体转让或者清算时，准予扣除。

3. 递延资产的税务处理

递延资产是指不能全部计入当年损益，应当在以后年度内分期摊销的各项费用，包括开办费、租入固定资产的改良支出等。

(1) 开办费是指企业筹建期间(即从企业被批准筹建之日起至开始生产、经营，包括试生产、试营业之日的期限)发生的费用，包括人员工资、办公费、培训费、差旅费、印刷费、注册登记费，以及不计入固定资产和无形资产成本的汇兑损益和利息支出。

企业在筹建期发生的开办费，应当从开始生产、经营月份的次月起，在不短于五年的期限内分期扣除。

(2) 租入固定资产的改良支出是指以经营租赁方式租入固定资产的改良工程所发生的全部支出，即为增加租入固定资产的使用效能或延长其寿命，而对其进行改装、翻修、改建等的支出。该项支出一般数额较大，并且与好几个年度的收益有关，不应作为当期费用处理，而应作为递延资产管理，在固定资产租赁有效期内分期摊入成本、费用。

4. 流动资产的税务处理

流动资产是指可以在一年或者超过一年的一个营业周期内变现或者运用的资产，包括现金及各种存款、存货、应收及预付款项等。

其中，纳税人的存货(包括商品、材料、产成品、半成品等)应当以实际成本为准进行计算。纳税人各项存货的发生和领用，其实际成本价的计算方法，可以在先进先出法、加权平均法、个别计价法中选择一种。计价方法一经选用，不得随意改变，确实需要改变计价方法，应当在下一个纳税年度开始前报主管税务机关备案。

二、企业所得税应纳税额的计算

应纳企业所得税税款的计算公式为：

应纳企业所得税税款＝应纳税所得额×企业所得税税率－减免税额－抵免税额

1. 按月(或季)预缴所得税的计算

应纳所得税额＝月(季)应纳税所得额×企业所得税税率
＝上年应纳税所得额×1/12(或1/4)×企业所得税税率

【例5-1】 我国某公司经税务机关同意，每个季度按实际数预缴所得税。20×1年四个季度的累计利润额分别为50万元、100万元、150万元、200万元。请计算各季度应预缴的企业所得税税额。

解 (1) 20×1年第一季度预缴企业所得税额＝50×25%＝12.5(万元)

(2) 20×1年第二季度预缴企业所得税额＝100×25%＝25(万元)

(3) 20×1年第三季度预缴企业所得税额＝150×25%＝37.5(万元)

(4) 20×1年第四季度预缴企业所得税额＝200×25%＝50(万元)

2. 年终汇算清缴的所得税的计算

全年应纳所得税额＝全年应纳税所得额×企业所得税税率
多退少补所得税额＝全年应纳所得税额－各月(季)已预缴所得税额

【例5-2】 我国某公司经税务机关同意，每个季度按实际数预缴所得税。20×0年四个季度的累计利润额分别为100万元、200万元、300万元、400万元。而20×0年全年实际应纳税所得额为1 200万元。请计算年终汇算清缴的企业所得税税额。

解 (1) 20×0年第一季度预缴企业所得税额＝100×25%＝25(万元)

20×0年第二季度预缴企业所得税额＝200×25%＝50(万元)

20×0年第三季度预缴企业所得税额＝300×25%＝75(万元)

20×0年第四季度预缴企业所得税额＝400×25%＝100(万元)

(2) 年终汇算清缴：

全年应纳所得税额＝1 200×25%＝300(万元)

全年累计预缴企业所得税额＝25＋50＋75＋100＝250(万元)

应补缴所得税额＝300－250＝50(万元)

3. 境外已纳税款扣除的计算

为克服双重征税给跨国企业带来不利影响，我国目前采取税收抵免法避免国际双重征税。我国税法规定，纳税人来源于中国境外的所得，已在境外缴纳的所得税款，准予在汇总纳税时，从其应纳税额中扣除，但是扣除额不得超过其境外所得依照税法规定计算的应纳税额。其计算公式如下。

(1) 已纳境外某国(地区)税额＝境外某国所得×该国税率。

(2) 境外所得税税额的抵免限额＝境内、境外所得按税法计算的应纳税总额×来源于境外某国(地区)的所得额÷境内、境外所得总额。

按照现行企业所得税年度纳税申报表的相关规定，从境外取得的税后投资收益，应先将其还原后计入企业的应纳税所得总额，一并计算应纳税额，然后将境外应抵扣的已纳税额从当年应纳税额中扣除。

境外实际已缴数小于抵免限额时，在中国补缴差额部分税款；境外实际已缴数等于抵免限额时，已纳境外税款得到全部抵扣，国际双重征税得到全部免除；境外实际已缴数大于抵免限额时，在我国本年无须补交税款，超出部分也不存在扣除问题，但超出部分可在以后5年中该国家(地区)扣除限额的余额中补扣。

计算时，可直接从国家间税率差异入手：境外税率低于25%的应补征差额，等于或高于25%的按限额扣除。

【例5-3】 我国某公司20×0年度境内经营应纳税所得额为1 000万元，适用企业所得税税率25%。如果20×0年其在甲、乙两国设有分支机构，所得分别为50万元、100万元，适用税率分别为22%、25%。请计算该企业应纳的企业所得税。

解 应纳所得税税额＝1 000×25%＋50×(25%－22%)＋100×(25%－25%)＝251.5(万元)

如果是税后利润，须还原成税前所得。

境外所得＝境外分回利润÷(1－来源国公司所得税税率)＝境外分回利润＋境外已纳税额

模块三 企业所得税的纳税申报

一、纳税期限

(一) 纳税年度

(1) 企业所得税按纳税年度计算。纳税年度自公历1月1日起至12月31日止。

(2) 企业在一个纳税年度中间开业，或者终止经营活动，使该纳税年度的实际经营期不足一年的，应当以其实际经营期为一个纳税年度。

(3) 企业依法清算时，应当以清算期间作为一个纳税年度。企业应当在办理注销登记前，就其清算所得向税务机关申报并依法缴纳企业所得税。

(二) 预缴和汇算清缴

(1) 企业所得税分月或者分季预缴，由税务机关具体核定。

(2) 企业应当自月份或者季度终了之日起15日内，向税务机关报送预缴企业所得税纳税申报表，预缴税款。预缴方法一经确定，该纳税年度内不得随意变更。具体方法有以下几种：

① 按照月度或者季度的实际利润额预缴。

② 按照上一纳税年度应纳税所得额的月度或者季度平均额预缴。

③ 按照经税务机关认可的其他方法预缴。

(3) 企业在纳税年度内无论盈利或者亏损，都应当依照规定期限，向税务机关报送预缴企业所得税纳税申报表、年度企业所得税纳税申报表、财务会计报告和税务机关规定应当报送的其他有关资料。

(4) 企业应当自年度终了之日起 5 个月内,向税务机关报送年度企业所得税纳税申报表,并汇算清缴,结清应缴应退税款。

二、纳税地点

(一) 居民企业的纳税地点

除税收法律、行政法规另有规定外,居民企业以企业登记注册地为纳税地点;但登记注册地在境外的,以实际管理机构所在地为纳税地点。其中,企业登记注册地是指企业依照国家有关规定登记注册的住所地。

(二) 非居民企业的纳税地点

(1) 非居民企业在中国境内设立机构、场所的,所取得的来源于中国境内的所得以及发生在中国境外但与其所设机构、场所有实际联系的所得,以机构、场所所在地为纳税地点。

(2) 非居民企业在中国境内设立两个或者两个以上机构、场所的,经各机构、场所所在地税务机关的共同上级税务机关审核批准,可以选择由其主要机构、场所汇总缴纳企业所得税。其中主要机构、场所,应当同时符合下列条件:对其他各机构、场所的生产经营活动负有监督管理责任;设有完整的账簿、凭证,能够准确反映各机构、场所的收入、成本、费用和盈亏情况。非居民企业经批准汇总缴纳企业所得税后,需要增设、合并、迁移、关闭机构、场所或者停止机构、场所业务的,应当事先由负责汇总申报缴纳企业所得税的主要机构、场所向其所在地税务机关报告;需要变更汇总缴纳企业所得税的主要机构、场所的,依照前述规定办理。

(3) 非居民企业在中国境内未设立机构、场所的或者虽设立机构、场所但取得的所得与其所设机构、场所没有实际联系的,以扣缴义务人所在地为纳税地点。

三、企业所得税申报与缴纳方法

(一) 企业所得税申报方法

企业所得税申报方法主要有核定应税所得率征收办法和核定应纳所得税额征收办法。

(1) 纳税人实行核定应税所得率方式的,按下列规定申报纳税。

① 主管税务机关根据纳税人应纳税额的大小确定纳税人按月或者按季预缴,年终汇算清缴。预缴方法一经确定,一个纳税年度内不得改变。

② 纳税人应依照确定的应税所得率计算纳税期间实际应缴纳的税额,进行预缴。按实际数额预缴有困难的,经主管税务机关同意,可按上一年度应纳税额的 1/12 或 1/4 预缴,或者按经主管税务机关认可的其他方法预缴。

③ 纳税人预缴税款或年终进行汇算清缴时,应按规定填写"中华人民共和国企业所得税月(季)度预缴纳税申报表(B类)",在规定的纳税申报时限内报送主管税务机关。

(2) 纳税人实行核定应纳所得税额方式的,按下列规定申报纳税。

① 纳税人在应纳所得税额尚未确定之前,可暂按上年度应纳所得税额的 1/12 或 1/4 预缴,或者按经主管税务机关认可的其他方法,按月或按季分期预缴。

② 在应纳所得税额确定以后,减除当年已预缴的所得税额,余额按剩余月份或季度均

分，以此确定以后各月或各季的应纳税额，由纳税人按月或按季填写“中华人民共和国企业所得税月(季)度预缴纳税申报表(B类)”，在规定的纳税申报期限内进行纳税申报。

③ 纳税人年度终了后，在规定的时限内按照实际经营额或实际应纳税额向税务机关申报纳税。申报额超过核定经营额或应纳税额的，按申报额缴纳税款；申报额低于核定经营额或应纳税额的，按核定经营额或应纳税额缴纳税款。

(二) 企业所得税纳税申报资料的构成

由于企业所得税是按年计算，分月或分季预缴，所以其纳税申报表有企业所得税月份纳税申报表、企业所得税季度纳税申报表和企业所得税年度纳税申报表三种形式。

(三) 企业所得税月(季)度纳税申报表及填制说明

(1) 企业所得税月(季)度预缴纳税申报表(A类)如表5-1所示。

表5-1　企业所得税月(季)度预缴纳税申报表(A类)

税款所属期间：　　年　　月　　日至　　年　　月　　日

纳税人识别号(统一社会信用代码)：□□□□□□□□□□□□□□□□□□□□

纳税人名称：　　　　　　　　　　　　　　　　金额单位：人民币元(列至角分)

<table>
<tr><td>预缴方式</td><td colspan="2">□ 按照实际利润额预缴</td><td>□ 按照上一纳税年度应纳税所得额平均额预缴</td><td colspan="2">□ 按照税务机关确定的其他方法预缴</td></tr>
<tr><td>企业类型</td><td colspan="2">□ 一般企业</td><td>□ 跨地区经营汇总纳税企业总机构</td><td colspan="2">□ 跨地区经营汇总纳税企业分支机构</td></tr>
<tr><td colspan="6">预缴税款计算</td></tr>
<tr><td>行次</td><td colspan="4">项　目</td><td>本年累计金额</td></tr>
<tr><td>1</td><td colspan="4">营业收入</td><td></td></tr>
<tr><td>2</td><td colspan="4">营业成本</td><td></td></tr>
<tr><td>3</td><td colspan="4">利润总额</td><td></td></tr>
<tr><td>4</td><td colspan="4">加：特定业务计算的应纳税所得额</td><td></td></tr>
<tr><td>5</td><td colspan="4">减：不征税收入</td><td></td></tr>
<tr><td>6</td><td colspan="4">减：免税收入、减计收入、所得减免等优惠金额</td><td></td></tr>
<tr><td>7</td><td colspan="4">减：固定资产加速折旧(扣除)调减额</td><td></td></tr>
<tr><td>8</td><td colspan="4">减：弥补以前年度亏损</td><td></td></tr>
<tr><td>9</td><td colspan="4">实际利润额(3+4−5−6−7−8)\按照上一纳税年度应纳税所得额平均额确定的应纳税所得额</td><td></td></tr>
<tr><td>10</td><td colspan="4">税率(25%)</td><td></td></tr>
<tr><td>11</td><td colspan="4">应纳所得税额(9×10)</td><td></td></tr>
<tr><td>12</td><td colspan="4">减：减免所得税额(填写A201030)</td><td></td></tr>
<tr><td>13</td><td colspan="4">减：实际已缴纳所得税额</td><td></td></tr>
<tr><td>14</td><td colspan="4">减：特定业务预缴(征)所得税额</td><td></td></tr>
<tr><td>15</td><td colspan="4">本期应补(退)所得税额(11−12−13−14)\税务机关确定的本期应纳所得税额</td><td></td></tr>
<tr><td colspan="6">汇总纳税企业总分机构税款计算</td></tr>
<tr><td>16</td><td rowspan="4">总机构填报</td><td colspan="3">总机构本期分摊应补(退)所得税额(17+18+19)</td><td></td></tr>
<tr><td>17</td><td colspan="3">其中：总机构分摊应补(退)所得税额(15×总机构分摊比例__%)</td><td></td></tr>
<tr><td>18</td><td colspan="3">财政集中分配应补(退)所得税额(15×财政集中分配比例__%)</td><td></td></tr>
<tr><td>19</td><td colspan="3">总机构具有主体生产经营职能的部门分摊所得税额(15×全部分支机构分摊比例__%×总机构具有主体生产经营职能部门分摊比例__%)</td><td></td></tr>
</table>

续表

<table>
<tr><td>20</td><td rowspan="2">分支机构填报</td><td colspan="3">分支机构本期分摊比例</td><td></td></tr>
<tr><td>21</td><td colspan="3">分支机构本期分摊应补(退)所得税额</td><td></td></tr>
<tr><td colspan="6">附报信息</td></tr>
<tr><td colspan="2">小型微利企业</td><td>□是 □否</td><td colspan="2">科技型中小企业</td><td>□是 □否</td></tr>
<tr><td colspan="2">高新技术企业</td><td>□是 □否</td><td colspan="2">技术入股递延纳税事项</td><td>□是 □否</td></tr>
<tr><td colspan="2">期末从业人数</td><td colspan="4"></td></tr>
<tr><td colspan="6">谨声明:此纳税申报表是根据《中华人民共和国企业所得税法》、《中华人民共和国企业所得税法实施条例》和国家有关税收规定填报的,是真实的、可靠的、完整的。
法定代表人(签字): 年 月 日</td></tr>
<tr><td colspan="3">纳税人公章:
会计主管:
填表日期: 年 月 日</td><td colspan="2">代理申报中介机构公章:
经办人:
经办人执业证件号码:
代理申报日期: 年 月 日</td><td>主管税务机关受理专用章:
受理人:
受理日期: 年 月 日</td></tr>
</table>

国家税务总局监制

注:

1. 适用范围:本表适用于实行查账征收企业所得税的居民企业纳税人(以下简称"纳税人")在月(季)度预缴纳税申报时填报。执行《跨地区经营汇总纳税企业所得税征收管理办法》(国家税务总局公告 2012 年第 57 号发布)的跨地区经营汇总纳税企业的分支机构,在年度纳税申报时填报本表。省(自治区、直辖市和计划单列市)税务机关对仅在本省(自治区、直辖市和计划单列市)内设立不具有法人资格分支机构的企业,参照《跨地区经营汇总纳税企业所得税征收管理办法》征收管理的,企业的分支机构在年度纳税申报时填报本表。

2. 表头项目

(1)税款所属期间

月(季)度预缴纳税申报:正常情况填报税款所属期月(季)度第一日至税款所属期月(季)度最后一日;年度中间开业的纳税人,在首次月(季)度预缴纳税申报时,填报开始经营之日至税款所属月(季)度最后一日,以后月(季)度预缴纳税申报时按照正常情况填报;年度中间终止经营活动的纳税人,在终止经营活动当期纳税申报时,填报税款所属期月(季)度第一日至终止经营活动之日,以后月(季)度预缴纳税申报表不再填报。

年度纳税申报:填报税款所属年度 1 月 1 日至 12 月 31 日。

(2)纳税人识别号(统一社会信用代码):填报税务机关核发的纳税人识别号或有关部门核发的统一社会信用代码。

(3)纳税人名称:填报营业执照、税务登记证等证件载明的纳税人名称。

3. 有关项目填报说明

(1)预缴方式:纳税人根据情况选择。"按照上一纳税年度应纳税所得额平均额预缴"和"按照税务机关确定的其他方法预缴"两种预缴方式属于税务行政许可事项,纳税人需要履行行政许可相关程序。

(2)企业类型:纳税人根据情况选择。纳税人为《跨地区经营汇总纳税企业所得税征收管理办法》规定的跨省、自治区、直辖市和计划单列市设立不具有法人资格分支机构的跨地区经营汇总纳税企业,总机构选择"跨地区经营汇总纳税企业总机构";仅在同一省、自治区、直辖市和计划单列市内设立不具有法人资格分支机构的跨地区经营汇总纳税企业,并且总机构、分支机构参照《跨地区经营汇总纳税企业所得税征收管理办法》规定征收管理的,总机构选择"跨地区经营汇总纳税企业总机构"。纳税人为《跨地区经营汇总纳税企业所得税征收管理办法》规定的跨省、自治区、直辖市和计划单列市设立不具有法人资格分支机构的跨地区经营汇总纳税企业,分支机构选择"跨地区经营汇总纳税企业分支机构";仅在同一省、自治区、直辖市和计划单列市内设立不具有法人资格分支机构的跨地区经营汇总纳税企业,并且总机构、分支机构参照《跨地区经营汇总纳税企业所得税征收管理办法》规定征收管理的,分支机构选择"跨地区经营汇总纳税企业分支机构"。上述企业以外的其他企业选择"一般企业"。

(3)预缴税款计算:预缴方式选择"按照实际利润额预缴"的纳税人填报第 1 行至第 15 行,预缴方式选择"按照上一纳税年度应纳税所得额平均额预缴"的纳税人填报第 9、10、11、12、13、15 行,预缴方式选择"按照税务机关确定的其他方法预缴"的纳税人填报第 15 行。

第 1 行"营业收入":填报纳税人截至本税款所属期末,按照国家统一会计制度规定核算的本年累计营业收入。如:以前年度已经开始经营且按季度预缴纳税申报的纳税人,第二季度预缴纳税申报时本行填报本年 1 月 1 日至 6 月 30 日期间的累计营业收入。

第 2 行"营业成本":填报纳税人截至本税款所属期末,按照国家统一会计制度规定核算的本年累计营业成本。

第 3 行“利润总额”：填报纳税人截至本税款所属期末，按照国家统一会计制度规定核算的本年累计利润总额。

第 4 行“特定业务计算的应纳税所得额”：从事房地产开发等特定业务的纳税人，填报按照税收规定计算的特定业务的应纳税所得额。房地产开发企业销售未完工开发产品取得的预售收入，按照税收规定的预计计税毛利率计算的预计毛利额填入此行。企业开发产品完工后，其未完工预售环节按照税收规定的预计计税毛利率计算的预计毛利额在汇算清缴时调整，月(季)度预缴纳税申报时不调整。本行填报金额不得小于本年上期申报金额。

第 5 行“不征税收入”：填报纳税人已经计入本表“利润总额”行次但属于税收规定的不征税收入的本年累计金额。

第 6 行“免税收入、减计收入、所得减免等优惠金额”：填报属于税收规定的免税收入、减计收入、所得减免等优惠的本年累计金额。

第 7 行“固定资产加速折旧(扣除)调减额”：填报固定资产税收上享受加速折旧优惠计算的折旧额大于同期会计折旧额期间，发生纳税调减的本年累计金额。

第 8 行“弥补以前年度亏损”：填报纳税人截至税款所属期末，按照税收规定在企业所得税税前弥补的以前年度尚未弥补亏损的本年累计金额。当本表第 3＋4－5－6－7 行≤0 时，本行＝0。

第 9 行“实际利润额　按照上一纳税年度应纳税所得额平均额确定的应纳税所得额”：预缴方式选择“按照实际利润额预缴”的纳税人，根据本表相关行次计算结果填报，第 9 行＝第 3＋4－5－6－7－8 行；预缴方式选择“按照上一纳税年度应纳税所得额平均额预缴”的纳税人，填报按照上一纳税年度应纳税所得额平均额计算的本年累计金额。

第 10 行“税率(25％)”：填报 25％。

第 11 行“应纳所得税额”：根据相关行次计算结果填报。第 11 行＝第 9×10 行，且第 11 行≥0。

第 12 行“减免所得税额”：填报纳税人截至税款所属期末，按照税收规定享受的减免企业所得税的本年累计金额。

第 13 行“实际已缴纳所得税额”：填报纳税人按照税收规定已在此前月(季)度申报预缴企业所得税的本年累计金额。建筑企业总机构直接管理的跨地区设立的项目部，按照税收规定已经向项目所在地主管税务机关预缴企业所得税的金额不填本行，而是填入本表第 14 行。

第 14 行“特定业务预缴(征)所得税额”：填报建筑企业总机构直接管理的跨地区设立的项目部，按照税收规定已经向项目所在地主管税务机关预缴企业所得税的本年累计金额。本行本期填报金额不得小于本年上期申报的金额。

第 15 行“本期应补(退)所得税额　税务机关确定的本期应纳所得税额”：按照不同预缴方式，分情况填报：预缴方式选择“按照实际利润额预缴”以及“按照上一纳税年度应纳税所得额平均额预缴”的纳税人根据本表相关行次计算填报。第 15 行＝第 11－12－13－14 行，当第 11－12－13－14 行＜0 时，本行填 0；其中，企业所得税收入全额归属中央且按比例就地预缴企业的分支机构，以及在同一省、自治区、直辖市和计划单列市内的按比例就地预缴企业的分支机构，第 15 行＝第 11 行×就地预缴比例－第 12 行×就地预缴比例－第 13 行－第 14 行，当第 15 行＝第 11 行×就地预缴比例－第 12 行×就地预缴比例－第 13 行－第 14 行＜0 时，本行填 0。预缴方式选择“按照税务机关确定的其他方法预缴”的纳税人填报本期应纳企业所得税的金额。

(4)汇总纳税企业总分机构税款计算：企业类型选择“跨地区经营汇总纳税企业总机构”的纳税人填报第 16、17、18、19 行；企业类型选择“跨地区经营汇总纳税企业分支机构”的纳税人填报第 20、21 行。

第 16 行“总机构本期分摊应补(退)所得税额”：跨地区经营汇总纳税企业的总机构根据相关行次计算结果填报，第 16 行＝第 17＋18＋19 行。

第 17 行“总机构分摊应补(退)所得税额(15×总机构分摊比例__％)”：根据相关行次计算结果填报，第 17 行＝第 15 行×总机构分摊比例。其中：跨省、自治区、直辖市、计划单列市经营的汇总纳税企业“总机构分摊比例”填报 25％，同一省(自治区、直辖市、计划单列市)内跨地区经营汇总纳税企业“总机构分摊比例”按照各省(自治区、直辖市和计划单列市)确定的总机构分摊比例填报。

第 18 行“财政集中分配应补(退)所得税额(15×财政集中分配比例__％)”：根据相关行次计算结果填报，第 18 行＝第 15 行×财政集中分配比例。其中：跨省(自治区、直辖市和计划单列市)经营的汇总纳税企业“财政集中分配比例”填报 25％，同一省(自治区、直辖市、计划单列市)内跨地区经营汇总纳税企业“财政集中分配比例”按照各省(自治区、直辖市和计划单列市)确定的财政集中分配比例填报。

第 19 行“总机构具有主体生产经营职能的部门分摊所得税额(15×全部分支机构分摊比例__％×总机构具有主体生产经营职能部门分摊比例__％)”：根据相关行次计算结果填报，第 19 行＝第 15 行×全部分支机构分摊比例×总机构具有主体生产经营职能部门分摊比例。其中：跨省(自治区、直辖市和计划单列市)经营的汇总纳税企业“全部分支机构分摊比例”填报 50％，同一省(自治区、直辖市、计划单列市)内跨地区经营汇总纳税企业“分支机构分摊比例”按照各省(自治区、直辖市和计划单列市)确定的分支机构分摊比例填报；“总机构具有主体生产经营部门分摊比例”按照设立的具有主体生产经营职能的部门在参与税款分摊的全部分支机构中的分摊比例填报。

第 20 行“分支机构本期分摊比例”：跨地区经营汇总纳税企业分支机构填报其总机构出具的本期《企业所得税汇总纳税分支机构所得税分配表》“分配比例”列次中列示的本分支机构的分配比例。

第 21 行“分支机构本期分摊应补(退)所得税额”：跨地区经营汇总纳税企业分支机构填报其总机构出具的本期《企业所得税汇总纳税分支机构所得税分配表》“分配所得税额”列次中列示的本分支机构应分摊的所得税额。

(2) 企业所得税月(季)度预缴纳税申报表(B类)如表5-2所示。

表5-2 企业所得税月(季)度预缴纳税申报表(B类)

税款所属期间：年 月 日至 年 月 日

纳税人识别号(统一社会信用代码)：□□□□□□□□□□□□□□□□□□□□□□

纳税人名称： 金额单位：人民币元(列至角分)

<table>
<tr><td colspan="2">核定征收方式</td><td colspan="4">□ 核定应税所得率(能核算收入总额的) □ 核定应税所得率(能核算成本费用总额的)
□ 核定应纳所得税额</td></tr>
<tr><td>行次</td><td colspan="4">项　目</td><td>本年累计金额</td></tr>
<tr><td>1</td><td colspan="4">收入总额</td><td></td></tr>
<tr><td>2</td><td colspan="4">减：不征税收入</td><td></td></tr>
<tr><td>3</td><td colspan="4">减：免税收入(4+5+8+9)</td><td></td></tr>
<tr><td>4</td><td colspan="4">国债利息收入免征企业所得税</td><td></td></tr>
<tr><td>5</td><td colspan="4">符合条件的居民企业之间的股息、红利等权益性投资收益免征企业所得税</td><td></td></tr>
<tr><td>6</td><td colspan="4">其中：通过沪港通投资且连续持有H股满12个月取得的股息红利所得免征企业所得税</td><td></td></tr>
<tr><td>7</td><td colspan="4">通过深港通投资且连续持有H股满12个月取得的股息红利所得免征企业所得税</td><td></td></tr>
<tr><td>8</td><td colspan="4">投资者从证券投资基金分配中取得的收入免征企业所得税</td><td></td></tr>
<tr><td>9</td><td colspan="4">取得的地方政府债券利息收入免征企业所得税</td><td></td></tr>
<tr><td>10</td><td colspan="4">应税收入额(1−2−3)\成本费用总额</td><td></td></tr>
<tr><td>11</td><td colspan="4">税务机关核定的应税所得率(%)</td><td></td></tr>
<tr><td>12</td><td colspan="4">应纳税所得额(第10×11行)\[第10行÷(1−第11行)×第11行]</td><td></td></tr>
<tr><td>13</td><td colspan="4">税率(25%)</td><td></td></tr>
<tr><td>14</td><td colspan="4">应纳所得税额(12×13)</td><td></td></tr>
<tr><td>15</td><td colspan="4">减：符合条件的小型微利企业减免企业所得税</td><td></td></tr>
<tr><td>16</td><td colspan="4">减：实际已缴纳所得税额</td><td></td></tr>
<tr><td>17</td><td colspan="4">本期应补(退)所得税额(14−15−16)\税务机关核定本期应纳所得税额</td><td></td></tr>
<tr><td colspan="2">月(季)度申报填报</td><td>小型微利企业</td><td>□是 □否</td><td>期末从业人数</td><td></td></tr>
<tr><td colspan="2" rowspan="2">年度申报填报</td><td>所属行业明细代码</td><td></td><td>国家限制或禁止行业</td><td>□是 □否</td></tr>
<tr><td>从业人数</td><td></td><td>资产总额(万元)</td><td></td></tr>
<tr><td colspan="6">谨声明：此纳税申报表是根据《中华人民共和国企业所得税法》《中华人民共和国企业所得税法实施条例》以及有关税收政策和国家统一会计制度的规定填报的，是真实的、可靠的、完整的。
法定代表人(签章)：　年　月　日</td></tr>
<tr><td colspan="2">纳税人公章：
会计主管：
填表日期：　年　月　日</td><td colspan="2">代理申报中介机构公章：
经办人：
经办人执业证件号码：
代理申报日期：　年　月　日</td><td colspan="2">主管税务机关受理专用章：
受理人：
受理日期：　年　月　日</td></tr>
</table>

国家税务总局监制

注：

1. 适用范围：本表适用于实行核定征收企业所得税的居民企业纳税人(以下简称"纳税人")在月(季)度预缴纳税申报时填报。此外，实行核定应税所得率方式的纳税人在年度纳税申报时填报本表。

2. 表头项目

(1)税款所属期间

月(季)度预缴纳税申报：正常情况填报税款所属期月(季)度第一日至税款所属期月(季)度最后一日；年度中间开业的纳税人，在首次月(季)度预缴纳税申报时，填报开始经营之日至税款所属月(季)度最后一日，以后月(季)度预缴纳税申报时按照正常情况填报。年度中间发生终止经营活动的纳税人，在终止经营活动当期纳税申报时，填报税款所属期月(季)度第一日至终止经营活动之日，以后月(季)度预缴纳税申报表不再填报。

年度纳税申报：正常情况填报税款所属年度1月1日至12月31日；年度中间开业的纳税人，在首次年度纳税申报时，填报开始经营之日至当年12月31日，以后年度纳税申报时按照正常情况填报；年度中间终止经营活动的纳税人，在终止经营活动年度纳税申报时，填报当年1月1日至终止经营活动之日；年度中间开业且当年度中间终止经营活动的纳税人，填报开始经营之日至终止经营活动之日。

(2)纳税人识别号(统一社会信用代码)：填报税务机关核发的纳税人识别号或有关部门核发的统一社会信用代码。

(3)纳税人名称：填报营业执照、税务登记证等证件载明的纳税人名称。

3. 有关项目填报说明

(1)核定征收方式：纳税人根据申报税款所属期税务机关核定的征收方式选择填报。

(2)行次说明：核定征收方式选择“核定应税所得率(能核算收入总额的)”的纳税人填报第1行至第17行，核定征收方式选择“核定应税所得率(能核算成本费用总额的)”的纳税人填报第10行至第17行，核定征收方式选择“核定应纳所得税额”的纳税人填报第17行。

第1行“收入总额”：填报纳税人各项收入的本年累计金额。第2行“不征税收入”：填报纳税人已经计入本表“收入总额”行次但属于税收规定的不征税收入的本年累计金额。

第3行“免税收入”：填报属于税收规定的免税收入优惠的本年累计金额。根据相关行次计算结果填报。本行＝第4＋5＋8＋9行。

第4行“国债利息收入免征企业所得税”：填报纳税人根据《国家税务总局关于企业国债投资业务企业所得税处理问题的公告》(国家税务总局公告2011年第36号)等相关税收政策规定的，持有国务院财政部门发行的国债取得的利息收入。本行填报金额为本年累计金额。

第5行“符合条件的居民企业之间的股息、红利等权益性投资收益免征企业所得税”：填报本期发生的符合条件的居民企业之间的股息、红利等权益性投资收益情况，不包括连续持有居民企业公开发行并上市流通的股票不足12个月取得的投资收益。本行填报金额为本年累计金额。本行包括内地居民企业通过沪港通投资且连续持有H股满12个月取得的股息红利所得、内地居民企业通过深港通投资且连续持有H股满12个月取得的股息红利所得的情况。

第6行“通过沪港通投资且连续持有H股满12个月取得的股息红利所得免征企业所得税”：填报根据《财政部 国家税务总局 证监会关于沪港股票市场交易互联互通机制试点有关税收政策的通知》(财税〔2014〕81号)等相关税收政策规定的，内地居民企业连续持有H股满12个月取得的股息红利所得。本行填报金额为本年累计金额。

第7行“通过深港通投资且连续持有H股满12个月取得的股息红利所得免征企业所得税”：填报根据《财政部 国家税务总局 证监会关于深港股票市场交易互联互通机制试点有关税收政策的通知》(财税〔2016〕127号)等相关税收政策规定的，内地居民企业连续持有H股满12个月取得的股息红利所得。本行填报金额为本年累计金额。

第8行“投资者从证券投资基金分配中取得的收入免征企业所得税”：填报纳税人根据《财政部 国家税务总局关于企业所得税若干优惠政策的通知》(财税〔2008〕1号)第二条第(二)项等相关税收政策规定的，投资者从证券投资基金分配中取得的收入。本行填报金额为本年累计金额。

第9行“取得的地方政府债券利息收入免征企业所得税”：填报纳税人根据《财政部 国家税务总局关于地方政府债券利息所得免征所得税问题的通知》(财税〔2011〕76号)、《财政部 国家税务总局关于地方政府债券利息免征所得税问题的通知》(财税〔2013〕5号)等相关税收政策规定的，取得的2009年、2010年和2011年发行的地方政府债券利息所得，2012年及以后年度发行的地方政府债券利息收入。本行填报金额为本年累计金额。

第10行“应税收入额　成本费用总额”：核定征收方式选择“核定应税所得率(能核算收入总额的)”的纳税人，本行＝第1－2－3行。核定征收方式选择“核定应税所得率(能核算成本费用总额的)”的纳税人，本行填报纳税人各项成本费用的本年累计金额。

第11行“税务机关核定的应税所得率(%)”：填报税务机关核定的应税所得率。

第12行“应纳税所得额”：根据相关行次计算结果填报。核定征收方式选择“核定应税所得率(能核算收入总额的)”的纳税人，本行＝第10×11行。核定征收方式选择“核定应税所得率(能核算成本费用总额的)”的纳税人，本行＝第10行÷(1－第11行)×第11行。

第13行“税率”：填报25%。

第14行“应纳所得税额”：根据相关行次计算填报。本行＝第12×13行。

第15行“符合条件的小型微利企业减免企业所得税”：填报纳税人根据相关税收政策规定的，从事国家非限制和禁止行业的企业，并符合应纳税所得额、从业人数、资产总额条件的，其所得减按50%计入应纳税所得额，按20%的税率缴纳企业所得税。本行填报本表第12行×15%的金额。

第16行“实际已缴纳所得税额”：填报纳税人按照税收规定已在此前月(季)度预缴企业所得税的本年累计金额。

第17行“本期应补(退)所得税额　税务机关核定本期应纳所得税额”：核定征收方式选择“核定应税所得率(能核算

收入总额的)”“核定应税所得率(能核算成本费用总额的)”的纳税人,根据相关行次计算结果填报,本行=第 14－15－16 行。月(季)度预缴纳税申报时,当第 14－15－16 行<0,本行填 0。核定征收方式选择“核定应纳所得税额”的纳税人,本行填报税务机关核定的本期应纳所得税额(如果纳税人符合小型微利企业条件,本行填报的金额应为税务机关按照程序调减定额后的本期应纳所得税额)。

(四) 企业所得税年度申报表主表及填制说明

企业所得税年度纳税申报表(A 类)如表 5-3 所示。需要说明的是,此表的填列较为复杂,学生只需大体了解该表的整体框架即可,故填表说明和表中所提及的附表不作过多介绍。

表 5-3　企业所得税年度纳税申报表(A 类)

行次	类别	项　目	金　额
1	利润总额计算	一、营业收入(填写 A101010\101020\103000)	
2		减:营业成本(填写 A102010\102020\103000)	
3		税金及附加	
4		销售费用(填写 A104000)	
5		管理费用(填写 A104000)	
6		财务费用(填写 A104000)	
7		资产减值损失	
8		加:公允价值变动收益	
9		投资收益	
10		二、营业利润(1－2－3－4－5－6－7＋8＋9)	
11		加:营业外收入(填写 A101010\101020\103000)	
12		减:营业外支出(填写 A102010\102020\103000)	
13		三、利润总额(10＋11－12)	
14	应纳税所得额计算	减:境外所得(填写 A108010)	
15		加:纳税调整增加额(填写 A105000)	
16		减:纳税调整减少额(填写 A105000)	
17		减:免税、减计收入及加计扣除(填写 A107010)	
18		加:境外应税所得抵减境内亏损(填写 A108000)	
19		四、纳税调整后所得(13－14＋15－16－17＋18)	
20		减:所得减免(填写 A107020)	
21		减:抵扣应纳税所得额(填写 A107030)	
22		减:弥补以前年度亏损(填写 A106000)	
23		五、应纳税所得额(19－20－21－22)	

续表

行次	类别	项目	金额
24	应纳税额计算	税率(25%)	
25		六、应纳所得税额(23×24)	
26		减:减免所得税额(填写 A107040)	
27		减:抵免所得税额(填写 A107050)	
28		七、应纳税额(25－26－27)	
29		加:境外所得应纳所得税额(填写 A108000)	
30		减:境外所得抵免所得税额(填写 A108000)	
31		八、实际应纳所得税额(28＋29－30)	
32		减:本年累计实际已预缴的所得税额	
33		九、本年应补(退)所得税额(31－32)	
34		其中:总机构分摊本年应补(退)所得税额(填写 A109000)	
35		财政集中分配本年应补(退)所得税额(填写 A109000)	
36		总机构主体生产经营部门分摊本年应补(退)所得税额(填写 A109000)	
37	附列资料	以前年度多缴的所得税额在本年抵减额	
38		以前年度应缴未缴在本年入库所得税额	

模块四 企业所得税涉税业务的账务处理

一、企业所得税的账户设置

根据新《企业会计准则第 18 号——所得税》的规定,企业对所得税进行会计处理时,应设置“应交税费——应交所得税”、“所得税费用”、“递延所得税负债”、“递延所得税资产”账户。其中,“应交税费——应交所得税”账户核算企业应交未交所得税,公式为:应交所得税＝应纳税所得额×所得税率。

“所得税费用”账户核算企业计入当期损益的所得税费用,公式为:本期所得税费用＝应交所得税＋(递延所得税资产年初余额－递延所得税资产年末余额)＋(递延所得税负债年末余额－递延所得税负债年初余额)。

“递延所得税负债”账户核算企业递延所得税负债的发生及转回,贷方登记“递延所得税负债”增加额,借方登记“递延所得税负债”减少额。“递延所得税负债”贷方余额为负债,表示将来应交所得税金额。公式为:递延所得税负债期末余额＝应纳税暂时性差异期末余额×所得税税率;本期所得税负债发生额＝递延所得税负债期末余额－递延所得税负债期初余额。

“递延所得税资产”账户核算企业递延所得税资产的发生及转回,借方登记“递延所得税资产”增加额，贷方登记“递延所得税资产”减少额。“递延所得税资产”借方余额为资产，表示将来少交的所得税金额。公式为：递延所得税＝当期递延所得税负债的增加额＋当期递延所得税资产的减少额－当期递延所得税负债的减少额－当期递延所得税资产的增加额。

二、企业所得税的账务处理

企业所得税的会计处理方法有应付税款法和纳税影响会计法，而纳税影响会计法又有递延法和债务法之分。债务法又有损益表债务法和资产负债表债务法之分。我国企业所得税会计处理统一采用资产负债表债务法。资产负债表债务法是从资产负债表出发，通过比较资产负债表上按照企业会计准则确定的资产和负债的账面价值与按照税法确定的计税基础之间的差异，来确定所得税费用。

【例 5-4】 乙公司在 20×0 年亏损 500 万元，预计 20×1 年至 20×5 年间每年应税收益为 100 万元，企业适用的所得税税率为 25%，假设无其他暂时性差异。作出相应的会计处理。

解 20×0 年，企业亏损 500 万元，预计未来 5 年中有 500 万元应税收益可用来弥补亏损，不用交纳所得税，则 20×0 年应当确认的递延所得税资产为：500×25%＝125(万元)

(1) 20×0 年应当确认的账务处理如下：

借：递延所得税资产	1 250 000	
贷：所得税费用		1 250 000

(2) 20×1 年至 20×3 年每年的应税收益为 100 万元，可用来弥补 20×0 年的亏损，每年可转回递延所得税资产为 100×25%＝25(万元)，每年的账务处理如下：

借：所得税费用	250 000	
贷：递延所得税资产		250 000

(3) 若 20×4 年、20×5 年的应税收益增加为 110 万元，则 20×4 年可弥补亏损 110 万元，可转回递延所得税资产为 110×25%＝27.5(万元)。即：

借：所得税费用	275 000	
贷：递延所得税资产		275 000

(4) 20×5 年应税收益 110 万元，除了用于弥补 20×0 年亏损 90 万元，转回递延所得税资产为 90×25%＝22.5(万元)，剩余的 20 万元应交纳企业所得税 20×25%＝5(万元)。即：

借：所得税费用	275 000	
贷：递延所得税资产		225 000
应交税费——应交所得税		50 000

知识小结

企业所得税是指国家对我国境内的企业和其他取得收入的组织，就其在一定期间的生产经营所得和其他所得而征收的一种税。企业所得税是国家参与企业利润分配、调节企业收益水平、正确处理国家与企业分配关系的一个重要税种。企业所得税会直接影响到企业的税后利润及其分配，因而它直接影响着国家、企业和个人的利益分配关系，影响着经济与社会的稳定和发展。其在增加国家财政收入、实现社会经济宏观调控目标等方面发挥着重要作用。另外企业所得税还具有税基约束力强、将企业划分为居民企业和非居民企业、企业所得税是直接税、实行按年计算和分期预缴的征收办法等特征。

企业所得税是以企业为纳税人,我国企业所得税法采用注册地和实际管理机构所在地的双重标准,按照纳税义务的不同,将纳税人分为居民企业和非居民企业。企业所得税的征税对象从内容上看包括生产经营所得、其他所得和清算所得,从空间范围上看包括来源于中国境内、境外的所得。

企业所得税进行会计处理时,应设置"应交税金——应交所得税"、"所得税费用"账户、"递延所得税负债"、"递延所得税资产"账户。应纳企业所得税的计算公式为:应纳企业所得税税款=应纳税所得额×企业所得税税率-减免税额-抵免税额。

知识巩固

1. 企业所得税的含义和特征分别是什么?

2. 我国企业所得税税率是如何设置和适用的?

3. 企业所得税的收入总额如何确定?

4. 我国企业所得税征收方法及纳税期限是如何规定的?

5. 某公司全年实现销售收入 8 000 万元,销售成本 4 000 万元,销售税金及附加 80 万元,其他业务收入 1 000 万元,其中企业债券利息收入 20 万元,国库券利息收入 40 万元。发生其他费用情况如下:

(1) 支付流转税税金滞纳金 20 万元;

(2) 直接向某革命老区捐赠 50 万元用于帮助老区建设;

(3) 业务招待费 30 万元;

(4) 向有意进行联营的单位赞助 50 万元。请计算该公司 20×5 年度应缴纳的企业所得税税额。

6. 某公司年终汇算清缴企业所得税,在对各项收入予以调整后,得出全年应纳税所得额为 3 000 万元,并按此数额计算缴纳企业所得税 600 万元。但当税务机关核查时,发现该公司已有一笔通过希望工程基金会捐赠的款项 100 万元已在营业外支出中列支未作调整。请计算企业应补缴所得税税额。

7. 某公司某年获得产品销售收入 1 000 万元,其产品销售成本为 230 万元,产品销售税金为 55 万元,发生各种费用 70 万元,其中包括向非金融机构借款利息支出 7 万元,受让专利权的支出 1 万元,为帮助某国有企业发展捐赠 3 万元,业务招待费 2 万元。此外,该企业的营业收入为 20 万元,营业外支出为 15 万元,其中包括非广告性赞助支出 6 万元,交给税务机关的滞纳金 3 万元。请计算该公司应纳企业所得税额。

案例讨论

我国某公司 20×5 年实现税前收入总额 4 000 万元,其中包括产品销售收入 1 800 万元、购买国库券利息收入 200 万元。发生各项成本费用共计 2 000 万元,其中包括合理的工资薪金总额 1 100 万元,职工福利费 400 万元,职工教育经费 200 万元,业务招待费 100 万元,工会经费 90 万元,税收滞纳金 10 万元,提取的各项准备金支出 100 万元。

讨论：

(1) 企业所得税计税依据的确定。

(2) 企业所得税的作用。

实训设计

【实训目标】

(1) 能够准确处理企业所得的涉税处理；

(2) 掌握纳税申报表的填写。

【实训内容与要求】

实训内容：

某企业20×5年全年取得收入总额为5 000万元，其中包括租金收入100万元；销售成本2 000万元，销售费用500万元，管理费用1 000万元；营业外支出中列支170万元，通过当地教育机构向某希望小学捐款40万元，直接向某贫困县捐款100万元，非广告性赞助30万元。

实训要求：

(1) 利用所学知识及网络资源解决实训过程中税收法规方面的问题；

(2) 利用网络资源学习和巩固纳税申报流程；

(3) 利用老师提供的资料尝试企业所得税纳税申报表的填制。

【成果与检验】

实训结束，写出实训总结，主要包括：在实训中，为完成任务做了哪些准备工作；在实训中遇到了哪些新问题及如何解决的；纳税申报中获得的新技能有哪些。

学习情境六
个人所得税纳税实务

学习目标

- 了解个人所得税基本知识；
- 掌握个人所得税应纳税额的计算；
- 能办理个人所得税纳税申报；
- 能进行个人所得税涉税业务的财务处理。

个人所得税是对个人劳动所取得的超过一定标准的收益而征收的一种税，目前其已成为我国主要税收之一。随着经济的进一步发展、居民收入的增长、税收管理水平的不断提高，特别是全社会纳税意识的进一步增强，个人所得税的作用将会进一步增强。

模块一 个人所得税基础认知

一、个人所得税的概念

个人所得税是以自然人取得的各类应税所得为征税对象而征收的一种所得税，是政府利用税收对个人收入进行调整的一种手段。个人所得税的征税对象不仅包括个人，还包括具有自然人性质的企业。

作为征税对象的个人所得，有狭义和广义两种。狭义的个人所得仅限于每年经常、反复发生的所得。广义的个人所得是指个人在一定期间内，通过各种来源或方式所获得的一切利益，而不论这种利益是偶然的还是临时的，是货币、有价证券的还是实物的。目前，包括我国在内的世界各国所实行的个人所得税，大多以这种广义解释的个人所得概念为基础。

资料卡

我国个人所得税的历史和渊源

我国个人所得税的起步很晚，较早涉及所得税的法律文件是1909年清政府草拟的《所得税章程》，近代个人所得税的发展基本上陷于停滞。

1950 年，政务院发布了新中国税制建设的纲领性文件《全国税政实施要则》，其中涉及对个人所得征税的主要是薪给报酬所得税和存款利息所得税，但由于种种原因，薪给报酬所得税实际并没有开征，存款利息所得税也于 1959 年取消。

党的十一届三中全会以后，我国税制建设进入了一个新的发展阶段。1980 年 9 月第五届全国人民代表大会第三次会议审议通过了《中华人民共和国个人所得税法》，该税法统一适用于中国公民和在我国取得收入的外籍人员。到 20 世纪 80 年代中期，随着经济体制改革的进一步深入，个体经济得到了迅速发展，与此同时个人收入的差距也在不断扩大。为了更好地调节个体经济的收入水平，保护其合法权益，国务院于 1986 年发布并实施了《中华人民共和国城乡个体工商业户所得税暂行条例》，改变了新中国成立以后一直对个体工商业户的生产经营所得征收工商所得税的做法。为了更好地调节社会成员间的收入水平，1987 年又开征了个人收入调节税。至此，我国个人所得税体系对不同个人、不同收入项目分别征收不同税种的局面基本形成。这些税收法律、法规的施行，对于增加财政收入、缓解社会分配不公的矛盾等发挥了积极的作用。

为了统一、规范和完善对个人所得的课税制度，第八届全国人民代表大会常务委员会在对原三部个人所得课税的法律、法规进行修改、合并的基础上，于 1993 年 10 月 31 日公布了修改后的《中华人民共和国个人所得税法》，自 1994 年 1 月 1 日起施行。该法律规定，所有中国居民和有来源于中国所得的非居民，均应依法缴纳个人所得税；同年，国务院还发布了《中华人民共和国个人所得税法实施条例》。这些法律、法规的出台使我国初步建立起了符合我国国情的个人所得税制度。之后，全国人民代表大会常务委员会还对《中华人民共和国个人所得税法》进行了多次修改。2011 年 6 月 30 日十一届全国人民代表大会常务委员会第二十一次会议通过的关于修改《个人所得税法》的决定，将个人所得税起征点提高到了 3 500 元，并于 2011 年 9 月 1 日起施行。2018 年 8 月 31 日第十三届全国人民代表大会常务委员会第五次会议通过《全国人民代表大会常务委员会关于修改〈中华人民共和国个人所得税法〉的决定》，新的《中华人民共和国个人所得税法》（简称《个人所得税法》）在纳税人义务人标准、增税范围、适用税率、费用扣除标准等方面均有明显的修改，并且新设立了专项附加扣除。

二、个人所得税的特征

个人所得税是对个人的应税所得征收的一个税种，其除了具有所得税的一般特征外，还具有自身的特征。我国现行的个人所得税主要有以下特征。

1. 实行混合征收

世界各国个人所得税的征收大体可分为三种类型：分类征收制、综合征收制和混合征收制。分类征收制，是将个人不同来源、性质的所得项目，分别规定不同的费用减除标准、税率和计税方法分别计算课征；综合征收制，是对个人全年的各项所得加以汇总，就其总额进行统一计算课征；混合征收制，是对个人不同来源、性质的所得进行分类，分别按照不同计税方法计算课征。三种征收模式各有所长，各国根据本国具体情况选择、运用。我国 2018 年 12 月 31 日之前的个人所得税，采用的是分类征收制，将个人取得的应税所得划分为 11 类，分别计算、分别课征。自 2019 年 1 月 1 日起，我国个人所得税采用混合征收制，将个人取得的应税所得划分为 9 类，个人的工资、薪金所得，劳务报酬所得，稿酬所得和特许权使用费所得采用综合征收，除这些之外的其他各项所得采用分类征收。

2. 累进税率与比例税率并用

分类所得税制一般采用比例税率，综合所得税制通常采用累进税率。比例税率计算简便，便于实行源泉扣缴；累进税率可以合理调节收入和分配，体现公平。我国现行个人所得税根据各类个人所得的不同性质和特点，将这两种形式的税率应用于个人所得税制。其中，对综合所得，经营所得，采用累进税率，实行量能负担。对利息、股息、红利所得，财产租赁所得，财产转让所得和偶然所得，采用比例税率，实行等比负担。

3. 费用扣除额较宽

世界各国的个人所得税均有费用扣除的规定，只是扣除的方法及额度存在差异。我国本着费用扣除从宽、从简的原则，采用费用定额扣除、定率扣除和会计核算扣除三种方法。对综合所得，每年减除费用 60 000 元（5 000 元/月）；对财产租赁所得，每次收入不超过 4 000 元的减除 800 元，每次收入 4 000 元以上的减除 20%的费用；对经营所得适用于会计核算扣除。

4. 采取课源制和申报制两种征纳方法

我国个人所得税法规定，对纳税人的应纳税额分别采取由支付单位源泉扣缴和纳税人自行申报两种方法。对凡是可以在应税所得的支付环节扣缴个人所得税的，均由扣缴义务人履行代扣代缴义务。对于没有扣缴义务人的以及个人在两处以上取得工资、薪金所得的，由纳税人自行申报纳税。此外，对其他不便于扣缴税款的，亦规定由纳税人自行申报纳税。

三、个人所得税的作用

1. 增加财政收入

近年来，我国个人所得税收入保持了较快的增长势头，个人所得税收入已成为我国主要税收之一。但目前个人所得税收入在我国税收总额中的比例还比较低，远远达不到发达国家的水平。随着我国经济的不断发展、个人所得税制的日益健全及纳税人纳税意识的不断增强，个人所得税在筹集国家财政收入方面必将发挥更大的作用。

2. 调节贫富差距

改革开放以来，我国个人之间收入差距不断拉大，城乡之间，地区之间，行业之间及社会不同群体、不同职业构成之间收入分配差距越来越悬殊。征收个人所得税，本着公平税负的原则，能够把高收入者的一部分收入转化为国家所有，这在客观上有利于缓和社会分配不公的矛盾。同时，由于个人所得税具有费用扣除额及税率方面的规定，因此对低收入者可保证维持其基本的生活需要，而对高收入者来说也不至于因纳税而损害其生产经营和工作的积极性。

四、个人所得税的纳税人

个人所得税的纳税人的确定一般取决于一国采用的税收管辖原则。税收管辖原则通常分两类，即属人主义原则与属地主义原则。目前，国际上普遍的做法是将这两种征收原则结合起来，对本国公民或居民采用属人主义原则征税，对非本国公民或本国非居民采用属地主义原则征税。我国现行个人所得税纳税人的确定也是按照上述两种原则来确定的，既包括有应税所得的我国居民，也包括从我国境内取得所得的非居民，即我国个人所得税的具体纳税人包括中国公民、个体工商户、个人独资企业、合伙投资者、外籍个人和港澳台同胞等。

个人所得税的纳税人依据住所和居住时间两个标准，区分为居民个人和非居民个人，分别承担不同的纳税义务。

（一）居民个人

在中国境内有住所，或者无住所而一个纳税年度内在中国境内居住累计满183天的个人，为居民个人。居民个人从中国境内和境外取得的所得，依照《个人所得税法》规定缴纳个人所得税。

纳税年度，自公历1月1日起至12月31日止。

（二）非居民个人

在中国境内无住所又不居住，或者无住所而一个纳税年度内在中国境内居住累计不满183天的个人，为非居民个人。非居民个人从中国境内取得的所得，依照《个人所得税法》规定缴纳个人所得税。

五、个人所得税的征税对象

我国个人所得税的征税对象具体征税项目一共设有以下9个。

（一）工资、薪金所得

工资、薪金所得，是指个人因任职或者受雇取得的工资、薪金、奖金、年终加薪、劳动分红、津贴、补贴以及与任职或者受雇有关的其他所得。

不属于工资、薪金性质的补贴、津贴或者不属于纳税人本人工资、薪金所得项目的收入，不予征收个人所得税。这些项目如下。

(1) 独生子女补贴。

(2) 执行公务员工资制度未纳入基本工资总额的补贴、津贴差额和家属成员的副食补贴。

(3) 托儿补助费。

(4) 差旅费津贴、误餐补助。

另外，在工资、薪金所得方面征收个人所得税还有以下特殊规定。

(1) 实行内部退养的个人在办理内部退养手续(以下简称内退手续)后至法定离退休年龄之间从原任职单位取得的工资、薪金，按“工资、薪金所得”计征个人所得税。办理内退手续后从原单位取得的一次性收入应按办理内退手续后至法定离退休年龄之间的所属月份进行平均，并与领取当月的“工资、薪金”所得合并后减除当月费用扣除标准，以余额为基数确定适用税率，再将当月工资、薪金加上取得的一次性收入，减去费用扣除标准，按适用税率计征个人所得税；办理内退手续后至法定离退休年龄之间重新就业取得的工资、薪金所得，应与其从原单位取得的同一月份的工资、薪金所得合并，并依法自行向主管税务机关申报个人所得税。

(2) 退休人员再任职取得的收入，在减除按税法规定的扣除标准后，按"工资、薪金所得"应税项目缴纳个人所得税。

(3) 公司职工取得的用于购买国有股权的劳动分红按"工资、薪金所得"计征个人所得税。

(4) 单车承包或承租方式运营，出租车驾驶员从事客货营运取得的收入按"工资、薪金所得"计征个人所得税。

(5) 企业和单位对营销业绩突出的雇员以培训班、研讨会、工作考察等名义组织旅游活动，通过免收差旅费、旅游费对个人实行的营销业绩奖励(包括实物、有价证券等)，全额并入营销人员当期的工资、薪金，按"工资、薪金所得"计征个人所得税。

(二) 劳务报酬所得

劳务报酬所得，是指个人从事劳务取得的所得，包括从事设计、装潢、安装、制图、化验、测试、医疗、法律、会计、咨询、讲学、翻译、审稿、书画、雕刻、影视、录音、录像、演出、表演、广告、展览、技术服务、介绍服务、经纪服务、代办服务以及其他劳务取得的所得。

在实际操作过程中，还可能出现难以判定一项所得是属于工资、薪金所得，还是属于劳务报酬所得的情况。这两者的区别在于：工资、薪金所得是属于非独立个人劳务活动，即在机关、团体、学校、部队、企业、事业单位及其他组织中任职、受雇而得到的报酬；而劳务报酬所得，则是个人独立从事各种技艺、提供各项劳务取得的报酬。

在劳务报酬所得方面征收个人所得税还有以下特殊规定。

(1) 个人担任董事职务所取得的董事费收入分两种情形：个人担任公司董事、监事，且不在公司任职、受雇的情形，属于劳务报酬性质，按"劳务报酬所得"项目征税；个人在公司(包括关联公司)任职、受雇，同时兼任董事、监事的，应将董事费、监事费与个人工资收入合并，统一按"工资、薪金所得"项目缴纳个人所得税。

(2) 在校学生因勤工俭学活动取得属于应税所得项目的所得，应依法缴纳个人所得税。

(3) 企业和单位对营销业绩突出的非雇员以培训班、研讨会、工作考察等名义组织旅游活动，通过免收差旅费、旅游费对个人实行的营销业绩奖励(包括实物、有价证券等)，应根据所发生费用的全额作为该营销人员当期的劳务收入，按"劳务报酬所得"项目征税。

(三) 稿酬所得

稿酬所得，是指个人因其作品以图书、报刊等形式出版、发表而取得的所得。作品包括文学作品、书画作品、摄影作品以及其他作品。

(1) 任职、受雇于报刊、杂志等单位的记者、编辑等专业人员，因在本单位的报刊、杂志上发表作品取得的所得，属于因任职、受雇而取得的所得，应与其当月工资收入合并，按"工资、薪金所得"项目征收个人所得税。

除上述专业人员以外，其他人员在本单位的报刊、杂志上发表作品取得的所得，应按"稿酬所得"项目征收个人所得税。

(2) 出版社的专业作者撰写、编写或翻译的作品，由本社以图书形式出版而取得的稿费收入，应按“稿酬所得”项目计算缴纳个人所得税。

(3) 作者去世后，财产继承人取得的遗作稿酬，亦应征收个人所得税。将稿酬所得独立划归一个征税项目，而对不以图书、报刊形式出版、发表的翻译、审稿、书画所得归为劳务报酬所得，主要是考虑了出版、发表作品的特殊性。第一，它是一种依靠较高智力创作的精神产品；第二，它具普遍性；第三，它与社会主义精神文明和物质文明密切相关；第四，它的报酬相对偏低。

(四) 特许权使用费所得

特许权使用费所得，是指个人提供专利权、商标权、著作权、非专利技术以及其他特许权的使用权取得的所得；提供著作权的使用权取得的所得，不包括稿酬所得。

根据税法规定，提供著作权的使用权取得的所得，不包括稿酬的所得。对于作者将自己的文字作品手稿原件或复印件公开拍卖(竞价)取得的所得，属于提供著作权的使用所得，故应按“特许权使用费所得”项目征收个人所得税。

专利权是由国家专利主管机关依法授予专利申请人或其权利继承人在一定期间内实施其发明创造的专有权。对于专利权，许多国家只将提供他人使用取得的所得，列入特许权使用费，而将转让专利权所得列为资本利得税的征税对象。我国没有开征资本利得税，故将个人提供和转让专利权取得的所得，都列入“特许权使用费所得”征税。商标权，即商标注册人享有的商标专用权。著作权，即版权，是作者依法对文学作品享有的专有权。个人提供或转让商标权、著作权、专有技术或技术秘密、技术诀窍取得的所得，应当依法缴纳个人所得税。

(五) 经营所得

经营所得，是指：

(1) 个体工商户从事生产、经营活动取得的所得，个人独资企业投资人、合伙企业的个人合伙人来源于境内注册的个人独资企业、合伙企业生产、经营的所得；

(2) 个人依法从事办学、医疗、咨询以及其他有偿服务活动取得的所得；

(3) 个人对企业、事业单位承包经营、承租经营以及转包、转租取得的所得；

(4) 个人从事其他生产、经营活动取得的所得。

(六) 利息、股息、红利所得

利息、股息、红利所得，是指个人拥有债权、股权等而取得的利息、股息、红利所得。有关规定如下。

(1) 个人从银行及其他储蓄机构开设的用于支付电话、水、电、煤气等有关费用，或者用于购买股票等方面的投资、生产经营业务往来结算以及其他用途，取得的利息收入，属于储蓄存款利息所得性质，应依法缴纳个人所得税，税款由结付利息的储蓄机构代扣代缴。

(2) 职工个人取得的量化资产：对职工个人以股份形式取得的仅作为分红依据，不拥有所有权的企业量化资产，不征收个人所得税；对职工个人以股份形式取得的企业量化资产参与企业分配而获得的股息、红利，按“利息、股息、红利所得”项目征收个人所得税。

(3) 除个人独资企业、合伙企业以外的其他企业的个人投资者，以企业资金为本人、家庭成员及其相关人员支付与企业经营无关的消费性支出及购买汽车、住房等财产性支出，视为企业对个人投资者的红利分配，依照“利息、股息、红利所得”项目计征个人所得税。

(4) 纳税年度内个人投资者从其投资企业(个人独资企业、合伙企业除外)借款，在该纳税年度终了后既不归还，又未用于企业生产经营的，其未归还的借款可视为企业对个人投资者的红利分配，依照“利息、股息、红利所得”项目计征个人所得税。

(七) 财产租赁所得

财产租赁所得，是指个人出租不动产、机器设备、车船以及其他财产取得的所得。个人取得的财产转租收入，属于“财产租赁所得”的征税范围，由财产转租人缴纳个人所得税。在确认纳税义务人时，应以产权凭证为依据；对无产权凭证的，由主管税务机关根据实际情况确定。产权所有人死亡，在未办理产权继承手续期间，该财产出租而有租金收入的，以领取租金的个人为纳税义务人。

(八) 财产转让所得

财产转让所得，是指个人转让有价证券、股权、合伙企业中的财产份额、不动产、机器设备、车船以及其他财产取得的所得。有关规定如下。

(1) 对股票转让所得暂不征收个人所得税。

(2) 量化资产股份转让：集体所有制企业在改制为股份合作制企业时，对职工个人以股份形式取得的拥有所有权的企业量化资产，暂缓征收个人所得税；待个人将股份转让时，就其转让收入额，减除个人取得该股份时实际支付的费用支出和合理转让费用后的余额，按“财产转让所得”项目计征个人所得税。

(3) 个人出售自有住房，具体如下。

① 个人出售自有住房取得的收入应按“财产转让所得”项目征收个人所得税。

② 个人出售已购公有住房，其应纳税所得额为个人出售已购公有住房的销售价，减除住房面积标准的经济适用房价款、原支付超过住房面积标准的房价款、向财政或原产权单位缴纳的所得收益以及税法规定的合理费用后的余额。

③ 职工以成本价(或标准价)出资的集资合作建房、安居工程住房、经济适用住房以及拆迁安置住房，比照已购公有住房确定应纳税所得额。

④ 对出售自有住房并在 1 年内重新购房的纳税人不再减免个人所得税。

⑤ 对个人转让自用 5 年以上并且是家庭唯一生活用房取得的所得，继续免征个人所得税。

⑥ 个人现自有住房房产证登记的产权人为 1 人，在出售后 1 年内又以产权人配偶名义或产权人夫妻双方名义按市场价重新购房的，产权人出售住房所得应缴纳的个人所得税，全部或部分免税；以其他人名义按市场价重新购房的，产权人出售住房所得应缴纳的个人所得税，不予免税。

(九) 偶然所得

偶然所得，是指个人得奖、中奖、中彩以及其他偶然性质的所得。其中，得奖是指参加各种有奖竞赛活动，取得名次得到的奖金；中奖、中彩是指参加各种有奖活动，如有奖销售、有奖储蓄或者购买彩票，经过规定程序，抽中、摇中号码而取得的奖金；偶然所得应缴纳的个人所得税税款，一律由发奖单位或机构代扣代缴。

个人取得的所得，难以界定应纳税所得项目的，由国务院税务主管部门确定。

工资、薪金所得，劳务报酬所得，稿酬所得，特许权使用费所得等4项劳动性所得(以下称综合所得)纳入综合征税范围，适用统一的超额累进税率，居民个人按年合并计算个人所得税，非居民个人按月或者按次分项计算个人所得税。经营所得，利息、股息、红利所得，财产租赁所得，财产转让所得，偶然所得及其他所得，仍采用分类征税方式，按照规定分别计算个人所得税。

六、个人所得税税率

(一) 综合所得适用税率

综合所得适用3%～45%的超额累进税率，如表6-1所示。

表6-1 个人所得税税率(一)

(综合所得适用)

级数	全年应纳税所得额	税率(%)	速算扣除数
1	不超过36 000元的	3	0
2	超过36 000元至144 000元的部分	10	2 520
3	超过144 000元至300 000元的部分	20	16 920
4	超过300 000元至420 000元的部分	25	31 920
5	超过420 000元至660 000元的部分	30	52 920
6	超过660 000元至960 000元的部分	35	85 920
7	超过960 000元的部分	45	181 920

注：本表所称全年应纳税所得额是指依照《个人所得税法》第六条的规定，居民个人取得综合所得以每一纳税年度收入额减除费用6万元以及专项扣除、专项附加扣除和依法确定的其他扣除后的余额。非居民个人取得工资、薪金所得，劳务报酬所得，稿酬所得和特许权使用费所得，依照本表按月换算后计算应纳税额。

(二) 经营所得适用税率

经营所得，适用5%～35%的五级超额累进税率，如表6-2所示。

表6-2 个人所得税税率表(二)

(经营所得适用)

级数	全年应纳税所得额	税率(%)	速算扣除数
1	不超过30 000元的	5	0
2	超过30 000元至90 000元的部分	10	1 500
3	超过90 000元至300 000元的部分	20	10 500
4	超过300 000元至500 000元的部分	30	40 500
5	超过500 000元的部分	35	65 500

注：本表所称全年应纳税所得额是指依照《个人所得税法》第六条的规定，以每一纳税年度的收入总额减除成本、费用以及损失后的余额。

（三）利息、股息、红利所得，财产租赁所得，财产转让所得和偶然所得

利息、股息、红利所得，财产租赁所得，财产转让所得和偶然所得适用比例税率，税率为20%。从2007年8月15日起，居民储蓄利息税率调整为5%，自2008年10月9日起暂免征收储蓄存款利息的个人所得税，对个人出租住房取得的所得减按10%的税率征收个人所得税。

七、个人所得税税收优惠

（一）免税项目

下列各项个人所得，免征个人所得税：

（1）省级人民政府、国务院部委和中国人民解放军军以上单位，以及外国组织、国际组织颁发的科学、教育、技术、文化、卫生、体育、环境保护等方面的奖金。

（2）国债和国家发行的金融债券利息。国债利息是指个人持有中华人民共和国财政部发行的债券而取得的利息；国家发行的金融债券利息是指个人持有经国务院批准发行的金融债券而取得的利息。

（3）按照国家统一规定发给的补贴、津贴。按照国家统一规定发给的补贴、津贴是指按照国务院规定发给的政府特殊津贴、院士津贴，以及国务院规定免纳个人所得税的其他补贴、津贴。

（4）福利费、抚恤金、救济金。福利费是指根据国家有关规定，从企业、事业单位、国家机关、社会组织提留的福利费或者工会经费中支付给个人的生活补助费；救济金是指各级人民政府民政部门支付给个人的生活困难补助费。

（5）保险赔款。

（6）军人的转业费、复员费、退役金。

（7）按照国家统一规定发给干部、职工的安家费、退职费、基本养老金或者退休费、离休费、离休生活补助费。

（8）依照有关法律规定应予免税的各国驻华使馆、领事馆的外交代表、领事官员和其他人员的所得。依照有关法律规定应予免税的各国驻华使馆、领事馆的外交代表、领事官员和其他人员的所得是指依照《中华人民共和国外交特权与豁免条例》和《中华人民共和国领事特权与豁免条例》规定免税的所得。

（9）中国政府参加的国际公约、签订的协议中规定免税的所得。

（10）国务院规定的其他免税所得。国务院规定的其他免税所得由国务院报全国人民代表大会常务委员会备案。

（二）减税项目

有下列情形之一的，可以减征个人所得税，具体幅度和期限，由省、自治区、直辖市人民政府规定，并报同级人民代表大会常务委员会备案：

（1）残疾、孤老人员和烈属的所得。

（2）因自然灾害遭受重大损失的。

国务院可以规定其他减税情形，报全国人民代表大会常务委员会备案。

(三) 暂免征税项目(包括但不限于)

(1) 个人举报、协查各种违法、犯罪行为而获得的奖金。

(2) 对上市公司股票转让所得暂不征收个人所得税。

(3) 个人转让自用达5年以上,并且是唯一的家庭生活用房取得的所得。

(4) 对个人购买福利彩票、赈灾彩票、体育彩票,一次中奖收入在1万元以下的(含1万元),暂免征收个人所得税;超过1万元的,全额征收个人所得税。

(5) 对国有企业职工,因企业被依法宣告破产,从破产企业取得的一次性安置费收入,免予征收个人所得税。

(6) 职工与用人单位解除劳动关系取得的一次性补偿收入(包括用人单位发放的经济补偿金、生活补助费和其他补助费用),在当地上年职工年平均工资3倍数额以内的部分,可免征个人所得税;超过该标准的一次性补偿收入,应按照国家有关规定征收个人所得税。

(7) 储蓄存款利息所得

(8) 自2009年5月25日(含)起,以下情形的房屋产权无偿赠与,对当事双方不征收个人所得税:

① 房屋产权所有人将房屋产权无偿赠与配偶、父母、子女、祖父母、外祖父母、孙子女、外孙子女、兄弟姐妹。

② 房屋产权所有人将房屋产权无偿赠与对其承担直接抚养或者赡养义务的抚养人或者赡养人。

③ 房屋产权所有人死亡,依法取得房屋产权的法定继承人、遗嘱继承人或者受遗赠人。

(四) 科技人员的现金奖励优惠

依法批准设立的非营利性研究开发机构和高等学校根据规定,从职务科技成果转化收入中给予科技人员的现金奖励,可减按50%计入科技人员当月"工资、薪金所得",依法缴纳个人所得税。

模块二 个人所得税的计算

一、综合所得

(一) 应纳税所得额的计算

1. 居民个人应纳税所得额的计算(按年计算)

居民个人的综合所得,以每一纳税年度的收入额减除费用6万元以及专项扣除、专项附加扣除和依法确定的其他扣除后的余额,为应纳税所得额。

劳务报酬所得、稿酬所得、特许权使用费所得以收入减除20%的费用后的余额为收入额。稿酬所得的收入额减按70%计算。

专项扣除，包括居民个人按照国家规定的范围和标准缴纳的基本养老保险、基本医疗保险、失业保险等社会保险费和住房公积金等。

专项附加扣除，包括子女教育、继续教育、大病医疗、住房贷款利息或者住房租金、赡养老人等支出。专项附加扣除的依据是2019年1月1日起实施的《个人所得税专项附加扣除暂行办法》。专项附加扣除的具体规定如下：

(1) 纳税人的子女接受全日制学历教育的相关支出，按照每个子女每月1 000元的标准定额扣除。父母可以选择由其中一方按扣除标准的100%扣除，也可以选择由双方分别按扣除标准的50%扣除，具体扣除方式在一个纳税年度内不能变更。

(2) 纳税人在中国境内接受学历(学位)继续教育的支出，在学历(学位)教育期间按照每月400元定额扣除。同一学历(学位)继续教育的扣除期限不能超过48个月。纳税人接受技能人员职业资格继续教育、专业技术人员职业资格继续教育的支出，在取得相关证书的当年，按照3 600元定额扣除。

(3) 在一个纳税年度内，纳税人发生的与基本医保相关的医药费用支出，扣除医保报销后个人负担(指医保目录范围内的自付部分)累计超过15 000元的部分，由纳税人在办理年度汇算清缴时，在80 000元限额内据实扣除。纳税人发生的医药费用支出可以选择由本人或者其配偶扣除；未成年子女发生的医药费用支出可以选择由其父母一方扣除。

(4) 纳税人本人或者配偶单独或者共同使用商业银行或者住房公积金个人住房贷款为本人或者其配偶购买中国境内住房，发生的首套住房贷款利息支出，在实际发生贷款利息的年度，按照每月1 000元的标准定额扣除，扣除期限最长不超过240个月。纳税人只能享受一次首套住房贷款的利息扣除。

(5) 纳税人在主要工作城市没有自有住房而发生的住房租金支出，可以按照以下标准定额扣除：①直辖市、省会(首府)城市、计划单列市以及国务院确定的其他城市，扣除标准为每月1 500元；②除第一项所列城市以外，市辖区户籍人口超过100万的城市，扣除标准为每月1 100元；市辖区户籍人口不超过100万的城市，扣除标准为每月800元。纳税人的配偶在纳税人的主要工作城市有自有住房的，视同纳税人在主要工作城市有自有住房。

(6) 纳税人赡养一位及以上被赡养人的赡养支出，统一按照以下标准定额扣除：①纳税人为独生子女的，按照每月2 000元的标准定额扣除；②纳税人为非独生子女的，由其与兄弟姐妹分摊每月2 000元的扣除额度，每人分摊的额度不能超过每月1 000元。可以由赡养人均摊或者约定分摊，也可以由被赡养人指定分摊。约定或者指定分摊的须签订书面分摊协议，指定分摊优先于约定分摊。具体分摊方式和额度在一个纳税年度内不能变更。

(7) 关于设立3岁以下婴幼儿照护专项附加扣除的，统一按照以下标准定额扣除：①纳税人照护3岁以下婴幼儿子女的相关支出，按照每个婴幼儿每月1000元的标准定额扣除；②父母可以选择由其中一方按扣除标准的100%扣除，也可以选择由双方分别按扣除标准的50%扣除，具体扣除方式在一个纳税年度内不能变更；③3岁以下婴幼儿照护个人所得税专项附加扣除涉及的保障措施和其他事项，参照《个人所得税专项附加扣除暂行办法》有关规定执行；④3岁以下婴幼儿照护个人所得税专项附加扣除自2022年1月1日起实施。

居民个人应纳税所得额的计算公式为：

应纳税所得额(全年)＝工资、薪金所得＋劳务报酬所得×(1－20%)＋稿酬所得×70%×(1－20%)＋特许权使用费所得×(1－20%)－60 000－专项扣除－专项附加扣除－其他扣除

2. 非居民个人应纳税所得额的计算(按月计算)

非居民个人的工资、薪金所得,以每月收入额减除费用5 000元后的余额为应纳税所得额;劳务报酬所得、稿酬所得、特许权使用费所得,以每次收入额为应纳税所得额,其扣除标准同居民个人。

非居民个人应纳税所得额的计算公式为:

应纳税所得额(每月)＝工资、薪金所得＋劳务报酬所得×(1－20%)＋稿酬所得×70%×(1－20%)＋特许权使用费所得×(1－20%)－5 000

(二) 应纳税额的计算

1. 居民个人应纳税额的计算(按年计算)

居民个人应纳税额的计算公式为:

应纳税额＝应纳税所得额×适用税率－速算扣除数

适用税率和速算扣除数可根据表6-1来划定标准。

自2020年7月1日起,对一个纳税年度内首次取得工资、薪金所得的居民个人,扣缴义务人在预扣预缴个人所得税时,可按照5 000元/月乘以纳税人当年截至本月月份数计算累计减除费用。首次取得工资、薪金所得的居民个人,是指自纳税年度首月起至新入职时,未取得工资、薪金所得或者未按照累计预扣法预扣预缴过连续性劳务报酬所得个人所得税的居民个人。

自2021年1月1日起,对上一完整纳税年度内每月均在同一单位预扣预缴工资、薪金所得个人所得税且全年工资、薪金收入不超过6万元的居民个人,扣缴义务人在预扣预缴本年度工资、薪金所得个人所得税时,累计减除费用自1月份起直接按照全年6万元计算扣除。即,在纳税人累计收入不超过6万元的月份,暂不预扣预缴个人所得税;在其累计收入超过6万元的当月及年内后续月份,再预扣预缴个人所得税。扣缴义务人应当按规定办理全员全额扣缴申报,并在《个人所得税扣缴申报表》相应纳税人的备注栏注明"上年各月均有申报且全年收入不超过6万元"字样。对按照累计预扣法预扣预缴劳务报酬所得个人所得税的居民个人,扣缴义务人比照上述规定执行。

【例6-1】 小张的老家在河北,是独生子,大学毕业后在北京一家软件公司工作,尚未在北京买房,在北五环租了一套两居室的楼房。其父母均已退休多年,与其一同在北京居住,帮助照看上小学的孩子。20×9年,小张每月工资已达到15 000元,每月缴纳基本养老保险费、基本医疗保险费及失业保险费共1 533元,缴纳住房公积金1 800元,支付住房租金4 500元。另外,小张2×19年取得稿费收入5 000元,获得劳务收入20 000元,因腿骨骨折住院花费35 000元,自费部分为18 000元。小张2×19年应纳个人所得税额计算如下:

解 (1) 综合所得的收入额:15 000×12＋5 000×70%×(1－20%)＋20 000×(1－20%)＝198 800元(注意:综合所得的收入额中,稿费的收入额和劳务报酬的收入额是按标准扣除后的余额,而不是实际的所得额)

(2) 专项扣除:1 533×12＋1 800×12＝39 996元

(3) 专项附加扣除:

可扣除的子女教育支出为 1 000×12×50%=6 000 元

可扣除的大病医疗支出为 18 000−15 000=3 000 元

可扣除的住房租金支出为 1 500×12=18 000 元

可扣除的赡养老人支出为 2 000×12=24 000 元

专项附加扣除共计 6 000+3 000+18 000+24 000=51 000 元

(4) 应纳税所得额=198 800−39 996−51 000=107 804 元

(5) 应纳个人所得税额=107 804×10%−2 520=8 260.4 元

居民个人的综合所得是按年计算，按次或者按月预扣预缴。预扣预缴规定如下：

扣缴义务人向居民个人支付工资、薪金所得，劳务报酬所得，稿酬所得，特许权使用费所得时，按以下方法预扣预缴个人所得税，并向主管税务机关报送《个人所得税扣缴申报表》。年度预扣预缴税额与年度应纳税额不一致的，由居民个人于次年 3 月 1 日至 6 月 30 日向主管税务机关办理综合所得年度汇算清缴，税款多退少补。

(1) 扣缴义务人向居民个人支付工资、薪金所得时，应当按照累计预扣法计算预扣税款，并按月办理全员全额扣缴申报。具体计算公式如下：

本期应预扣预缴税额=(累计预扣预缴应纳税所得额×预扣率−速算扣除数)−累计减免税额−累计已预扣预缴税额

累计预扣预缴应纳税所得额=累计收入−累计免税收入−累计减除费用−累计专项扣除−累计专项附加扣除−累计依法确定的其他扣除

其中：累计减除费用，按照 5 000 元/月乘以纳税人当年截至本月在本单位的任职受雇月份数计算。

上述公式中，计算居民个人工资、薪金所得预扣预缴税额的预扣率、速算扣除数，按表 6-1 执行。

(2) 扣缴义务人向居民个人支付劳务报酬所得、稿酬所得、特许权使用费所得，按次或者按月预扣预缴个人所得税。具体预扣预缴方法如下：

劳务报酬所得、稿酬所得、特许权使用费所得以收入减除费用后的余额为收入额。其中，稿酬所得的收入额减按 70%计算。

减除费用：劳务报酬所得、稿酬所得、特许权使用费所得每次收入不超过 4 000 元的，减除费用按 800 元计算；每次收入 4 000 元以上的，减除费用按 20%计算。

应纳税所得额：劳务报酬所得、稿酬所得、特许权使用费所得，以每次收入额为预扣预缴应纳税所得额。劳务报酬所得适用 20%～40%的超额累进预扣率(见表 6-3)，稿酬所得、特许权使用费所得适用 20%的比例预扣率。

劳务报酬所得应预扣预缴税额=预扣预缴应纳税所得额×预扣率−速算扣除数

稿酬所得、特许权使用费所得应预扣预缴税额=预扣预缴应纳税所得额×20%

表 6-3　居民个人劳务报酬所得预扣预缴适用税率表

级数	预扣预缴应纳税所得额	预扣率(%)	速算扣除数
1	不超过 20 000 元的	20	0
2	超过 20 000 元至 50 000 元的部分	30	2 000
3	超过 50 000 元的部分	40	7 000

2. 非居民个人应纳税所得额的计算(按月计算)

非居民个人应纳税额的计算公式为:

应纳税额=应纳税所得额×适用税率－速算扣除数

适用税率和速算扣除数需要根据表6-1的标准按月换算,如表6-4所示。

表6-4 个人所得税税率表(三)

(非居民个人工资、薪金所得,劳务报酬所得,稿酬所得,特许权使用费所得适用)

级数	全月应纳税所得额	税率(%)	速算扣除数
1	不超过3 000元的	3	0
2	超过3 000元至12 000元的部分	10	210
3	超过12 000元至25 000元的部分	20	1 410
4	超过25 000元至35 000元的部分	25	2 660
5	超过35 000元至55 000元的部分	30	4 410
6	超过55 000元至80 000元的部分	35	7 160
7	超过80 000元的部分	45	15 160

【例6-2】 Sam是就职于一家外商投资企业的外籍专家,2019年1月在中国境内取得工资收入10 000元。试计算Sam 2019年1月应缴纳的工薪个人所得税。

解 应纳税所得额=10 000－5 000=5 000(元)

应纳税额=5 000×10%－210=290(元)

二、经营所得

(一)应纳税所得额的计算

经营所得,以每一纳税年度的收入总额,减除成本、费用及损失后的余额,为应纳税所得额。成本、费用是指纳税人从事生产、经营所发生的各项直接支出和分配计入成本的间接费用以及销售费用、管理费用和财务费用;损失是指纳税人在生产、经营过程中发生的各项营业外支出。个体工商户在生产、经营期间借款的利息支出,凡有合法证明的,不高于按金融机构同类、同期贷款利率计算的数额的部分,准予扣除。

从事生产、经营的纳税人未提供完整、准确的纳税资料,不能正确计算应纳税所得额的,由税务机关核定其应纳税所得额。

(二)应纳税额的计算

经营所得应纳税额的计算公式为:

应纳税额=应纳税所得额×适用税率－速算扣除数

=(全年收入总额－成本、费用及损失)×适用税率－速算扣除数

经营所得适用税率和速算扣除数可如表5-2所示。

【例6-3】 某个体工商户20×8年10月的生产经营情况如下:实现产品销售收入220 000元,发生成本、费用及损失共计120 000元。计算该个体工商户应纳个人所得税税额。

解 应纳税所得额=220 000－120 000=100 000(元)

应纳税额＝100 000×20％－10 500＝9 500(元)

三、财产租赁所得应纳税额的计算

(一) 财产租赁所得应纳税所得额的计算公式

财产租赁所得一般以个人每次取得的收入，定额或定率减除规定费用后的余额为应纳税所得额。其计算公式如下。

(1) 每次(月)收入不超过 4 000 元的：应纳税所得额＝每次(月)收入额－准予扣除项目－修缮费用(800 元为限)－800 元。

(2) 每次(月)收入超过 4 000 元的：应纳税所得额＝[每次(月)收入额－准予扣除项目－修缮费用(800 元为限)＝×(1－20％)。

(二) 财产租赁所得应纳税额的计算公式

财产租赁所得以一个月内取得的收入为一次。其计算公式为：

应纳税额＝应纳税所得额×20％。

【例 6-4】 某公民出租一套居住用房，20×0 年 6 月取得 8 000 元租金，当月发生修缮费用 600 元。请计算该公民应纳的个人所得税额。

解 应纳税额＝(8 000－600)×(1－20％)×20％＝1 184(元)

四、财产转让所得应纳税额的计算

(一) 财产转让所得应纳税所得额的计算公式

财产转让所得，以转让财产的收入额减除财产原值和合理费用后的余额，为应纳税所得额。其计算公式为：

应纳税所得额＝收入总额－财产原值－合理费用

(二) 财产转让所得应纳税额的计算公式

应纳税额＝应纳税所得额×20％

【例 6-5】 甲于 20×9 年 10 月出售自有单元房一套，售价 600 000 元，在卖房过程中按规定支付的有关费用为 30 000 元。该房是甲在 20×4 年花了 450 000 元购买的。请计算甲应纳的个人所得税额。

解 应纳税额＝(600 000－450 000－30 000)×20％＝24 000(元)

五、利息、股息、红利所得、偶然所得和其他所得应纳税额的计算

(一) 利息、股息、红利所得、偶然所得和其他所得应纳税所得额的计算公式

利息、股息、红利所得、偶然所得和其他所得，以每次收入额为应纳税所得额。利息、股息、红利所得，以支付利息、股息红利时取得的收入为一次。偶然所得和其他所得，以每次取得该项收入为一次。

(二) 利息、股息、红利所得、偶然所得和其他所得应纳税额的计算公式

利息、股息、红利所得、偶然所得和其他所得以个人每次取得的收入额为应纳税所得额，

不得从中扣除任何费用。对于股份制企业在分配股息、红利时，以股票形式向股东个人支付应得的股息、红利（即派发红股），应以派发红股的股票票面金额为收入额，计算征收个人所得税。其计算公式为：应纳税额＝应纳税所得额×20％。

【例 6-6】 某人在参加超市的有奖销售过程中，中奖所得共计 18 000 元。当该人领奖时，超市按税法规定履行了代扣代缴个人所得税义务。请计算在超市代扣税款后此人实际可得金额。

解 应纳税额＝应纳税所得额×适用税率＝18 000×20％＝3 600（元）

实际可得金额＝18 000－3 600＝14 400（元）

六、几种特殊情况应纳税额的计算

（一）个人捐赠款项应纳税额

个人将其所得对教育、扶贫、济困等公益慈善事业进行捐赠，捐赠额未超过纳税人申报的应纳税所得额 30％的部分，可以从其应纳税所得额中扣除；国务院规定对公益慈善事业捐赠实行全额税前扣除的，从其规定。

【例 6-7】 李某 2019 年 1 月获得财产租赁收入 15 000 元，李某通过国家机关捐赠 6 000 元给灾区。

通过国家机关捐赠 6 000 元给灾区。该方案下，捐赠额未超过纳税人申报的应纳税所得额 30％的部分，可以从其应纳税所得额中扣除，纳税情况计算如下：

允许在个人所得税税前扣除的捐赠限额＝15 000×（1－20％）×30％＝3 600（元）

应纳个人所得税＝（15 000－3 000－3 600）×20％＝1 680（元）

（二）个人取得全年一次性奖金应纳税额的计算

居民个人取得全年一次性奖金，符合《国家税务总局关于调整个人取得全年一次性奖金等计算征收个人所得税方法问题的通知》（国税发〔2005〕9 号）规定的，在 2021 年 12 月 31 日前，可以不并入当年综合所得，单独计算纳税，也可以选择并入当年综合所得计算纳税。

自 2022 年 1 月 1 日起，居民个人取得全年一次性奖金，应并入当年综合所得计算缴纳个人所得税。

2021 年 12 月 31 日前取得全年一次性奖金不并入综合所得的计算方式如下：

以全年一次性奖金收入除以 12 个月得到的数额，按照按月换算后的综合所得税率表确定适用税率和速算扣除数。计算公式为：

应纳税额＝全年一次性奖金收入×适用税率－速算扣除数

【例 6-8】 假定中国公民王某 2018 年 12 月 31 日一次性领取年终奖金（兑现的绩效工资）36 600 元。请计算王某取得该笔奖金应缴纳的个人所得税。

解 应纳税额＝全年一次性奖金收入×适用税率－速算扣除数

＝36 600×10％－210

＝36 600×10％－210

＝3 450（元）

（三）两人以上共同取得同一项目收入的应纳税额的计算

两个或两个以上的个人共同取得同一项目收入的，如编著一本书、参加同一场演出、共同发明一项专利等，应当对每个人取得的收入分别按照税法规定减除费用后计算纳税，即实行“先分、后扣、再税”的办法。

【例 6-9】 有五位演员共同出演了一部话剧，共取得演出收入 42 000 元。其中主演一人先得主演费 2 000 元，剩余演出收入再五人平分。请计算各演员取得收入时应预缴的个人所得税额。

解 （1）扣除主演费后所得＝42 000－2 000＝40 000（元）

（2）平均每人所得＝40 000÷5＝8 000（元）

（3）主演应预缴税额＝[（2 000＋8 000）×（1－20％）＝×20％＝1 600（元）

（4）其余 4 人每人应预缴税额＝8 000×（1－20％）×20％＝1 280（元）

模块三　个人所得税的纳税申报

一、自行纳税申报

自行申报纳税是由纳税人自行在税法规定的纳税期限内，向税务机关申报取得的应税所得项目和数额，如实填写“个人所得税自行纳税申报表”，并按照税法规定计算应纳税额，据此缴纳个人所得税的一种方法。

有下列情形之一的，纳税人应当依法办理纳税申报：

（1）取得综合所得需要办理汇算清缴。包括下列情形：

① 在两处或者两处以上取得综合所得，且综合所得年收入额减除专项扣除的余额超过 6 万元。

② 取得劳务报酬所得、稿酬所得、特许权使用费所得中一项或者多项所得，且综合所得年收入额减除专项扣除的余额超过 6 万元。

③ 纳税年度内预缴税额低于应纳税额。

④ 纳税人申报退税。

纳税人申请退税，应当提供其在中国境内开设的银行账户，并在汇算清缴地就地办理税款退库。

（2）取得应税所得没有扣缴义务人。

（3）取得应税所得，扣缴义务人未扣缴税款。

（4）取得境外所得。

（5）因移居境外注销中国户籍。

（6）非居民个人在中国境内从两处以上取得工资、薪金所得。

(7) 国务院规定的其他情形。

(一) 取得综合所得需要办理汇算清缴的纳税申报

居民个人取得综合所得，按年计算个人所得税；有扣缴义务人的，由扣缴义务人按月或者按次预扣预缴税款；需要办理汇算清缴的纳税人，应当在取得所得的次年3月1日至6月30日内，向任职、受雇单位所在地主管税务机关办理纳税申报，并报送《个人所得税年度自行纳税申报表》。纳税人有两处以上任职、受雇单位的，选择向其中一处任职、受雇单位所在地主管税务机关办理纳税申报；纳税人没有任职、受雇单位的，向户籍所在地或经常居住地主管税务机关办理纳税申报。

纳税人办理综合所得汇算清缴，应当准备与收入、专项扣除、专项附加扣除、依法确定的其他扣除、捐赠、享受税收优惠等相关的资料，并按规定留存备查或报送。

纳税人取得综合所得办理汇算清缴的具体办法，另行公告。

(二) 取得经营所得的纳税申报

纳税人取得经营所得，按年计算个人所得税，由纳税人在月度或季度终了后15日内，向经营管理所在地主管税务机关办理预缴纳税申报，并报送《个人所得税经营所得纳税申报表(A表)》。在取得所得的次年3月31日前，向经营管理所在地主管税务机关办理汇算清缴，并报送《个人所得税经营所得纳税申报表(B表)》；从两处以上取得经营所得的，选择向其中一处经营管理所在地主管税务机关办理年度汇总申报，并报送《个人所得税经营所得纳税申报表(C表)》。

(三) 取得应税所得，扣缴义务人未扣缴税款的纳税申报

纳税人取得应税所得，扣缴义务人未扣缴税款的，应当区别以下情形办理纳税申报：

(1) 非居民个人取得工资、薪金所得，劳务报酬所得，稿酬所得，特许权使用费所得的，应当在取得所得的次年6月30日前，向扣缴义务人所在地主管税务机关办理纳税申报，并报送《个人所得税自行纳税申报表(A表)》。有两个以上扣缴义务人均未扣缴税款的，选择向其中一处扣缴义务人所在地主管税务机关办理纳税申报。

非居民个人在次年6月30日前离境(临时离境除外)的，应当在离境前办理纳税申报。

(2) 纳税人取得利息、股息、红利所得，财产租赁所得，财产转让所得和偶然所得的，应当在取得所得的次年6月30日前，按相关规定向主管税务机关办理纳税申报，并报送《个人所得税自行纳税申报表(A表)》。

税务机关通知限期缴纳的，纳税人应当按照期限缴纳税款。

(四) 取得境外所得的纳税申报

居民个人从中国境外取得所得的，应当在取得所得的次年3月1日至6月30日内，向中国境内任职、受雇单位所在地主管税务机关办理纳税申报；在中国境内没有任职、受雇单位的，向户籍所在地或中国境内经常居住地主管税务机关办理纳税申报；户籍所在地与中国境内经常居住地不一致的，选择其中一地主管税务机关办理纳税申报；在中国境内没有户籍的，向中国境内经常居住地主管税务机关办理纳税申报。

纳税人取得境外所得办理纳税申报的具体规定，另行公告。

（五）因移居境外注销中国户籍的纳税申报

纳税人因移居境外注销中国户籍的，应当在申请注销中国户籍前，向户籍所在地主管税务机关办理纳税申报，进行税款清算。

（1）纳税人在注销户籍年度取得综合所得的，应当在注销户籍前，办理当年综合所得的汇算清缴，并报送《个人所得税年度自行纳税申报表》。尚未办理上一年度综合所得汇算清缴的，应当在办理注销户籍纳税申报时一并办理。

（2）纳税人在注销户籍年度取得经营所得的，应当在注销户籍前，办理当年经营所得的汇算清缴，并报送《个人所得税经营所得纳税申报表（B 表）》。从两处以上取得经营所得的，还应当一并报送《个人所得税经营所得纳税申报表（C 表）》。尚未办理上一年度经营所得汇算清缴的，应当在办理注销户籍纳税申报时一并办理。

（3）纳税人在注销户籍当年取得利息、股息、红利所得，财产租赁所得，财产转让所得和偶然所得的，应当在注销户籍前，申报当年上述所得的完税情况，并报送《个人所得税自行纳税申报表（A 表）》。

（4）纳税人有未缴或者少缴税款的，应当在注销户籍前，结清欠缴或未缴的税款。纳税人存在分期缴税且未缴纳完毕的，应当在注销户籍前，结清尚未缴纳的税款。

（5）纳税人办理注销户籍纳税申报时，需要办理专项附加扣除、依法确定的其他扣除的，应当向税务机关报送《个人所得税专项附加扣除信息表》《商业健康保险税前扣除情况明细表》《个人税收递延型商业养老保险税前扣除情况明细表》等。

（六）非居民个人在中国境内从两处以上取得工资、薪金所得的纳税申报

非居民个人在中国境内从两处以上取得工资、薪金所得的，应当在取得所得的次月 15 日内，向其中一处任职、受雇单位所在地主管税务机关办理纳税申报，并报送《个人所得税自行纳税申报表（A 表）》。

纳税人可以采用远程办税端、邮寄等方式申报，也可以直接到主管税务机关申报。

二、代扣代缴

代扣代缴是指按照税法规定负有扣缴税款义务的单位或者个人，在向个人支付应纳税所得时，应计算应纳税额，从其所得中扣除并缴入国库，同时向税务机关报送“个人所得税扣缴申报表”。这种方法有利于控制税源，防止漏税和逃税。

（一）扣缴义务人

扣缴义务人，是指向个人支付所得的单位或者个人。扣缴义务人应当依法办理全员全额扣缴申报。全员全额扣缴申报，是指扣缴义务人应当在代扣税款的次月 15 日内，向主管税务机关报送其支付所得的所有个人的有关信息、支付所得数额、扣除事项和数额、扣缴税款的具体数额和总额以及其他相关涉税信息资料。

（二）代扣代缴的范围

实行个人所得税全员全额扣缴申报的应税所得包括：

(1) 工资、薪金所得;

(2) 劳务报酬所得;

(3) 稿酬所得;

(4) 特许权使用费所得;

(5) 利息、股息、红利所得;

(6) 财产租赁所得;

(7) 财产转让所得;

(8) 偶然所得。

(三) 代扣代缴的期限

扣缴义务人每月或者每次预扣、代扣的税款,应当在次月15日内缴入国库,并向税务机关报送《个人所得税扣缴申报表》。

(1) 扣缴义务人向居民个人支付工资、薪金所得时,应当按照累计预扣法计算预扣税款,并按月办理扣缴申报。居民个人向扣缴义务人提供有关信息并依法要求办理专项附加扣除的,扣缴义务人应当按照规定在工资、薪金所得按月预扣预缴税款时予以扣除,不得拒绝。

扣缴义务人向居民个人支付劳务报酬所得、稿酬所得、特许权使用费所得时,应当按次或者按月预扣预缴税款。

居民个人办理年度综合所得汇算清缴时,应当依法计算劳务报酬所得、稿酬所得、特许权使用费所得的收入额,并入年度综合所得计算应纳税款,税款多退少补。

(2) 扣缴义务人向非居民个人支付工资、薪金所得,劳务报酬所得,稿酬所得和特许权使用费所得时,应当按月或者按次代扣代缴税款。

非居民个人在一个纳税年度内税款扣缴方法保持不变,达到居民个人条件时,应当告知扣缴义务人基础信息变化情况,年度终了后按照居民个人有关规定办理汇算清缴。

(3) 扣缴义务人支付利息、股息、红利所得,财产租赁所得,财产转让所得或者偶然所得时,应当依法按次或者按月代扣代缴税款。

(四) 代扣代缴税款的手续费

对扣缴义务人按照规定扣缴的税款,按年付给2%的手续费,但不包括税务机关、司法机关等查补或者责令补扣的税款。

(五) 填写"个人所得税扣缴申报表"

纳税人和扣缴义务人在申报纳税和申报缴纳已扣税款时,应当根据实际情况正确选择应采用的纳税申报表。扣缴义务人扣缴个人所得税时,应填报"个人所得税扣缴申报表"(见表6-5)和"支付个人收入明细表"。

表 6-5　个人所得税扣缴申报表

税款所属期：　　年　月　　日至　　年　　月　　日

扣缴义务人名称：

扣缴义务人纳税人识别号(统一社会信用代码)：□□□□□□□□□□□□□□□□□□　　金额单位：人民币元(列至角分)

							本月(次)情况														累计情况(工资、薪金)											税款计算							
							收入额计算				专项扣除				其他扣除									累计专项附加扣除															
序号	姓名	身份证件类型	身份证件号码	纳税人识别号	是否为非居民个人	所得项目	收入	费用	免税收入	减除费用	基本养老保险费	基本医疗保险费	失业保险费	住房公积金	年金	商业健康保险	税延养老保险	财产原值	允许扣除的税费	其他	累计收入额	累计减除费用	累计专项扣除	子女教育	赡养老人	住房贷款利息	住房租金	继续教育	累计其他扣除	减按计税比例	准予扣除的捐赠额	应纳税所得额	税率/预扣率	速算扣除数	应纳税额	减免税额	已扣缴税额	应补(退)税额	备注

模块四 个人所得税涉税业务的账务处理

一、个人所得税的账户设置

个人所得税以所得人为纳税义务人，以支付所得的企业为扣缴义务人。因而个人所得税的会计处理主要指的是企业代扣代缴职工或其他个人的个人所得税所涉及的会计核算。

企业代扣代缴个人所得税应该在“应交税费”账户下设置“应交个人所得税”明细科目进行会计处理。企业按照规定计提的代扣代缴的应交个人所得税应该记入该账户贷方，企业实际缴纳的个人所得税税额应该记入该账户借方；余额在贷方，表示应交未交的个人所得税税额。

二、个人所得税的账务处理

（一）企业职工自己承担个人所得税款的账务处理

【例 6-13】 某企业职工，月工资收入 6 000 元，按规定，该职工自己承担个人所得税 30 元。根据《企业会计准则》，有关会计分录如下：

计算代扣个人所得税时，

借：应付职工薪酬　　6 000

　贷：库存现金　　5 970

　　　应交税费——应交个人所得税　　30

实际预缴个人所得税时，

借：应交税费——应交个人所得税　　30

　贷：银行存款　　30

（二）企业为职工负担个人所得税款的账务处理

1. 企业为职工全额负担个人所得税款

【例 6-14】 某企业职工，月工资收入 6 000 元，企业为职工全额负担个人所得税款 30 元。

根据《企业会计准则》，有关会计分录如下：

企业发放工资时，

借：应付职工薪酬　　6 030

　贷：库存现金　　6 000

　　　应交税费——应交个人所得税　　30

实际上缴个人所得税时，

借：应交税费——应交个人所得税　　30

　贷：银行存款　　30

2. 企业为职工定额或一定比例负担个人所得税款

【例 6-15】 某企业职工，月工资收入 6 000 元，根据税法规定职工每月负担的个人所得税为30元。但按照企业规定，企业为职工每月负担个人所得税10元。

根据《企业会计准则》，有关会计分录如下：

计算代扣个人所得税时，

借：应付职工薪酬　　6 010

　贷：库存现金　　5 980

　　应交税费——应交个人所得税　　30

实际预缴个人所得税时，

借：应交税费——应交个人所得税　　30

　贷：银行存款　　30

知识小结

个人所得税是以个人（自然人）取得的各项应税所得为征税对象所征收的一种税。个人所得税的纳税人依据住所和居住时间两个标准，区分为居民个人和非居民个人，分别承担不同的纳税义务。在中国境内有住所，或者无住所而一个纳税年度内在中国境内居住累计满183天的个人，为居民个人。居民个人从中国境内和境外取得的所得，依照《个人所得税法》的规定缴纳个人所得税。在中国境内无住所又不居住，或者无住所而一个纳税年度内在中国境内居住累计不满183天的个人，为非居民个人。非居民个人从中国境内取得的所得，依照《个人所得税法》的规定缴纳个人所得税。

个人所得税除了具有所得税的一般特征外，还具有自身的特征。现行的我国个人所得税还具有实行混合征收、累进税率与比例税率并用、费用扣除额较宽、采取课源制和申报制两种征纳方法等特征。

我国个人所得税的具体纳税人包括中国公民、个体工商户、个人独资企业、合伙投资者、外籍个人和港澳台同胞等。

个人所得税以纳税人取得的个人所得为征税对象，涉及工资、薪金所得，劳务报酬所得，稿酬所得，特许权使用费所得，经营所得，利息、股息、红利所得，财产租赁所得，财产转让所得，偶然所得等征税项目。

我国个人所得税税率包括超额累进税率和比例税率两种形式。

我国个人所得税实行代扣代缴和纳税人自行申报纳税两种征税方式。

知识巩固

1. 个人所得税的含义和特征分别是什么？
2. 我国个人所得税的纳税人包括哪些？
3. 我国个人所得税征税对象具体征税项目包括哪些？
4. 我国个人所得税税率是如何设置和适用的？
5. 某高校教师于20×5年12月被某单位聘请讲课，取得讲课费收入5 000元，请计算该教师取得讲课费收入时应预缴的个人所得税。
6. 某公民为中国居民，月工资为5 500元，12月份另有几笔收入：①年终奖13 200元；

②设计费收入 20 000 元；③利息收入 5 000 元，其中储蓄存款利息 2 000 元、单位集资利息 3 000 元；④省政府颁布科技进步奖 20 000 元；⑤在境外出版专著获稿酬 50 000 元，在境外已纳税额 10 000 元；⑥福利奖券中奖 100 000 元，当即拿出 40 000 元，通过教育行政部门捐赠给希望工程。请计算 12 月份该公民应缴纳的个人所得税。

案例讨论

个人所得税的税率和计税依据

张教授是某高校教师，20×9 年取得以下各项收入：

(1) 每月取得工资 3 500 元，6 月份取得上半学期奖金 6 000 元，12 月份取得下半学期奖金 8 000 元，11 月份学校为其家庭财产购买商业保险 4 000 元，其所在学校选择将下半学期奖金按照一次性奖金办法代扣代缴个人所得税，12 月份还取得按照国务院规定发给的资深院士津贴 10 000 元。

(2) 4 月份出版一本专著，取得稿酬 40 000 元，张教授当即拿出 10 000 元通过民政部门捐给灾区。

(3) 5 月份为 B 公司进行营销筹划，取得报酬 35 000 元，该公司决定为黄某负担个人所得税。

讨论：

(1) 个人所得税计税依据的确定。

(2) 个人所得税的税率。

实训设计

【实训目标】

(1) 能够准确处理个人所得的涉税业务；

(2) 掌握个人所得税纳税申报表的填写方法。

【实训内容与要求】

实训内容：

某中国公民分别在中国境内甲、乙两地任职，当月从甲公司取得工资收入 4 000 元，从乙公司取得工资收入 1 500 元，从丙公司一次取得劳务报酬 60 000 元。

实训要求：

(1) 利用所学知识及网络资源解决实训过程中税收法规方面的问题；

(2) 利用网络资源学习和巩固纳税申报流程；

(3) 利用老师提供的资料尝试个人所得税纳税申报表的填制。

【成果与检验】

实训结束，写出实训总结，主要包括：在实训中，为完成任务做了哪些准备工作；在实训中遇到了哪些新问题及如何解决的；纳税申报中获得的新技能有哪些。

学习情境七

其他税的计算、申报与会计核算

学习目标

- 了解城市维护建设税、印花税、城镇土地使用税、房产税、车船税、契税、土地增值税等
- 税种的基本知识；
- 掌握城市维护建设税、印花税、城镇土地使用税、房产税、车船税、契税、土地增值税等
- 税种应纳税额的计算、纳税申报和税款缴纳；
- 能办理城市维护建设税、印花税、城镇土地使用税、房产税、车船税、契税、土地增值税等税种的纳税申报；
- 能进行城市维护建设税、印花税、城镇土地使用税、房产税、车船税、契税、土地增值税等税种的会计核算。

模块一 城市维护建设税纳税实务

一、城市维护建设税基础认知

（一）城市维护建设税的概念

城市维护建设税，是我国为了加强城市的维护建设，扩大和稳定城市维护建设资金的来源，以纳税人实际缴纳的流转税额为计税依据，对有经营收入的单位和个人征收的一种流转税。

（二）城市维护建设税的纳税人

城市维护建设税的纳税人是在征税范围内从事工商经营，缴纳增值税和消费税的单位和个人。任何单位或个人，只要缴纳增值税和消费税中的一种，就必须同时缴纳城市维护建设税。例如，施工企业从事建筑、安装、修缮、装饰等业务，以及施工企业从事工业生产，其所属预制构件厂、车间将预制构件用于企业所承包的工程等，按规定应当缴纳增值税，为增值

税的纳税人。因此，施工企业也是城市维护建设税的纳税人。另外，施工企业代扣代缴增值税的，也应当代扣代缴城市维护建设税。

对进口货物或者境外单位和个人向境内销售劳务、服务、无形资产缴纳的增值税、消费税税额，不征收城市维护建设税。

（三）城市维护建设税的征税范围

城市维护建设税的征税范围包括城市、县城、建制镇以及税法规定征税的其他地区。城市、县城、建制镇的范围应根据行政区划作为划分标准，不得随意扩大或缩小各行政区域的管辖范围。

（四）城市维护建设税的减免

（1）由于城市维护建设税是以纳税人实际缴纳的增值税、消费税为计税依据，并随同增值税、消费税征收，因此减免增值税、消费税也就意味着减免城市维护建设税，城市维护建设税一般不能单独减免。但是如果纳税人确有困难需要单独减免的，可以由省级人民政府酌情给予减税或者免税照顾。

（2）对进口货物或者境外单位和个人向境内销售劳务、服务、无形资产缴纳的增值税、消费税税额，不征收城市维护建设税。

（3）对出口货物、劳务和跨境销售服务、无形资产以及因优惠政策退还增值税、消费税的，不退还已缴纳的城市维护建设税。

（4）对增值税、消费税实行先征后返、先征后退、即征即退办法的，除另有规定外，对随增值税、消费税附征的城市维护建设税，一律不予退（返）还。

（5）根据国民经济和社会发展的需要，国务院对重大公共基础设施建设、特殊产业和群体以及重大突发事件应对等情形可以规定减征或者免征城市维护建设税，报全国人民代表大会常务委员会备案。

二、城市维护建设税的计算

（一）城市维护建设税的计税依据

城市维护建设税是以纳税人实际缴纳的流转税额为计税依据进行征收的，纳税环节确定在纳税人缴纳的增值税、消费税的环节上。从商品生产到消费流转过程中只要发生增值税、消费税其中的任何一种税的纳税行为，就要以这种税为依据计算缴纳城市维护建设税。但应注意这里仅指增值税、消费税的正税，不包括税务机关对纳税人加收的滞纳金和罚款等非税款项。

（二）城市维护建设税的税率

城市维护建设税的税率按纳税人所在地分别规定为：市区为7%，县城和镇为5%，不在市区、县城和镇的，为1%。大中型工矿企业所在地不在城市市区、县城、建制镇的，税率为5%。

城市维护建设税的适用税率，一般规定按纳税人所在地的适用税率执行。但对有些情况，可按缴纳增值税和消费税所在地的规定税率就地缴纳城市维护建设税。具体规定如下。

(1) 由受托方代征、代扣增值税和消费税的单位和个人，其代征代扣的城市维护建设税按受托方所在地适用的税率计算。

(2) 流动经营及无固定纳税地点的单位和个人，在经营地缴纳增值税、消费税的，其城市维护建设税的缴纳按经营地适用税率计算。

(三) 城市维护建设税的计算公式

城市维护建设税的应纳税额是按照纳税人实际缴纳的增值税、消费税的合计税额计算的，其计算公式为：

应纳税额＝(增值税＋消费税)×适用税率

【例 7-1】 某县城的一家保健品制造公司(增值税一般纳税人)，2020 年 6 月从农民手中购入其种植的黄芪药材一批 5 吨，税务机关批准使用的收购凭证上注明收购金额为40 000 元。该食品公司将 3 吨黄芪用于本企业生产各种滋补食品，取得销售额 50 000 元；将另外 2 吨作为元旦礼品发给本厂职工。则该保健品公司当月应纳城市维护建设税是多少？

解 该食品公司当月应纳增值税税额＝50 000×13%－(40 000×10%×3/5)＝4 100(元)

当月应纳城市维护建设税＝4 100×5%＝205(元)

三、城市维护建设税的纳税与申报

(一) 纳税义务发生时间

城市维护建设税纳税义务发生时间与缴纳增值税、消费税的纳税义务发生时间一致，分别与增值税、消费税同时缴纳。

(二) 纳税地点

城市维护建设税的纳税地点为实际缴纳增值税、消费税的地点。扣缴义务人应当向其机构所在地或者居住地的主管税务机关申报缴纳其扣缴的税款。有特殊情况的，按下列原则和办法确定纳税地点：

代扣代缴、代收代缴增值税、消费税的单位和个人，同时也是城市维护建设税的代扣代缴、代收代缴义务人，其纳税地点为代扣代收地。

对流动经营等无固定纳税地点的单位和个人，应随同增值税、消费税在经营地纳税。

(三) 纳税期限

城市维护建设税按月或者按季计征。不能按固定期限计征的，可以按次计征。

实行按月或者按季计征的，纳税人应当于月度或者季度终了之日起 15 日内申报并缴纳税款。实行按次计征的，纳税人应当于纳税义务发生之日起 15 日内申报并缴纳税款。

扣缴义务人解缴税款的期限，依照上述规定执行。

(四) 城市维护建设税的违章处理

由于城市维护建设税是与消费税、增值税同时征收的，所以在一般情况下，城市维护建设税不单独加收滞纳金或罚款。但是，如果纳税人缴纳了增值税和消费税之后，却不按规定缴纳城市维护建设税的，则可以对其单独加收滞纳金，也可以单独进行罚款。

（五）城市维护建设税的申报

企业应当于月度终了后在进行增值税和消费税申报的同时，进行城市维护建设税的纳税申报，并填写城市维护建设税纳税申报表。

四、城市维护建设税涉税业务的账务处理

（一）城市维护建设税的账户设置

企业进行城市维护建设税涉税业务的会计处理时，应设置“应交税费——应交城市维护建设税”账户和“税金及附加”账户。

1. “应交税费——应交城市维护建设税”账户

该账户总括反映企业各种税费的缴纳情况，并按照应交税费项目进行明细核算。该账户的借方登记已经缴纳的各种税费，贷方登记应缴纳的各种税费。期末借方余额反映多缴或尚未抵扣的税费，期末贷方余额反映尚未缴纳的税费。

2. “税金及附加”账户

该账户核算企业经营活动发生的消费税、城市维护建设税、资源税和教育费附加等相关税费。借方登记计算缴纳的税费，贷方登记期末结转到“本年利润”账户的税费，结转后该账户应无余额。

（二）城市维护建设税的账务处理

【例 7-2】 某企业位于省会城市，当月实际缴纳的增值税为 550 000 元，消费税为 254 000 元。则该企业应如何进行城市维护建设税的会计核算？

解 应纳城市维护建设税＝(550 000＋254 000)×7％＝56 280(元)

计算应缴纳的城市维护建设税时：

借：税金及附加　　56 280

　贷：应交税费——应交城市维护建设税　　56 280

上缴城市维护建设税时：

借：应交税费——应交城市维护建设税　　56 280

　贷：银行存款　　56 280

模块二 印花税纳税实务

一、印花税基础认知

（一）印花税的概念

2021 年 6 月 10 日，《中华人民共和国印花税法》（以下简称《印花税法》）由中华人民共和国第十三届全国人民代表大会常务委员会第二十九次会议通过，自 2022 年 7 月 1 日起施

行。印花税具有覆盖面广、税率低、税负轻等特点。

(二) 印花税的纳税人

1. 基本概念

在中华人民共和国境内书立应税凭证、进行证券交易的单位和个人,为印花税的纳税人。在中华人民共和国境外书立在境内使用的应税凭证的单位和个人,应当缴纳印花税。纳税人为境外单位或者个人,在境内有代理人的,以其境内代理人为扣缴义务人;在境内没有代理人的,由纳税人自行申报缴纳印花税,具体办法由国务院税务主管部门规定。

2. 注意事项

(1) 书立应税凭证的纳税人,为对应税凭证有直接权利义务关系的单位和个人。

(2) 采用委托贷款方式书立的借款合同纳税人,为受托人和借款人,不包括委托人。

(3) 按买卖合同或者产权转移书据税目缴纳印花税的拍卖成交确认书纳税人,为拍卖标的的产权人和买受人,不包括拍卖人。

(三) 印花税的征税范围

1. 基本概念

《印花税法》所称应税凭证,是指《印花税税目税率表》列明的合同、产权转移书据和营业账簿;所称证券交易,是指转让在依法设立的证券交易所、国务院批准的其他全国性证券交易场所交易的股票和以股票为基础的存托凭证。

2. 关于应税凭证的具体情形

(1) 在中华人民共和国境外书立在境内使用的应税凭证,应当按规定缴纳印花税。包括以下几种情形:

①应税凭证的标的为不动产的,该不动产在境内;

②应税凭证的标的为股权的,该股权为中国居民企业的股权;

③应税凭证的标的为动产或者商标专用权、著作权、专利权、专有技术使用权的,其销售方或者购买方在境内,但不包括境外单位或者个人向境内单位或者个人销售完全在境外使用的动产或者商标专用权、著作权、专利权、专有技术使用权;

④应税凭证的标的为服务的,其提供方或者接受方在境内,但不包括境外单位或者个人向境内单位或者个人提供完全在境外发生的服务。

(2) 企业之间书立的确定买卖关系、明确买卖双方权利义务的订单、要货单等单据,且未另外书立买卖合同的,应当按规定缴纳印花税。

(3) 发电厂与电网之间、电网与电网之间书立的购售电合同,应当按买卖合同税目缴纳印花税。

(4) 下列情形的凭证,不属于印花税征收范围:

①人民法院的生效法律文书,仲裁机构的仲裁文书,监察机关的监察文书。

②县级以上人民政府及其所属部门按照行政管理权限征收、收回或者补偿安置房地产书立的合同、协议或者行政类文书。

③总公司与分公司、分公司与分公司之间书立的作为执行计划使用的凭证。

(四) 印花税的税目与税率

印花税的税目与税率表如表 7-1 所示。

表 7-1 印花税税目与税率表

税目		税率	备注
合同（指书面合同）	借款合同	借款金额的万分之零点五	指银行业金融机构、经国务院银行业监督管理机构批准设立的其他金融机构与借款人（不包括同业拆借）的借款合同
	融资租赁合同	租金的万分之零点五	
	买卖合同	价款的万分之三	指动产买卖合同（不包括个人书立的动产买卖合同）
	承揽合同	报酬的万分之三	
	建设工程合同	价款的万分之三	
	运输合同	运输费用的万分之三	指货运合同和多式联运合同（不包括管道运输合同）
	技术合同	价款、报酬或者使用费的万分之三	
	租赁合同	租金的千分之一	
	保管合同	保管费的千分之一	
	仓储合同	仓储费的千分之一	
	财产保险合同	保险费的千分之一	不包括再保险合同
产权转移书据	土地使用权出让书据	价款的万分之五	转让包括买卖（出售）、继承、赠与、互换、分割
	土地使用权、房屋等建筑物和构筑物所有权转让书据（不包括土地承包经营权和土地经营权转移）	价款的万分之五	
	股权转让书据（不包括应缴纳证券交易印花税的）	价款的万分之五	
	商标专用权、著作权、专利权、专有技术使用权转让书据	价款的万分之三	
营业账簿		实收资本（股本）、资本公积合计金额的万分之二点五	
证券交易		成交金额的千分之一	

(五) 印花税的税收优惠

下列凭证免征印花税：

(1) 应税凭证的副本或者抄本；

(2) 依照法律规定应当予以免税的外国驻华使馆、领事馆和国际组织驻华代表机构为获得馆舍书立的应税凭证；

(3) 中国人民解放军、中国人民武装警察部队书立的应税凭证；

(4) 农民、家庭农场、农民专业合作社、农村集体经济组织、村民委员会购买农业生产资料或者销售农产品书立的买卖合同和农业保险合同；

(5) 无息或者贴息借款合同、国际金融组织向中国提供优惠贷款书立的借款合同；

(6) 财产所有权人将财产赠与政府、学校、社会福利机构、慈善组织书立的产权转移书据；

(7) 非营利性医疗卫生机构采购药品或者卫生材料书立的买卖合同；

(8) 个人与电子商务经营者订立的电子订单。

根据国民经济和社会发展的需要，国务院对居民住房需求保障、企业改制重组、破产、支持小型微型企业发展等情形可以规定减征或者免征印花税，报全国人民代表大会常务委员会备案。

二、印花税的计算

(一) 印花税的计税依据

(1) 印花税计税依据的基本规定如表 7-2 所示。

表 7-2 印花税计税依据的基本规定

项目	计税依据
合同	合同所列的金额，不包括列明的增值税税款
产权转移书据	产权转移书据所列的金额，不包括列明的增值税税款
营业账簿	账簿记载的实收资本(股本)、资本公积合计金额
证券交易	成交金额

(2) 印花税计税依据的特殊规定

①应税合同、产权转移书据未列明金额的，印花税的计税依据按照实际结算的金额确定。计税依据仍不能确定的，按照书立合同、产权转移书据时的市场价格确定；依法应当执行政府定价或者政府指导价的，按照国家有关规定确定。

②证券交易无转让价格的，按照办理过户登记手续时该证券前一个交易日收盘价计算确定计税依据；无收盘价的，按照证券面值计算确定计税依据。

③同一应税凭证载有两个以上税目事项并分别列明金额的，按照各自适用的税目税率分别计算应纳税额；未分别列明金额的，从高适用税率。

④同一应税凭证由两方以上当事人书立的，按照各自涉及的金额分别计算应纳税额。

⑤已缴纳印花税的营业账簿，以后年度记载的实收资本(股本)、资本公积合计金额比已

缴纳印花税的实收资本(股本)、资本公积合计金额增加的,按照增加部分计算应纳税额。

(二) 印花税应纳税额的计算

印花税应纳税额的计算公式为:

应纳税额=应税凭证计税依据×适用税率

【例 7-3】 某上市公司 2022 年 12 月成立,当年发生业务如下:领受房屋产权证、工商营业执照、土地使用证、商标注册证各 1 份;与其他企业签订转移技术使用权书据 1 份,所载金额为 300 万元;货物购销合同 3 份,所载金额合计为 800 万元;与另一一企业签订仓储保管合同 1 份,所载保管费金额为 6 万元;企业记载资金的账簿,“实收资本”“资本公积”共为 1000 万元;其他营业账簿 10 本。

试计算该上市公司应缴纳的印花税。

【答案】

(1) 记载资金的账簿的应纳税额=10000 000×2.5‰=25 000(元)。

(2) 签订转移技术使用权书据的应纳税额=3000 000×0.3‰=900 (元)。

(3) 签订购销合同的应纳税额=8000 000×0.3‰=2 400 (元)。

(4) 签订仓储保管合同的应纳税额= =60 000×1‰=60 (元)。

当月应纳印花税税额合计=25 000+ 900+2 400+ 60=28360(元)。

三、印花税的纳税与申报

(一) 纳税义务发生时间

印花税的纳税义务发生时间为纳税人书立应税凭证或者完成证券交易的当日。证券交易印花税扣缴义务发生时间为证券交易完成的当日。

(二) 扣缴义务人

纳税人为境外单位或者个人,在境内有代理人的,以其境内代理人为扣缴义务人;在境内没有代理人的,由纳税人自行申报缴纳印花税,具体办法由国务院税务主管部门规定。

证券登记结算机构为证券交易印花税的扣缴义务人,应当向其机构所在地的主管税务机关申报解缴税款以及银行结算的利息。

(三) 纳税地点

纳税人为单位的,应当向其机构所在地的主管税务机关申报缴纳印花税;纳税人为个人的,应当向应税凭证书立地或者纳税人居住地的主管税务机关申报缴纳印花税。不动产产权发生转移的,纳税人应当向不动产所在地的主管税务机关申报缴纳印花税。

纳税人为境外单位或者个人,在境内有代理人的,以其境内代理人为扣缴义务人;在境内没有代理人的,由纳税人自行申报缴纳印花税,具体办法由国务院税务主管部门规定。

证券登记结算机构为证券交易印花税的扣缴义务人,应当向其机构所在地的主管税务机关申报解缴税款以及银行结算的利息。

(四) 纳税期限

印花税按季、按年或者按次计征。实行按季、按年计征的,纳税人应当自季度、年度终了之日起十五日内申报缴纳税款;实行按次计征的,纳税人应当自纳税义务发生之日起十五日内申报缴纳税款。证券交易印花税按周解缴。证券交易印花税扣缴义务人应当自每周终了之日起五日内申报解缴税款以及银行结算的利息。

(五) 缴纳方法

印花税可以采用粘贴印花税票或者由税务机关依法开具其他完税凭证的方式缴纳。印花税票粘贴在应税凭证上的,由纳税人在每枚税票的骑缝处盖戳注销或者画销。印花税票由国务院税务主管部门监制。

四、印花税涉税业务的账务处理

企业在发生纳税义务时,凡是不需要预提应缴税款的或者与税务机关不存在清算关系的,即直接计算并缴纳税金,在进行会计处理时可以不通过“应交税费”账户核算。由于印花税在大多数情况下采用“三自”纳税办法,因此在会计核算上无须通过“应交税费”账户进行。企业缴纳印花税,应通过“税金及附加”、“银行存款”账户进行核算。

【例 7-4】 某企业为一建筑安装企业,于 2010 年 6 月承包了建筑工程一项,工程造价为 3 000 万元,按照法律规定,与对方签订了建筑承包工程合同。请计算该企业应缴纳的印花税款并做出相应的会计分录。

解 应纳税额=30 000 000×0. 3‰=9 000(元)

借:税金及附加	9 000	
贷:银行存款		9 000

各种合同在正式签订时应在自己的合同正本上贴花。由于该合同的应纳税额超过 500 元,该企业应向税务机关申请填写缴款书或完税凭证,并将其中一联粘贴在合同上加注完税标记。

模块三 城镇土地使用税纳税实务

一、城镇土地使用税基础认知

(一) 城镇土地使用税的概念

城镇土地使用税是对城市、县城、建制镇和工矿区内使用国有和集体所有的土地所征收的一种税。

(二) 城镇土地使用税的纳税义务人

(1) 拥有土地使用权的单位和个人是纳税义务人。其中,单位包括国有企业、集体企业、私营企业、股份制企业、外商投资企业、外国企业以及其他企业和事业单位、社会团体、国家机关、军队以及其他单位;个人包括个体工商户以及其他个人。

(2) 拥有土地使用权的单位和个人不在土地所在地的，其土地的实际使用人和代管人为纳税义务人。

(3) 土地使用权未确定的或权属纠纷未解决的，其实际使用人为纳税义务人。

(4) 土地使用权共有的，共有各方都是纳税人，由共有各方分别纳税。例如，三个单位共有一块土地使用权，一方占 60%，另两方各占 20%，如果算出的税额为 100 万元，则分别按 60 万元、20 万元、20 万元的数额负担土地使用税。

(5) 从 2007 年 1 月 1 日起，国家将外商投资企业、外国企业列为城镇土地使用税的纳税人。

(三) 城镇土地使用税的征税范围

城镇土地使用税征税范围亦称城镇土地使用税“课税范围”，是指开征城镇土地使用税的地区范围。城镇土地使用税在城市、县城、建制镇和工矿区征收。凡是在纳税范围内的土地(农业用地除外)，不论国家或集团、单位或个人，只要是非农业用地，都应按照规章缴纳城镇土地使用税。

城市，是指经国务院批准设立的市。城市的征税范围为市区和郊区。县城，是指县人民政府所在地。县城的征税范围为县人民政府所在地的城镇。建制镇，是指经省、自治区、直辖市人民政府批准设立的建制镇。建制镇的征税范围为镇人民政府所在地。工矿区，是指工商业比较发达、人口比较集中，符合国务院规定的建制镇标准，但尚未设立建制镇的大中型工矿企业所在地。开征城镇土地使用税的工矿区须经省、自治区、直辖市人民政府批准。城市、县城、建制镇、工矿区的具体征税范围，由各省、自治区、直辖市人民政府规定。目前，尚未对农村非农业用地计征。

(四) 城镇土地使用税税收优惠

1. 国家预算收支单位的自用地免税

(1) 国家机关、人民团体、军队自用的土地。人民团体是指经国务院授权的政府部门批准设立或登记备案，并由国家拨付行政事业经费的各种社会团体。国家机关、人民团体、军队自用的土地，是指这些单位本身的办公用地和公务用地。

(2) 由国家财政部门拨付事业经费的单位自用的土地。

(3) 宗教寺庙、公园、名胜古迹自用的土地。宗教寺庙自用的土地，是指举行宗教仪式等的用地和寺庙内宗教人员的生活用地。公园、名胜古迹自用的土地，是指供公共参观游览的用地及其管理单位的办公用地。公园、名胜古迹中附设的营业场所，如影剧院、饮食部、茶社、照相馆等用地，应征收城镇土地使用税。公园、名胜古迹内的索道公司经营用地，自 2009 年 1 月 1 日起，应按规定缴纳城镇土地使用税。

(4) 市政街道、广场、绿化地带等公共用地。市政街道、广场、绿化地带等公共用地免征城镇土地使用税。非社会性的公共用地不能免税，如企业内的广场、道路、绿化地带等占用的土地。

(5) 直接用于农、林、牧、渔业的生产用地。直接用于农、林、牧、渔业的生产用地是指直接从事种植、养殖、饲养的专业用地。农副产品加工厂占地和从事农、林、牧、渔业生产单位的生活、办公用地不包括在内。

(6) 经批准开山填海整治的土地和改造的废弃土地，从使用的月份起免缴城镇土地使用税5年至10年。

(7) 对非营利性医疗机构、疾病控制机构和妇幼保健机构等卫生机构自用的土地，免征城镇土地使用税。对营利性医疗机构自用的土地自2000年起免征城镇土地使用税3年。

(8) 企业办的学校、医院、托儿所、幼儿园，其用地能与企业其他用地明确区分的，免征城镇土地使用税。

(9) 免税单位无偿使用纳税单位的土地(如公安、海关等单位使用铁路、民航等单位的土地)，免征城镇土地使用税。纳税单位无偿使用免税单位的土地，纳税单位应照章缴纳城镇土地使用税。纳税单位与免税单位共同使用、共有使用权的土地上的多层建筑，对纳税单位可按其占用的建筑面积占建筑总面积的比例计征城镇土地使用税。

(10) 对行使国家行政管理职能的中国人民银行总行(含国家外汇管理局)所属分支机构自用的土地，免征城镇土地使用税。

2. 国家重点扶植项目免税

(1) 对企业的铁路专用线、公路等用地，在厂区以外，与社会公用地段未加隔离的，暂免征收城镇土地使用税。

(2) 对企业厂区以外的公共绿化用地和向社会开放的公园用地，暂免征收城镇土地使用税。

(3) 对水利设施及其管护用地(如水库库区、大坝、堤防、灌渠、泵站等用地)，免征城镇土地使用税；其他用地，如生产、办公、生活用地，应照章征收城镇土地使用税。

(4) 对林区的育林地、运材道、防火道、防火设施用地，免征城镇土地使用税。林业系统的森林公园、自然保护区，可比照公园免征城镇土地使用税。

(5) 对高校后勤实体免征城镇土地使用税。

二、城镇土地使用税的计算

(一) 城镇土地使用税的计税依据

城镇土地使用税以纳税人实际占用的土地面积为计税依据，并按照下列办法确定。

(1) 由省、自治区、直辖市人民政府确定的单位组织测定土地面积的，以测定的土地面积为准。

(2) 尚未测定，但纳税人持有政府部门核发的土地使用证书的，以证书确认的土地面积为准。

(3) 尚未核发土地使用证书的，应由纳税人申报土地面积，据以纳税，待核发土地使用证书以后再作调整。

(二) 城镇土地使用税的税目与税率

城镇土地使用税采用有幅度的差别定额税率，即按大、中、小城市和县城、建制镇、工矿区分别规定不同的税额。人数在50万以上者为大城市，人数介于20万～50万者为中等城市，人数在20万以下者为小城市。《中华人民共和国城镇土地使用税暂行条例》第四条规定的每平方米土地的年税额为：大城市 1.5～30 元；中等城市 1.2～24 元；小城市 0.9～18 元；县城、建制镇、工矿区 0.6～12 元。此外，考虑到一些地区经济较为落后，需要适当降低税额，以及一些经济发达地区需要适当提高税额的情况，《中华人民共和国城镇土地使用税暂行条例》还规定："经省、自治区、直辖市人民政府批准，经济落后地区土地使用税的适用税额标准可以适当降低，但降低额不得超过本条例第四条规定最低税额的 30%。经济发达地区土地使用税的适用税额标准可以适当提高，但须报经财政部批准。"

（三）城镇土地使用税的计算公式

城镇土地使用税以纳税人实际占用的土地面积为计税依据，按照规定的适用税额计算征收。其计算公式为：

年应纳税额＝应税土地实际使用面积（平方米）×单位适用税额

【例 7-5】 某林场处于城镇土地使用税征收区域内，共占地 2 万平方米，其中办公占地 0.3 万平方米，职工宿舍占地 0.1 万平方米，育林地 1 万平方米，运材道占地 1 万平方米，林中度假村占地 0.6 万平方米，企业所在地城镇土地使用税单位税额每平方米 1. 2 元。则该企业全年应缴纳城镇土地使用税是多少？

解 应纳税额＝（0.3＋0.1＋0.6）×1.2＝1.2（万元）

三、城镇土地使用税的缴纳

（一）城镇土地使用税的纳税地点

城镇土地使用税的纳税地点为土地所在地的税务机关。纳税人使用的土地不属于同一省（自治区、直辖市）管辖范围的，应由纳税人分别向土地所在地税务机关缴纳；在同一省（自治区、直辖市）管辖范围内，纳税人跨地区使用的土地，其纳税地点由省、自治区、直辖市税务机关确定。

（二）城镇土地使用税的纳税期限及缴纳时间

城镇土地使用税的纳税期限由省、自治区、直辖市人民政府确定。各地一般结合当地情况，分别确定按月、季或半年等不同的期限缴纳。

城镇土地使用税的缴纳时间有以下规定。

（1）征用的耕地，自批准征用之日起满 1 年时开始缴纳土地使用税。

（2）征用的非耕地，自批准征用次月起缴纳土地使用税。

（三）城镇土地使用税的申报

纳税义务人应依照当地税务机关规定的期限，如实填写城财产和行为税纳税申报表，将其占用土地的权属、位置、用途、面积和税务机关规定的其他内容，据实向当地税务机关办理纳税申报登记，并提供有关的证明文件资料。纳税义务人新征用的土地，必须于批准征用之日起 30 日内申报登记。纳税义务人如有住址变更、土地使用权属转换等情况，从转移之日起，按规定期限申报变更登记。

四、城镇土地使用税涉税业务的账务处理

（一）城镇土地使用税的账户设置

企业应开设“应交税费——应交城镇土地使用税”账户对城镇土地使用税进行核算。该账户的借方反映企业已经缴纳的城镇土地使用税，贷方反映企业应缴纳的城镇土地使用税。该账户贷方余额反映企业应缴而未缴的城镇土地使用税额。

（二）城镇土地使用税的账务处理

【例 7-6】 某机械制造厂位于一中等规模城市，占地 7 000 平方米，经当地政府核定该企业的土地使用税单位税额为 10 元/平方米。请计算该企业的应纳城镇土地使用税税额并做出相应的会计分录。

解 (1) 计算应纳税额：应纳城镇土地使用税税额＝7 000×10＝70 000(元)

(2) 会计分录处理如下：

按规定计算出应纳城镇土地使用税税额时：

借：税金及附加　　70 000

　贷：应交税费——应交城镇土地使用税　　70 000

实际上缴城镇土地使用税时：

借：应交税费——应交城镇土地使用税　　70 000

　贷：银行存款　　70 000

免征城镇土地使用税的单位和企业，由于不需要计算缴纳城镇土地使用税，因而不需要进行相应的会计核算。

模块四 房产税纳税实务

一、房产税基础认知

（一）房产税的概念

房产税，又称房屋税，是国家以房产作为课税对象，按房屋的计税余值或租金收入为计税依据，向产权所有人征收的一种财产税。我国现行的房产税是国家第二步利改税以后开征的。

对房产征税的目的是运用税收杠杆，加强对房产的管理，提高房产使用效率，控制固定资产投资规模和配合国家房产政策的调整，合理调节房产所有人和经营人的收入。

（二）房产税的纳税人

凡在我国境内拥有房屋产权的单位和个人均为房产税的纳税人。具体包括以下内容：

(1) 产权属国家所有的，由经营管理单位纳税；产权属集体和个人所有的，由集体单位和个人纳税。

(2) 产权出典的，由承典人纳税。所谓产权出典，是指产权所有人将房屋、生产资料等的产权，在一定期限内典当给他人使用而取得资金的一种融资业务。这种业务大多发

生于出典人急需用款，但又想保留产权回赎权的情况。承典人向出典人交付一定的典价之后，在质典期内即获抵押物品的支配权，并可转典。产权的典价一般要低于卖价。出典人在规定期间内须归还典价的本金和利息，方可赎回出典房屋等的产权。由于在房屋出典期间，产权所有人已无权支配房屋，因此，税法规定由对房屋具有支配权的承典人作为纳税人。

(3) 产权所有人、承典人不在房屋所在地的，由房产代管人或者使用人纳税。

(4) 产权未确定及租典纠纷未解决的，亦由房产代管人或者使用人纳税。所谓租典纠纷，是指产权所有人在房产出典和租赁关系上，与承典人、租赁人发生各种争议，特别是权利和义务的争议悬而未决的。对租典纠纷尚未解决的房产，规定由代管人或使用人为纳税人，主要目的在于加强征收管理，保证房产税及时入库。

(5) 无租使用其他房产的问题。纳税单位和个人无租使用房产管理部门、免税单位及纳税单位的房产，应由使用人代为缴纳房产税。

(三) 房产税的征税对象和范围

房产税的征税对象是房产。房产是以房屋形态表现的财产。房屋是指有屋面和围护结构(有墙或两边有柱)，能够遮风避雨，可供人们在其中生产、工作、学习、娱乐、居住或储藏物资的场所。房产包括附属的设备，但独立于房屋之外的建筑物，如围墙、烟囱、水塔、变电塔、油池油柜、酒窖菜窖、酒精池、糖蜜池、室外游泳池、玻璃暖房、砖瓦石灰窑以及各种油气罐等，不属于房产。

房产税的征税范围为城市、县城、建制镇和工矿区。房产税的征税范围不包括农村，这主要是为了减轻农民的负担。因为农村的房屋除农副业生产用房外，大部分是农民居住用房。不把农村房屋纳入房产税征税范围，有利于农业发展，繁荣农村经济，也有利于社会稳定。

(四) 房产税的税收优惠

根据《房产税暂行条例》的规定，下列房产可以免征房产税。

(1) 国家机关、人民团体、军队自用的房产。这里指的是这些单位本身的办公用房和公务用房。出租的房产以及非本身业务用的生产、营业用房产不属于免税范围。

(2) 由国家财政部门拨付事业经费的单位自用的房产。这里指的是这些单位本身的业务用房。出租的房产以及非本身业务用的生产、营业用房产不属于免税范围。

(3) 宗教寺庙和公园、名胜古迹自用的房产。前者指举行宗教仪式等的房屋和宗教人员使用的生活用房屋，后者指供公共参观游览的房屋及其管理单位的办公用房屋。出租的房产以及非本身业务用的生产、营业用房产不属于免税范围。

(4) 个人所有非营业用的房产。

(5) 经财政部批准免税的其他房产。根据《财政部、税务总局关于房产税若干具体问题的解释和暂行规定》，经财政部批准免税的其他房产主要包括以下几类。

① 由国家财政部门拨付事业经费的单位，其经费来源实行自收自支后，应征收房产税。但为了鼓励事业单位经济独立，由国家财政部门拨付事业经费的单位，其经费来源实行自收自支后，从事业单位自收自支的年度起，免征房产税三年。

② 对高校后勤实体免征房产税。

③ 为鼓励利用地下人防设施，暂不征收房产税。

④ 经有关部门鉴定，对毁损不堪居住的房屋和危险房屋在停止使用后，可免征房产税。

⑤ 老年服务机构自用的房产。

⑥ 从 2001 年 1 月 1 日起，对按政府规定价格出租的公有住房和廉价住房，包括企业和自收自支事业单位向职工出租的单位自有住房；房管部门向居民出租的公有住房；落实私房政策中带户发还产权并以政府规定租金标准向居民出租的私有住房等，暂免征收房产税。

⑦ 向居民供热并向居民收取采暖费的供热企业暂免征收房产税。

⑧ 房屋大修理停用在半年以上的，经纳税人申请，税务机关审核，在大修理期间可免征房产税。

⑨ 对非营利性医疗机构、疾病控制机构和妇幼保健机构等卫生机构自用的房产，免征房产税。

对邮政部门坐落在城市、县城、建制镇、工矿区范围以外的尚在县邮政局内核算的房产，在单位财务账中划分清楚的，从 2001 年 1 月 1 日起不再征收房产税。

在基建工地为基建工地服务的各种工棚、材料棚、休息棚和办公室、食堂、茶炉房、汽车房等临时性房屋，在施工期间，一律免征房产税。工程结束后，施工企业将这种临时性房屋交还或估价转让给基建单位的，应从基建单位接收的次月起，照章纳税。

除了上述规定之外，纳税人缴纳房产税确有困难的，可以由所在省、自治区、直辖市人民政府确定，定期减税或者免税。

二、房产税的计算

（一）房产税的计税依据

房产税的计税依据是房产的计税余值或房产的租金收入，主要有以下两种计征方法：

1. 从价计征

从价计征是指依照房产原值一次减除 10%～30%的损耗价值后的余值计算缴纳房产税。各地的扣除比例由省、自治区、直辖市人民政府在税法规定的减除幅度内自行确定。这样规定，既有利于各地区根据本地情况，因地制宜地确定计税余值，又有利于平衡各地税收负担，简化计算手续，提高征管效率。

房产原值主要包括与房屋不可分割的各种附属设备或一般不单独计算价值的配套设施，包括暖气、卫生、通风等。纳税人对原有房屋进行改建、扩建的，要相应增加房屋的原值。

对于房产原值，有以下几点应注意的事项。

(1) 房屋原价应根据企业会计准则规定进行核算。未按企业会计准则规定核算并记载的，应按规定予以重新调整或重新评估。

(2) 房产发生变化的，其纳税义务截止到发生变化的当月末。

(3) 为了维持和增加房屋的使用功能或使房屋满足设计要求，凡以房屋为载体，不可随意移动的附属设备和配套设施，如给排水、采暖、消防、中央空调、电气及智能化楼宇设备等，无论在会计核算中是否单独记账与核算，都应计入房产原值，计征房产税。

(4) 对于更换房屋附属设备和配套设施的，在将其价值计入房产原值时，可扣减原来相应设备和设施的价值。对附属设备和配套设施中易损坏、需要经常更换的零配件，更新后不再计入房产原值。

(5) 新建房屋交付使用时，如中央空调设备已计算在房产原值之中，则房产原值应包括中央空调设备；旧房安装空调设备，一般都作单项固定资产入账，不应计入房产原值。

(6) 凡在房产税征收范围内的具备房屋功能的地下建筑，包括与地上房屋相连的地下建筑以及完全建在地面以下的建筑、地下人防设施等，均应当依照有关规定缴纳房产税。

(7) 对于与地上房屋相连的地下建筑，如房屋的地下室、地下停车场、商场的地下部分等，应将地下部分与地上房屋视为一个整体，按照地上房屋建筑的有关规定计算缴纳房产税。

2. 从租计征

房产出租的，以房产租金收入为房产税的计税依据。房屋的租金收入是指房屋产权所有人出租房产使用权所得的报酬，主要包括货币收入及实物收入。如果是以劳务或其他形式抵付租金的，应根据当地同等类别的房产的租金水平确定标准的租金额度来计算从租税额。

这里有两点需要特别说明的事项。

(1) 对投资联营的房产，在计征房产税时应予以区别对待。共担风险的，按房产余值作为计税依据，计征房产税；对收取固定收入，应由出租方按租金收入计缴房产税。

(2) 对融资租赁房屋的情况，在计征房产税时应以房产余值计算征收，租赁期内房产税的纳税人，由当地税务机关根据实际情况确定。

(二) 房产税的税率

表 7-3 房产税的税率

税率	适用情形
1.2%的规定税率	从价计征，按房产原值一次减除 10%－30%后的余值计征，税率为 1.2%。适用于自有房产用于生产经营。
12%的规定税率	从租计征，按房产出租的租金收入计征，税率为 12%。适用于出租非居住的房产。
4%的优惠税率	适用于： ①个人出租住房(不分出租后用途) ②对企事业单位、社会团体以及其他组织向个人、专业化规模化住房租赁企业出租住房

(三) 房产税的计算公式

1. 从价计征的计算公式

从价计征是按房产的原值减除一定比例后的余值计征的，其公式为：

$$应纳税额=应税房产原值\times(1-扣除比例)\times1.2\%$$

2. 从租计征的计算公式

从租计征是按房产的租金收入计征的，其公式为：

$$应纳税额=租金收入\times12\%$$

(四) 房产税计算举例

【例 7-7】 应纳房产税的一幢房产原值为 500 000 元，已知房产税税率为 1.2%，当地房产税扣除比例为 25%，则该房产应缴纳房产税是多少？

解 应纳房产税＝500 000×(1－25％)×1.2％＝4 500(元)

【例 7-8】 某企业将一房产对外出租，2010 年取得租金收入 20 万元，则该企业 2010 年度应纳房产税为多少？

解 应纳房产税＝20×12％＝2.4(万元)

三、房产税的缴纳与申报

(一) 房产税的纳税义务发生时间

(1) 纳税人自行新建房屋用于生产经营，自建成之次月起缴纳房产税。

(2) 纳税人委托施工企业建设的房屋，从办理验收手续之次月起缴纳房产税。

(3) 纳税人出租、出借房产，自交付出租、出借房产之次月起缴纳房产税。

(4) 纳税人将原有房产用于生产经营，从生产经营之月起缴纳房产税。

(5) 纳税人购置新建商品房，自房屋交付使用之次月起缴纳房产税。

(6) 纳税人购置存量房，自办理房屋权属转移、变更登记手续，房地产权属登记机关签发房屋权属证书之次月起缴纳房产税。

(7) 房地产开发企业自用、出租、出借本企业建造的商品房，自房屋使用或交付之次月起缴纳房产税。

自 2009 年 1 月 1 日起，纳税人因房产的实物或权利状态发生变化而依法终止房产税纳税义务的，其应纳税款的计算应截止到房产的实物或权利状态发生变化的当月末。

(二) 房产税的纳税期限

房产税按年征收，分期缴纳。具体纳税期限由各省、自治区、直辖市人民政府确定。

(三) 房产税的纳税地点

房产税由纳税人向房产所在地的主管税务机关缴纳。房产不在同一地方的纳税人，应当按照房产坐落的地点，分别向房产所在地的主管税务机关缴纳房产税。

(四) 房产税的申报

房产税的纳税人应按照条例的有关规定，及时办理纳税申报，并如实填写“财产和行为税纳税申报表”。

四、房产税涉税业务的账务处理

(一) 生产经营自用房产应纳税核算的账户设置

企业应开设“应交税费——应交房产税”账户和“税金及附加”账户对企业应缴纳的房产税进行核算。此时，借记“税金及附加”账户，贷记“应交税费——应交房产税”账户；实际缴纳时，借记“应交税费——应交房产税”账户，贷记“银行存款”账户。

(二) 出租房产应纳税核算的账户设置

企业出租房产取得的租金收入，在会计上应列入“其他业务收入”账户，对作为租金收入应缴纳的房产税额，应列入“其他业务成本”账户。

【例 7-9】 某企业 2011 年 1 月 1 日“固定资产”分类账中，房产原值为 3 600 000 元。当年 2 月，企业将 500 000 元的房产租给其他单位使用，每年租金收入 90 000 元。3 月房产没有变化。当地政府规定，企业自用房产，按房产原值一次减除20%后的余额作为房产余值纳税。按年计算，分季缴纳。请作出该企业的房产税账务处理。

解 (1) 按房产余值计算1月应纳房产税：

年应纳税额＝3 600 000×(1－20%)×1.2%＝34 560(元)

月应纳税额＝34 560÷12＝2 880(元)

(2) 按房产余值计算2月应纳房产税：

年应纳税额＝(3 600 000－500 000)×(1－20%)×1.2%＝29 760(元)

月应纳税额＝29 760÷12＝2 480(元)

(3) 按租金收入计算2月应纳房产税：

月应纳税额＝90 000×12%÷12＝900(元)

(4) 3月份应纳房产税与2月相同：2 480＋900＝3 380(元)

1月份预提税金时，做会计分录如下：

借：税金及附加　　2 880

　贷：应交税费——应交房产税　　2 880

2月份预提税金时，做会计分录如下：

借：税金及附加　　2 480

　　其他业务成本　　900

　贷：应交税费——应交房产税　　3 380

3月份与2月份相同(分录略)。缴纳第一季度房产税时，做会计分录如下：

借：应交税费——应交房产税　　9 640

　贷：银行存款　　9 640

模块五 车船税纳税实务

一、车船税基础认知

(一) 车船税的概念

车船税是指以在我国境内的车辆、船舶的所有人或者管理人为纳税人，按照规定的计税依据和年税额标准计算征收的一种财产税。

(二) 车船税的纳税义务人

在我国境内，车辆、船舶(以下简称车船)的所有人或者管理人为车船税的纳税义务人。车船的所有人或者管理人未缴纳车船税的，使用人应当代为缴纳车船税。

对于机动车，为了方便纳税人缴税，节约纳税人的缴税成本和时间，从事机动车交通事故责任强制保险业务的保险机构为机动车车船税的扣缴义务人，应当依法代收代缴车船税，并及时向国库解缴税款。机动车车船税的扣缴义务人依法代收代缴车船税时，纳税人不得拒绝。车船税属于地方税，由地方税务机关负责征收管理。

（三）车船税的纳税范围

凡是行驶于中国境内公共道路的车辆和航行于中国境内河流、湖泊或领海的船舶，均应缴纳车船税。

车辆包括机动车辆和非机动车辆，船舶包括机动船舶和非机动船舶。

（四）车船税的纳税优惠

下列车船免征车船税。

（1）捕捞、养殖渔船。

（2）军队、武装警察部队专用的车船。

（3）警用车船。

（4）依照法律规定应当予以免税的外国驻华使领馆、国际组织驻华代表机构及其有关人员的车船。

二、车船税的计算

（一）车船税的计税依据

车船税实行从量计税的方法，分别选择了四种单位的计税标准，即辆、净吨位、自重吨位和米。

（1）采用以辆为计税标准的有乘用车、商用客车、摩托车。

（2）采用以自重吨位为计税标准的有商用货车、挂车和其他车辆。

（3）采用以净吨位为计税标准的是船舶。

（4）采用以米为计税标准的是游艇。

（二）车船税的税目与税额

车船税的税目与税额如表7-4所示。

表7-4　车船税税目与税额表

税目		计税单位	年基准税额	备注
乘用车〔按发动机汽缸容量（排气量）分档〕	1.0升(含)以下的	每辆	60～360元	核定载客人数9人(含)以下
	1.0升以上至1.6升(含)的		300～540元	
	1.6升以上至2.0升(含)的		360～660元	
	2.0升以上至2.5升(含)的		660～1 200元	
	2.5升以上至3.0升(含)的		1 200～2 400元	
	3.0升以上至4.0升(含)的		2 400～3 600元	
	4.0升以上的		3 600～5 400元	
商用车	客车	每辆	480～1 440元	核定载客人数9人以上，包括电车
	货车	整备质量每吨	16～120元	包括半挂牵引车、三轮汽车和低速载货汽车等

续表

挂车		整备质量每吨	按照货车税额的50%计算	
其他车辆	专用作业车	整备质量每吨	16～120元	不包括拖拉机
	轮式专用机械车		16～120元	
摩托车		每辆	36～180元	
船舶	机动船舶	净吨位每吨	3元至6元	拖船、非机动驳船分别按照机动船舶税额的50%计算
	游艇	艇身长度每米	600元至2 000元	

车辆的具体适用税额，由省、自治区、直辖市人民政府按照国务院规定，在本法所附“车船税税目税额表”规定的税额幅度内确定；船舶的具体适用税额，由国务院在本法所附“车船税税目税额表”规定的税额幅度内确定。

（三）车船税的计算公式

车船税应根据不同类型的车船和其适用的计税标准分别计算。

（1）乘用车、商用客车、摩托车：

$$应纳税额=应纳税车辆数量\times 适用单位税额$$

（2）商用货车、挂车和其他车辆：

$$应纳税额=自重吨位数\times 适用单位税额$$

（3）机动船舶：

$$应纳税额=净吨位数\times 适用单位税额$$

（4）游艇：

$$应纳税额=艇身长度数\times 适用单位税额$$

【例7-10】 某运输公司拥有商用货车10辆（载重吨位全部为5吨），乘用车40辆（排气量1升以下），请计算该公司的车船税应纳税额。（假设载货汽车年每吨税额为40元，乘用车年每辆税额为150元。）

解 商用货车应纳税额=10×5×40=2 000（元）

乘用车应纳税额=40×150=6 000（元）

全年应纳税额合计=2 000+6 000=8 000（元）

三、车船税的缴纳与申报

（一）车船税缴纳地点

缴纳车船税的单位，应当向其机构所在地的地方税务机关申报缴纳车船税；缴纳车船税的个人，应当向其住所所在地的地方税务机关申报缴纳车船税。跨地、州、市（县）使用的车船，则应在车船登记地缴纳。

为了方便纳税人，严格车船税的征收管理，对于除拖拉机、军队武警专用车辆、警用车辆、外交车辆、省级政府规定免税的公交车辆以外的机动车，纳税人如果没有缴税，应当在购买机动车交通事故责任强制保险时按照当地的车船税税额标准计算缴纳车船税。

（二）车船税的纳税时间与纳税期限

车船税的纳税时间为车船管理部门核发的车船登记证书或者行驶证书上所载明的日期的当月。

车船税按年申报缴纳。缴纳年度自公历 1 月 1 日起至 12 月 31 日止。具体的申报纳税期限由各省、自治区、直辖市人民政府确定。

（三）车船税的申报

车船税的纳税人应根据规定将现有的车船的数量、种类、吨位和用途情况，据实向当地的税务机关办理纳税申报，并如实填写财产和行为税纳税申报表。

四、车船税涉税业务的账务处理

（一）车船税应纳税额的账户设置

企业缴纳车船税，应设置“应交税费——应交车船税”进行核算。该账户借方反映企业已经缴纳的车船税额，贷方反映企业应缴纳的车船税额，通常余额在贷方，表示企业应缴纳而未缴纳的车船税。

（二）车船税应纳税额的账务处理

【例 7-11】 某企业拥有乘用车 3 辆，每辆年应税额 600 元；商用货车 160 吨位，年每吨税额 65 元，按季预缴车船税。请计算应纳车船税税额并进行相应的会计处理。

解 (1)计算应纳税额

年应纳税额＝3×600＋160×65＝12 200(元)

季应纳税额＝12 200÷4＝3 050(元)

(2) 相应会计处理

每季预提税金时：

借：税金及附加　　3 050

　贷：应交税费——应交车船税　　3 050

每季缴纳税金时：

借：应交税费——应交车船税　　3 050

　贷：银行存款　　3 050

模块六 契税纳税实务

一、契税基础认知

（一）契税的概念

契税，是指对契约征收的税，属于财产转移税，由财产承受人缴纳。契税中所涉及的契约，包括土地使用权转移（如土地使用权出让或转让）和房屋所有权转移（如房屋买卖、赠送、互换等）。

除了上述行为以外，房屋所有权转移的方式还有很多种。其中，有两种常见的房屋权属转移，按规定要缴纳契税：因特殊贡献获奖，奖品为土地或房屋权属；预购期房、预付款项集资建房，只要拥有房屋所有权，就等同于房屋买卖。

我国现行契税法的基本规范是2020年8月11日第十三届全国人民代表大会常务委员会第二十一次会议通过并自2021年9月1日起施行的《中华人民共和国契税法》（以下简称《契税法》）。

（二）契税的纳税人

契税的纳税人是境内承受土地、房屋权属转移的单位和个人。“境内”是指中华人民共和国实际税收行政管辖范围内；“土地、房屋权属”是指土地使用权和房屋所有权；“承受”是指以受让、购买、受赠、交换等方式取得土地、房屋权属的行为；“单位”是指企业单位、事业单位、国家机关、军事单位和社会团体以及其他组织；“个人”是指个体经营者及其他个人。

（三）契税的征税对象和范围

契税的征税对象在中国境内转移土地、房屋权属的行为。具体征税范围如下。

（1）土地使用权出让。土地使用权出让，是指土地使用者向国家交付土地使用权出让费用，国家将国有土地使用权在一定年限内让予土地使用者的行为。

（2）土地使用权转让。土地使用权转让，是指土地使用者以出售、赠与、互换或者其他方式将土地使用权转移给其他单位和个人的行为。土地使用权出售，是指土地使用者以土地使用权作为交易条件，取得货币、实物、无形资产或者其他经济利益的行为。土地使用权赠与，是指土地使用者将其土地使用权无偿转让给受赠者的行为。土地使用权互换，是指土地使用者之间相互交换土地使用权的行为。土地使用权转让不包括农村集体土地承包经营权的转移。

（3）房屋买卖。房屋买卖是指房屋所有者将其房屋出售，由承受者交付货币、实物、无形资产或者其他经济利益的行为。

（4）房屋赠与。房屋赠与是指房屋所有者将其房屋无偿转让给受赠者的行为。

（5）房屋互换。房屋互换是指房屋所有者之间相互互换房屋的行为。在互换过程中双方交换价值相等的，免纳契税。价值不相等的，按超出部分由支付差价方缴纳契税。

以作价投资（入股）、偿还债务、划转、奖励等方式转移土地、房屋权属的，应当依照税法规定征收契税。对于这些转移土地、房屋权属的形式，可以分别视同土地使用权转让、房屋买卖或者房屋赠与征收契税。土地使用权受让人通过完成土地使用权转让方约定的投资额度或投资特定项目，以此获取低价转让或无偿赠与的土地使用权的，属于契税征收范围，其计税价格由征收机关参照纳税义务发生时当地的市场价格核定。此外，公司增资扩股中，对以土地、房屋权属作价人股或作为出资投人企业的，征收契税；企业破产清算期间，对非债权人承受破产企业土地、房屋权属的，征收契税。

土地、房屋典当、分拆（分割）、抵押以及出租等行为，不属于契税的征税范围。

（四）契税的税收优惠

1. 有下列情形之一的，免征契税

（1）国家机关、事业单位、社会团体、军事单位承受土地、房屋权属用于办公、教学、医疗、科研、军事设施；

（2）非营利性的学校、医疗机构、社会福利机构承受土地、房屋权属用于办公、教学、医疗、科研、养老、救助；

（3）承受荒山、荒地、荒滩土地使用权用于农、林、牧、渔业生产；

（4）婚姻关系存续期间夫妻之间变更土地、房屋权属；

（5）法定继承人通过继承承受土地、房屋权属；

（6）依照法律规定应当予以免税的外国驻华使馆、领事馆和国际组织驻华代表机构承受土地、房屋权属。

根据国民经济和社会发展的需要，国务院对居民住房需求保障、企业改制重组、灾后重建等情形可以规定免征或者减征契税，报全国人民代表大会常务委员会备案。

2. 省、自治区、直辖市可以决定对下列情形免征或者减征契税

（1）因土地、房屋被县级以上人民政府征收、征用，重新承受土地、房屋权属；

（2）因不可抗力灭失住房，重新承受住房权属。

上述规定的免征或者减征契税的具体办法，由省、自治区、直辖市人民政府提出，报同级人民代表大会常务委员会决定，并报全国人民代表大会常务委员会和国务院备案。

经批准减征、免征契税的纳税人，改变有关土地、房屋的用途，或者有其他不再属于税法规定的减征、免征契税情形的，就不再属于减征、免征契税范围，并且应当补缴已经减征、免征的税款。

二、契税的计算

（一）契税的计税依据

（1）土地使用权出让、土地使用权出售、房屋买卖，以成交价格为计税依据。成交价格经双方敲定，形成合同，税务机关以此为据，直接计税。

（2）土地使用权赠与、房屋赠与以及其他没有价格的转移土地、房屋权属的行为，由征收机关参照土地使用权出售、房屋买卖的市场价格核定。

（3）土地使用权互换、房屋互换，为所互换的土地使用权、房屋的价格的差额。

（4）以划拨方式取得土地使用权的，经批准转让房地产时，应由房地产转让者补交契税。其计税依据为补缴的土地使用权出让费用或者土地收益。

为了防止纳税人隐瞒、虚报成交价格以偷、逃税款，对纳税人申报的成交价格、互换价格差额明显偏低且无正当理由的，由税务机关依照《中华人民共和国税收征收管理法》的规定核定。

（二）契税的税率

契税税率一般为3％～5％。契税的具体适用税率，由省、自治区、直辖市人民政府在规定的税率幅度内提出，报同级人民代表大会常务委员会决定，并报全国人民代表大会常务委

员会和国务院备案。省、自治区、直辖市可以依照规定的程序对不同主体、不同地区、不同类型的住房的权属转移确定差别税率。

（三）契税的计算公式

契税采用比例税率，计算公式如下：

应纳税额＝计税依据×适用税率

【例 7-12】 某房地产开发公司购买某企业闲置的房产，合同上注明土地使用权价款1500 万元，厂房和附着物共计价款 802 万元。该房地产开发公司应缴纳契税是多少？（当地省人民政府规定的契税税率为 3%。）

解 应纳税额＝(802＋1 500)×0.03＝69.06(万元)

三、契税的缴纳与申报

（一）契税的缴纳

契税实行属地征收管理。纳税人发生契税纳税义务时，应向土地、房屋所在地的税务征收机关申报纳税。

纳税人办理纳税事宜后，税务机关应当开具契税完税凭证。纳税人办理土地、房屋权属登记，不动产登记机构应当查验契税完税、减免税凭证或者有关信息。未按照规定缴纳契税的，不动产登记机构不予办理土地、房屋权属登记。

在依法办理土地、房屋权属登记前，权属转移合同、权属转移合同性质凭证不生效、无效、被撤销或者被解除的，纳税人可以向税务机关申请退还已缴纳的税款，税务机关应当依法办理。

税务机关应当与相关部门建立契税涉税信息共享和工作配合机制。自然资源、住房城乡建设、民政、公安等相关部门应当及时向税务机关提供与转移土地、房屋权属有关的信息，协助税务机关加强契税征收管理。

税务机关及其工作人员对税收征收管理过程中知悉的纳税人的个人信息，应当依法予以保密，不得泄露或者非法向他人提供。

（二）契税的申报

契税申报时，应按规定如实填写“财产和行为税纳税申报表”。

四、契税涉税业务的账务处理

（一）契税应纳税额的账户设置

企业缴纳契税，应设置“应交税费——应交契税”进行核算。该账户借方反映企业已经缴纳的契税额，贷方反映企业应缴纳的契税额，通常余额在贷方，表示企业应缴纳而未缴纳的契税。

（二）契税应纳税额的账务处理

【例 7-13】 某企业以 20 000 000 元购得一块土地的使用权，当地规定契税税率为 3%，请计算应纳契税税额并进行相应的会计处理。

解 (1) 计算应纳税额：

应纳税额＝20 000 000×3％＝600 000(元)

(2) 相应会计处理：

预提税金时：

借:固定资产——土地使用权/管理费用　　600 000

　贷:应交税费——应交契税　　600 000

缴纳税金时：

借:应交税费——应交契税　　600 000

　贷:银行存款　　600 000

企业也可以不通过“应交税费——应交契税”账户，当实际缴纳契税时，借记“固定资产”、“无形资产”、“税金及附加”账户，贷记“银行存款”账户。

模块七　土地增值税纳税实务

一、土地增值税基础认知

(一) 土地增值税的概念

土地增值税是指转让国有土地使用权、地上的建筑物及其附着物并取得增值收入的单位和个人，以转让所取得的收入包括货币收入、实物收入和其他收入为计税依据向国家缴纳的一种税赋，不包括以继承、赠与方式无偿转让房地产的行为。

(二) 土地增值税的纳税义务人

土地增值税的纳税义务人是转让国有土地使用权、地上建筑物及其附着物产权，并取得收入的单位和个人。具体包括：国有企业、集团企业、私营企业、外商投资企业和外国企业；机关、团体、部队、事业单位、个体工商户及其他单位和个人；外国机构、华侨、港澳台同胞及外国公民。

(三) 土地增值税的纳税范围

土地增值税的纳税范围是：转让国有土地使用权；地上的建筑物及其附着物连同国有土地使用权一并转让。这里的转让指有偿转让，不包括继承、赠与等方式的无偿转让。产权不发生转移的出租房地产及受托代建工程，不属于此纳税范围。

(四) 土地增值税的征税对象

土地增值税的征税对象是转让国有土地使用权、地上的建筑物及其附着物所取得的增值额。增值额为纳税人转让房地产的收入减除《中华人民共和国土地增值税暂行条例》规定的扣除项目金额后的余额。

转让房地产的收入包括货币收入、实物收入和其他收入，即与转让房地产有关的经济收益。

(五) 土地增值税的纳税优惠

(1) 纳税人建造普通住宅出售时，增值额未超过扣除项目金额20％的，免征土地增值税;增值额超过扣除项目金额20%的,就其全部增值额计税。

2005年,国务院进一步加强了对房地产市场的引导和调控,发布了《国务院办公厅转发关于做好稳定住房价格工作意见的通知》(国办发[2005]26号文件),明确了享受优惠政策的住宅原则上应同时满足以下条件:

① 住宅小区建筑容积率在1.0以上;

② 单套建筑面积在120平方米以下;

③ 实际成交价格低于同级别土地上住房平均交易价格1.2倍以下。

(2) 因国家建设需要依法征用、收回的房地产免征土地增值税。因国家建设需要依法征用、收回的房地产,是指因城市实施规划、国家建设的需要而被政府批准征用的房地产或收回的土地使用权。

(3) 个人因工作调动或改善居住条件而转让原自用住房,经向税务机关申报核准,凡居住满五年或五年以上的,免予征收土地增值税;居住满三年未满五年的,减半征收土地增值税;居住未满三年的,按规定计征土地增值税。

(4) 对个人之间互换自有居住用房地产的,经当地税务机关核实,可以免征土地增值税。

(5) 对于以房地产进行投资联营的,投资联营一方以土地(房地产)作价入股或作为联营条件,将房地产转让到投资联营的企业中时,暂免征收土地增值税。对投资联营企业将上述房地产再转让的,应征收土地增值税。

(6) 在企业兼并中,对被兼并企业将房地产转让到兼并企业中的,暂免征收土地增值税。

(7) 对于一方出土地,一方出资金,双方合作建房,建成后按比例分房自用的,暂免征收土地增值税;建成后转让的,应征收土地增值税。

(8) 企事业单位、社会团体以及其他组织转让旧房作为廉租住房、经济适用住房房源,且增值额未超过扣除项目金额20%的,免征土地增值税。

二、土地增值税的计算

(一) 土地增值税的计税依据

土地增值税是以转让房地产取得的收入,减除法定扣除项目金额后的增值额作为计税依据的。

(二) 土地增值税的税率

土地增值税实行四级超率累进税率,各级税率如下。

(1) 增值额未超过扣除项目金额50%的部分,税率为30%。

(2) 增值额超过扣除项目金额50%、未超过扣除项目金额100%的部分,税率为40%,速算扣除系数为5%。

(3) 增值额超过扣除项目金额100%、未超过扣除项目金额200%的部分,税率为50%,速算扣除系数为15%。

(4) 增值额超过扣除项目金额200%的部分,税率为60%,速算扣除系数为35%。

（三）土地增值税的应税收入

根据《中华人民共和国土地增值税暂行条例》及其实施细则的规定，纳税人转让房地产取得的应税收入，应包括转让房地产的全部价款及有关的经济收益。从收入的形式来看，包括货币收入、实物收入和其他收入。

(1) 货币收入。货币收入是指纳税人转让房地产而取得的现金、银行存款、银行支票、银行本票、汇票等各种信用票据和国库券、金融债券、企业债券、股票等有价证券。

对取得的外币收入，应按取得收入当天或当月 1 日国家公布的外汇汇率折合人民币计算应税收入。

(2) 实物收入。实物收入是指纳税人转让房地产而取得的各种实物形态的收入，如钢材、水泥等建材，房屋、土地等不动产。实物收入的价值不太容易确定，一般要对这些实物形态的财产按公允价进行估价确认。

(3) 其他收入。其他收入是指纳税人转让房地产而取得的无形资产收入或具有财产价值的权利，如专利权、商标权、著作权、专有技术使用权、土地使用权、商誉权等。这种类型的收入比较少见，对其价值需要进行专门的评估。

（四）土地增值税扣除项目金额的确认

扣除项目主要有下列几项：

1. 转让新开发房地产的扣除项目金额

(1) 取得土地使用权所支付的金额，包括纳税人为取得土地使用权所支付的地价款和按国家统一规定交纳的有关费用。具体为：以出让方式取得土地使用权的，为支付的土地出让金；以行政划拨方式取得土地使用权的，为转让土地使用权时按规定补交的出让金；以转让方式得到土地使用权的，为支付的地价款。

(2) 开发土地和新建房及配套设施的成本（以下简称房地产开发成本），包括土地征用及拆迁补偿费、前期工程费、建筑安装工程费、基础设施费、公共设施配套费、开发间接费用等。这些成本允许按实际发生额扣除。

(3) 开发土地和新建房及配套设施的费用（以下简称房地产开发费用）。它是指与房地产开发项目有关的销售费用、管理费用、财务费用。财务费用中的利息支出，凡能够按转让房地产项目计算分摊并提供金融机构证明的，允许据实扣除，但最高不能超过按商业银行同类同期贷款利率计算的金额。其他房地产开发费用按取得土地使用权所支付的金额及房地产开发成本之和的 5%以内计算扣除。

凡不能按转让房地产项目计算分摊利息支出或不能提供金融机构证明的，房地产开发费用按取得土地使用权所支付的金额及房地产开发成本的 10%以内计算扣除。

(4) 与转让房地产有关的税金。这是指在转让房地产时缴纳的增值税、城市维护建设税、印花税及教育费附加。

(5) 加计扣除。对从事房地产开发的纳税人，可按取得土地使用权所支付的金额与房地产开发成本之和加计 20%的扣除。

2. 转让旧房地产的扣除项目金额的确认

转让旧房地产的扣除项目包括转让房地产的评估价格和转让中支付的相关税金。

旧房及建筑物的评估价格，是指在转让已使用的房屋及建筑物时，由政府批准设立的房地产评估机构评定的重置成本价乘以成新度折扣率后的价值，并由当地税务机关参考评估机构的评估而确认的价格。

（五）土地增值税的计算公式

土地增值税的计算公式为：

$$应纳税额=\sum(每级距土地增值额\times适用税率)$$

但在实际工作中，分步计算比较烦琐，一般可以采用速算扣除法计算。土地增值税税额，可采用增值额乘以适用的税率减去扣除项目金额乘以速算扣除系数的简便方法计算，具体公式如下。

（1）增值额未超过扣除项目金额的 50%：

$$土地增值税税额=增值额\times30\%$$

（2）增值额超过扣除项目金额 50%、未超过 100%：

$$土地增值税税额=增值额\times40\%-扣除项目金额\times5\%$$

（3）增值额超过扣除项目金额 100%、未超过 200%：

$$土地增值税税额=增值额\times50\%-扣除项目金额\times15\%$$

（4）增值额超过扣除项目金额 200%：

$$土地增值税税额=增值额\times60\%-扣除项目金额\times35\%$$

公式中的 5%、15%、35%分别为二、三、四级的速算扣除系数。

【例 7-14】 某纳税人转让房地产所取得的收入为 670 万元，其扣除项目金额为 320 万元，试计算其应纳土地增值税的税额。

解 （1）计算土地增值额：

土地增值额=670－320=350(万元)

（2）计算土地增值额与扣除项目金额的比率：

土地增值额与扣除项目金额的比率=350÷320×100%=109%

（3）计算土地增值税应纳税额：

土地增值税应纳税额=350×50%－320×15%=127(万元)

三、土地增值税的缴纳与申报

（一）土地增值税的缴纳

1. 土地增值税的纳税地点

土地增值税的纳税人应向房地产所在地主管税务机关办理纳税申报，并在税务机关核定的期限内缴纳土地增值税。“房地产所在地”，是指房地产的坐落地。纳税人转让的房地产坐落在两个或两个以上地区的，应按房地产所在地分别申报纳税。

在实际工作中，纳税地点的确定又可分为以下两种情况。

（1）纳税人是法人的。如果转让的房地产坐落地与其机构所在地或经营所在地一致，则在办理税务登记的原管辖税务机关申报纳税即可；如果转让的房地产坐落地与其机构所在地或经营所在地不一致，则应在房地产坐落地所管辖的税务机关申报纳税。

(2) 纳税人是自然人的。如果转让的房地产坐落地与其居住所在地一致，则在居住所在地税务机关申报纳税；如果转让的房地产坐落地与其居住所在地不一致，则在办理过户手续所在地的税务机关申报纳税。

2. 土地增值税的纳税时间

(1) 一次性付款转让房地产的。土地增值税的纳税人应在转让房地产合同签订后的7日内，到房地产所在地主管税务机关办理纳税申报，并向税务机关提交房屋及建筑物产权、土地使用权证书，土地转让、房产买卖合同、房地产评估报告及其他与转让房地产有关的资料。

(2) 以分期收款方式转让房地产的。对于以分期收款方式转让房地产的，主管税务机关可以根据合同规定的收款日期来确定具体的纳税期限。纳税人按照合同约定的收款日期和当地规定的预征率先预交，全部售房款收完后进行清算，多退少补。

(3) 项目全部竣工结算前转让房地产的。纳税人在项目全部竣工结算前转让房地产取得的收入，由于涉及成本核算或其他原因，无法据实计算土地增值税的，可以预征土地增值税。该项目全部竣工、办理结算后再进行结算，多退少补。

(4) 房地产开发企业因经常发生房地产转让而难以在每次转让后申报的。纳税人因经常发生房地产转让而难以在每次转让后申报，是指房地产开发企业开发建造的房地产，因分次转让而频繁发生纳税义务难以在每次转让后申报纳税的情况，土地增值税可按月或按各省、自治区、直辖市和计划单列市地方税务局规定的期限申报缴纳。

纳税人选择定期申报方式的，应向纳税人所在地的地方税务机关备案。定期申报方式确定后，一年之内不得变更。

(二) 土地增值税的申报

纳税人应当自转让房地产合同签订之日起7日内向房地产所在地主管税务机关办理纳税申报，并在税务机关核定的期限内缴纳土地增值税。

四、土地增值税涉税业务的账务处理

(一) 土地增值税应纳税额的账户设置

企业缴纳土地增值税，应设置“应交税费——应交土地增值税”进行核算。该账户借方反映企业已经缴纳的土地增值税税额，贷方反映企业应缴纳的土地增值税税额，通常余额在贷方，表示企业应缴纳而未缴纳的土地增值税。预缴土地增值税的企业，借方余额包括预缴的增值税。

(二) 土地增值税应纳税额的账务处理

企业转让土地使用权应缴的土地增值税，土地使用权与地上建筑物及其附着物一并在“固定资产”等账户核算的，应通过“固定资产清理”账户核算，取得的转让收入记入“固定资产清理”账户的贷方；应纳的土地增值税，借记“固定资产清理”，贷记“应交税费——应交土地增值税”账户。

土地使用权在“无形资产”账户核算的，按实际收到的金额，借记“银行存款”账户，按应缴的土地增值税，贷记“应交税费——应交土地增值税”账户，同时冲销土地使用权的账面价值，贷记“无形资产”账户，按其差额，借记“营业外支出”账户或贷记“营业外收入”账户。实际缴纳土地增值税时，借记“应交税费——应交土地增值税”账户，贷记“银行存款”等账户。

【例 7-15】 某兼营房地产业务的企业转让其以行政划拨的方式取得的土地使用权，转让土地应补缴土地出让金 80 000 元，取得土地使用权转让收入 300 000 元，假定该企业所在地政府规定增值税税率为 5%，城市维护建设税税率为 7%，教育费附加税率为 5%。计算应纳土地增值税，并做出相应的会计分录。

解 补缴土地出让金时：

借：无形资产	80 000	
贷：银行存款		80 000

转让时计算应缴土地增值税：

与转让土地有关的税金＝300 000×5%＋300 000×5%×(7%＋5%)＝16 800(元)

增值额＝300 000－80 000－16 800＝203 200(元)

增值金额与扣除项目金额比率＝(203 200÷96 800)×100%＝210%

应纳税额＝203 200×50%－96 800×15%＝87 080(元)

会计分录如下：

借：银行存款	300 000	
贷：应交税费——应交土地增值税		87 080
——应交增值税		15 000
——应交城市维护建设税及教育费附加		1 800
无形资产		80 000
营业外收入		116 120

上缴土地增值税及有关税金时：

借：应交税费——应交土地增值税	87 080	
——应交增值税	15 000	
——应交城市维护建设税及教育费附加	1 800	
贷：银行存款		103 880

模块八 资源税纳税实务

资源税是对在我国境内开采应税资源的单位和个人，就其应税数量征收的一种税。2019 年 8 月 26 日，第十三届全国人民代表大会常务委员会第十二次会议通过《中华人民共和国资源税法》(以下简称《资源税法》)，该法自 2020 年 9 月 1 日起施行。

一、资源税的纳税义务人

在中华人民共和国领域和中华人民共和国管辖的其他海域开发应税资源的单位和个

人，为资源税的纳税人。其中，单位是指国有企业、集体企业、私营企业、股份制企业、其他企业和行政单位、事业单位、军事单位、社会团体及其他单位；个人是指个体经营者及其他个人。其他单位和其他个人包括外商投资企业、外国企业及外籍人员。

开采海洋或陆上油气资源的中外合作油气田，在 2011 年 11 月 1 日前已签订的合同继续缴纳矿区使用费，不缴纳资源税；合同期满后，依法缴纳资源税。

进口矿产品和盐的单位和个人，不属于资源税的纳税义务人。对出口应税产品不免征或退还已纳资源税。

单位和个人以应税产品投资、分配、抵债、赠与、以物易物等视同销售，应按规定计算缴纳资源税。

二、资源税的税目和税率

资源税的税目和税率如表 7-5 所示。

表 7-5　资源税的税目和税率

序号	税目			征税对象	税率
1	能源矿产	原油		原矿	6%
2		天然气、页岩气、天然气水合物		原矿	6%
3		煤		原矿或者选矿	2%～10%
4		煤成（层）气		原矿	1%～2%
5		铀、钍		原矿	4%
6		油页岩、油砂、天然沥青、石煤		原矿或者选矿	1%～4%
7		地热		原矿	1%～20%或者每立方米 1～30 元
8	金属矿产	黑色金属	铁、锰、铬、钒、钛	原矿或者选矿	1%～9%
9		有色金属	铜、铅、锌、锡、镍、锑、镁、钴、铋、汞	原矿或者选矿	2%～10%
10			铝土矿	原矿或者选矿	2%～9%
11			钨	选矿	6.5%
12			钼	选矿	8%
13			金、银	原矿或者选矿	2%～6%
14			铂、钯、钌、锇、铱、铑	原矿或者选矿	5%～10%
15			轻稀土	选矿	7%～12%
16			中重稀土	选矿	20%
17			铍、锂、锆、锶、铷、铯、铌、钽、锗、镓、铟、铊、铪、铼、镉、硒、碲	原矿或者选矿	2%～10%

续表

序号	税目			征税对象	税率
18	非金属矿产	矿物类	高岭土	原矿或者选矿	1%～6%
19			石灰岩	原矿或者选矿	1%～6%或者每吨（或者每立方米）1～10元
20			磷	原矿或者选矿	3%～8%
21			石墨	原矿或者选矿	3%～12%
22			萤石、硫铁矿、自然硫	原矿或者选矿	1%～8%
23			天然石英砂、脉石英、粉石英、水晶、工业用金刚石、冰洲石、蓝晶石、硅线石（矽线石）、长石、滑石、刚玉、菱镁矿、颜料矿物、天然碱、芒硝、钠硝石、明矾石、砷、硼、碘、溴、膨润土、硅藻土、陶瓷土、耐火黏土、铁矾土、凹凸棒石黏土、海泡石黏土、伊利石黏土、累托石黏土	原矿或者选矿	1%～12%
24			叶蜡石、硅灰石、透辉石、珍珠岩、云母、沸石、重晶石、毒重石、方解石、蛭石、透闪石、工业用电气石、白垩、石棉、蓝石棉、红柱石、石榴子石、石膏	原矿或者选矿	2%～12%
25			其他黏土（铸型用黏土、砖瓦用黏土、陶粒用黏土、水泥配料用黏土、水泥配料用红土、水泥配料用黄土、水泥配料用泥岩、保温材料用黏土）	原矿或者选矿	1%～5%或者每吨（或者每立方米）0.1～5元
26		岩石类	大理岩、花岗岩、白云岩、石英岩、砂岩、辉绿岩、安山岩、闪长岩、板岩、玄武岩、片麻岩、角闪岩、页岩、浮石、凝灰岩、黑曜岩、霞石正长岩、蛇纹岩、麦饭石、泥灰岩、含钾岩石、含钾砂页岩、天然油石、橄榄岩、松脂岩、粗面岩、辉长岩、辉石岩、正长岩、火山灰、火山渣、泥炭	原矿或者选矿	1%～10%
27			砂石（天然砂、卵石、机制砂石）	原矿或者选矿	1%～5%或者每吨（或者每立方米）0.1～5元
28		宝玉石类	宝石、玉石、宝石级金刚石、玛瑙、黄玉、碧玺	原矿或者选矿	4%～20%

续表

序号	税目		征税对象	税率
29	水气矿产	二氧化碳气、硫化氢气、氦气、氡气	原矿	2%～5%
30		矿泉水	原矿	1%～20%或者每立方米1～30元
31	盐	钠盐、钾盐、镁盐、锂盐	选矿	3%～15%
32		天然卤水	原矿	3%～15%或者每吨（或者每立方米）1～10元
33		海盐		2%～5%

三、资源税应纳税额的计算

资源税应纳税额的计算分为从价定率计征和从量定额计征两种方法。

1. 从价定率计征

资源税从价定率计征的，以销售额为计税依据。资源税应纳税额的具体计算公式为

资源税应纳税额＝销售额×适用税率

销售额是指纳税人为销售应税矿产品而向购买方收取的全部价款和价外费用，但不包括收取的增值税销项税额。资源税销售额的基本原则性规定与增值税的大体一致。

纳税人开采应税矿产品，如果由其关联单位对外销售的，按其关联单位的销售额征收资源税。纳税人既有对外销售，又有将应税产品用于除连续生产应税产品外的其他方面的（包括用于非生产项目和生产非应税产品），则其自用的部分应税产品要按照纳税人对外销售应税产品的平均价格计算销售额征收资源税。

纳税人将其开采的应税产品直接出口的，按照其离岸价格（不含增值税）计算销售额征收资源税。

【例 7-16】 某油田 2020 年 4 月生产原油 6 万吨。本月销售原油 3 万吨，开具的增值税专用发票上注明的价款为 20 000 万元，税额为 2 600 万元；其他原油待销售。假设原油适用的资源税税率为 6%。试计算该油田 4 月应缴纳的资源税。

销售原油应缴纳的资源税＝20 000×6%＝1 200（万元）

2. 从量定额计征

资源税从量定额计征的，以销售数量为计税依据。资源税应纳税额的具体计算公式为

资源税应纳税额＝课税数量×单位税额

销售数量的具体规定如下：

（1）销售数量包括纳税人开采或者生产应税产品的实际销售数量和视同销售的自用数量。

（2）纳税人不能准确提供应税产品销售数量的，以应税产品的产量或者主管税务机关

确定的折算比例换算成的数量为计征资源税的销售数量。

(3) 金属和非金属矿产品原矿，因无法准确掌握纳税人移送使用原矿数量的，可以将其精矿按照选矿比折算成原矿数量，以此作为课税数量。其计算公式为

选矿比＝精矿数量÷耗用原矿数量

(4) 纳税人以自产的液体盐加工固体盐，按照固体盐税额征税，以加工的固体盐数量为课税数量。纳税人以外购的液体盐加工成固体盐，其加工固体盐所耗用液体盐的已纳税额准予抵扣。

【例 7-17】 某矿山 2020 年 3 月销售非金属矿原矿 20 万吨，适用 3 元/吨的单位税额。试计算该矿山 3 月应缴纳的资源税。

应纳资源税＝20×3＝60(万元)

纳税人以外购原矿与自采原矿混合为原矿销售，或者以外购选矿产品与自产选矿产品混合为选矿产品销售的，在计算应税产品销售额或者销售数量时，直接扣减外购原矿或者外购选矿产品的购进金额或者购进数量。

纳税人以外购原矿与自采原矿混合洗选加工为选矿产品销售的，在计算应税产品销售额或者销售数量时，按照下列方法进行扣减：

准予扣减的外购应税产品购进金额(数量)＝外购原矿购进金额(数量)×(本地区原矿适用税率÷本地区选矿产品适用税率)

不能按照上述方法计算扣减的，按照主管税务机关确定的其他合理方法进行扣减。

四、资源税的税收优惠

纳税人在资源税纳税申报时，除财政部、国家税务总局另有规定外，应当将其应税和减免税项目分别计算和报送。纳税人的减税、免税项目，应当单独核算销售额或者销售数量；未单独核算或者不能准确提供销售额或者销售数量的，不予减税或者免税。纳税人享受资源税优惠政策，实行“自行判别、申报享受、有关资料留存备查”的办理方式，另有规定的除外。纳税人对资源税优惠事项留存材料的真实性和合法性承担法律责任。

(一) 免征资源税的情形

1. 开采原油以及在油田范围内运输原油过程中用于加热的原油、天然气，免征资源税。
2. 煤炭开采企业因安全生产需要抽采的煤成(层)气，免征资源税。

(二) 减征资源税的情形

1. 从低丰度油气田开采的原油、天然气，减征 20%资源税。
2. 高含硫天然气、三次采油和从深水油气田开采的原油、天然气，减征 30%资源税。
3. 稠油、高凝油减征 40%资源税。
4. 从衰竭期矿山开采的矿产品，减征 30%资源税。

根据国民经济和社会发展需要，国务院对有利于促进资源节约集约利用、保护环境等情形可以规定免征或者减征资源税，报全国人民代表大会常务委员会备案。

(三) 出口应税产品不退(免)资源税的规定

我国资源税仅对在中国境内开采或生产应税的产品征收,进口的矿产品和盐不征收资源税。由于对进口应税产品不征收资源税,因此,对出口的应税产品不免征或退还已纳资源税。

五、资源税的征收管理

(一) 纳税义务发生时间

纳税人销售应税产品,纳税义务发生时间为收讫销售款或者取得索取销售款凭据的当日;自用应税产品的,纳税义务发生时间为移送应税产品的当日。扣缴义务人代扣代缴税款的纳税义务发生时间,为支付首笔货款或首次开具支付货款凭据的当天。

(二) 资源税的纳税期限

资源税按月或者按季申报缴纳;不能按固定期限计算缴纳的,可以按次申报缴纳。

纳税人按月或者按季申报缴纳的,应当自月度或者季度终了之日起 15 日内,向税务机关办理纳税申报并缴纳税款;按次申报缴纳的,应当自纳税义务发生之日起 15 日内,向税务机关办理纳税申报并缴纳税款。

(三) 资源税的纳税环节和纳税地点

1. 资源税的纳税环节

资源税在应税产品的“销售”或“自用”环节计算缴纳。纳税人以自采原矿加工精矿产品的,在原矿移送使用时不缴纳资源税,在精矿销售或自用时缴纳资源税。

纳税人以自采原矿直接加工为非应税产品或者以自采原矿加工的精矿连续生产非应税产品的,在原矿或者精矿移送环节计算缴纳资源税。

以应税产品投资、分配、抵债、赠与、以物易物等,在应税产品所有权转移时计算缴纳资源税。

纳税人以自采原矿加工金锭的,在金锭销售或自用时缴纳资源税。纳税人销售自采原矿或者自采原矿加工的金精矿、粗金的,在原矿或者金精矿、粗金销售时缴纳资源税,在移送使用时不缴纳资源税。

2. 资源税的纳税地点

纳税人应纳的资源税,应当向应税产品的开采或者生产所在地主管税务机关缴纳。

六、资源税涉税业务的账务处理

(一) 资源税应纳税额的账户设置

企业缴纳资源税,应设置“应交税费——应交资源税”进行核算。该账户借方反映企业实际缴纳的资源税税额或允许抵扣的资源税,贷方反映企业应缴纳的资源税税额,通常余额在贷方,表示企业应缴纳而未缴纳的资源税。借方余额反映企业多缴纳的资源税。

（二）资源税应纳税额的账务处理

企业对外销售的应税资源产品，按产品销售价格，借记"银行存款"、"应收账款"等科目，贷记"主营业务收入"等科目；同时，按规定计算应纳资源税税额，借记"税金及附加"等科目，贷记"应交税费——应交资源税"科目。实际缴纳时，借记"应交税费——应交资源税"科目，贷记"银行存款"科目。

自产自用应税产品应交纳的资源税应记入"生产成本"、"制造费用"等科目，借记"生产成本"、"制造费用"等科目，贷记"应交税费　　应交资源税"科目。

企业收购未税矿产品，按实际支付的收购款，借记"材料采购"等科目，贷记"银行存款"等科目，按代扣代缴的资源税，借记"材料采购"等科目，贷记"应缴税费——应交资源税"科目。实际缴纳时，借记"应交税费——应交资源税"科目，贷记"银行存款"科目。

【例 7-18】 某油田 2020 年 7 月销售原油 2 万吨，取得不含增值税价款 9 000 万元，原油适用的税率为 6%。相关计算与会计分录如下：

解　应纳资源税额＝9 000×6%＝540(万元)

(1) 计提资源税时：

借：税金及附加　　5 400 000

　　贷：应交税费——应交资源税　　5 400 000

(2) 缴纳资源税时：

借：应交税费——应交资源税　　5 400 000

　　贷：银行存款　　5 400 000

模块九　环境保护税纳税实务

一、环境保护税基础认知

（一）环境保护税产生背景

为了保护和改善环境，减少污染物排放，推进生态文明建设，2016 年 12 月 25 日第十二届全国人民代表大会常务委员会第二十五次会议通过了《中华人民共和国环境保护税法》(简称《环境保护税法》)，该法自 2018 年 1 月 1 日起施行。

（二）环境保护税的纳税人

在中华人民共和国领域和中华人民共和国管辖的其他海域，直接向环境排放应税污染物的企业事业单位和其他生产经营者为环境保护税的纳税人，应当依照本法规定缴纳环境保护税。

（三）环境保护税的征税对象和范围

环境保护税的征税对象即应税污染物，是指环境保护税法所规定的大气污染物、水污染物、固体废物和噪声。

有下列情形之一的，不属于直接向环境排放污染物，不缴纳相应污染物的环境保护税：

(1) 企业事业单位和其他生产经营者向依法设立的污水集中处理、生活垃圾集中处理场所排放应税污染物的；

(2) 企业事业单位和其他生产经营者在符合国家和地方环境保护标准的设施、场所贮存或者处置固体废物的。

依法设立的城乡污水集中处理、生活垃圾集中处理场所超过国家和地方规定的排放标准向环境排放应税污染物的，应当缴纳环境保护税。

企业事业单位和其他生产经营者贮存或者处置固体废物不符合国家和地方环境保护标准的，应当缴纳环境保护税。

(四) 环境保护税的税收优惠

下列情形，暂予免征环境保护税：

(1) 农业生产(不包括规模化养殖)排放应税污染物的；

(2) 机动车、铁路机车、非道路移动机械、船舶和航空器等流动污染源排放应税污染物的；

(3) 依法设立的城乡污水集中处理、生活垃圾集中处理场所排放相应应税污染物，不超过国家和地方规定的排放标准的；

(4) 纳税人综合利用的固体废物，符合国家和地方环境保护标准的；

(5) 国务院批准免税的其他情形。

以上免税规定，由国务院报全国人民代表大会常务委员会备案。

纳税人排放应税大气污染物或者水污染物的浓度值低于国家和地方规定的污染物排放标准30%的，减按75%征收环境保护税。纳税人排放应税大气污染物或者水污染物的浓度值低于国家和地方规定的污染物排放标准50%的，减按50%征收环境保护税。

二、环境保护税的计算

(一) 计税依据

应税污染物的计税依据，按照下列方法确定：

(1) 应税大气污染物按照污染物排放量折合的污染当量数确定。

(2) 应税水污染物按照污染物排放量折合的污染当量数确定。

(3) 应税固体废物按照固体废物的排放量确定。

(4) 应税噪声按照超过国家规定标准的分贝数确定。

(二) 环境保护税的税目与税率

环境保护税的税目与税率如表7-6所示。

表 7-6 环境保护税税目税率表

税目		计税单位	税额
大气污染物		每污染当量	1.2 元至 12 元
水污染物		每污染当量	1.4 元至 14 元
固态废物	煤矸石	每吨	5 元
	尾矿	每吨	15 元
	危险废物	每吨	1 000 元
	冶炼渣、粉煤灰、炉渣、其他固体废物(含半固态、液态废物)	每吨	25 元
噪声	工业噪声	超标 1～3 分贝	每月 350 元
		超标 4～6 分贝	每月 700 元
		超标 7～9 分贝	每月 1 400 元
		超标 10～12 分贝	每月 2 800 元
		超标 13～15 分贝	每月 5 600 元
		超标 16 分贝以上	每月 11 200 元

备注:

1. 一个单位边界上有多处噪声超标,根据最高一处超标声级计算应纳税额;当沿边界长度超过 100 米有两处以上噪声超标,按照两个单位应纳税额。

2. 一个单位有不同地点作业场所的,应当分别计算应纳税额,合并计征。

3. 昼、夜均超标的环境噪声,昼、夜分别计算应纳税额,累计计征。

4. 声源一个月内超标不足 15 天的,减半计算应纳税额。

5. 夜间频繁突发和夜间偶然突发厂界超标噪声,按等效声级和峰值噪声两种指标中超标分贝值高的一项计算应纳税额。

应税大气污染物和水污染物的具体适用税额的确定和调整,由省、自治区、直辖市人民政府统筹考虑本地区环境承载能力、污染物排放现状和经济社会生态发展目标要求,在环境保护税税目税额表规定的税额幅度内提出,报同级人民代表大会常务委员会决定,并报全国人民代表大会常务委员会和国务院备案。

(三) 应纳税额的计算

应税大气污染物、水污染物的污染当量数,以该污染物的排放量除以该污染物的污染当量值计算。

每一排放口或者没有排放口的应税大气污染物,按照污染当量数从大到小排序,对前三项污染物征收环境保护税。每一排放口的应税水污染物,依照《应税污染物和当量值表》,区分第一类水污染物和其他类水污染物,按照污染当量数从大到小排序,对第一类水污染物按照前五项征收环境保护税,对其他类水污染物按照前三项征收环境保护税。

环境保护税应纳税额按照下列方法计算:

(1) 应税大气污染物的应纳税额为污染当量数乘以具体适用税额;

(2) 应税水污染物的应纳税额为污染当量数乘以具体适用税额;

(3) 应税固体废物的应纳税额为固体废物排放量乘以具体适用税额;

(4) 应税噪声的应纳税额为超过国家规定标准的分贝数对应的具体适用税额。

1. 应税大气污染物

计算公式：

应税大气污染物的应纳税额＝污染当量数(前三项)×具体适用税额

应税大气污染物污染当量数＝该污染物排放量/该污染物的污染当量值

【例 7-19】 甘肃省某企业 2018 年 4 月向大气直接排放二氧化硫、氟化物各 10 千克，一氧化碳、氯化氢各 100 千克。甘肃省大气污染物适用税额为 1.2 元/每污染当量。这家企业只有一个排放口，计算该企业 4 月大气污染物应缴纳的环境保护税。0.95、0.87、16.7、10.75分别为相应污染物的污染当量值(单位：千克)。

解 (1) 计算各污染物的污染当量数(单位：千克)

二氧化硫：10/0.95＝10.53；氟化物：10/0.87＝11.49；一氧化碳：100/16.7＝5.99；氯化氢：100/10.75＝9.3

(2) 按污染物的污染当量数排序

氟化物(11.49)＞二氧化硫(10.53)＞氯化氢(9.3)＞一氧化碳(5.99)

(3) 计算应纳税额(单位：元)

氟化物：11.49×1.2＝13.79；二氧化硫：10.53×1.2＝12.63；氯化氢：9.3×1.2＝11.16

2. 应税水污染物

计算公式：

应税水污染物的应纳税额＝污染当量数(第一类前五项、其他类前三项)×具体适用税额

应税水污染物污染当量数＝该污染物排放量/该污染物的污染当量值

【例 7-20】 上海市 B 企业 2018 年 5 月向水体直接排放第一类水污染物总汞、总镉、总铬、六价铬、总铅、总铍各 1 千克。排放其他类水污染物悬浮物(SS)、化学需氧量(CODcr)、氨氮各 20 千克，pH 值检测出是 6、污水排放量 400 吨。上海市水污染物适用税额标准为化学需氧量 5 元/污染当量、氨氮 4.8 元/污染当量、第一类水污染物 1.4 元/污染当量、其他类水污染物 1.4 元/污染当量。第一类水污染物的污染当量值分别为：0.000 5、0.005、0.04、0.02、0.02、0.025；第二类水污染物的污染当量值分别为 4、1、0.8(单位：千克)；pH 值 5－6 的污染当量值为 5 吨污水。

解 (1) 计算第一类水污染物的污染当量数并排序：

总汞：1÷0.000 5＝2 000；总镉：1÷0.005＝200；总铬：1÷0.04＝25；六价铬：1÷0.02＝50；总铅：1÷0.025＝40；总铍：1÷0.01＝100

总汞(2 000)＞总镉(200)＞总铍(100)＞六价铬(50)＞总铅(40)＞总铬(25)

(2) 计算第一类水污染物应纳税额(单位：元)：

总汞：2 000×1.4＝2 800；总镉：200×1.4＝280；总铍：100×1.4＝140；六价铬：50×1.4＝70；总铅：40×1.4＝56

第一类水污染物应纳税额：2 800＋280＋140＋70＋56＝3 346

(3) 计算其他类水污染物的污染当量数并排序(单位：千克)：

悬浮物(SS)：20÷4＝5；化学需氧量(CODcr)：20÷1＝20；氨氮：20÷0.8＝25；pH 值：

400÷5=80

pH值(80)>氨氮(25)>化学需氧量(CODcr)(20)>悬浮物(SS)(5)

(4) 计算其他类水污染物应纳税额(单位:元):

pH值:80×1.4=112

氨氮:25×4.8=120

化学需氧量(CODcr):20×5=100

(5) 其他类水污染物应纳税额:112+120+100=332

(6) 计算应纳税额(单位:元):

水污染物应纳税额:3 346+332=3 678

3. 应税固体废物

计算公式:

应税固体废物应纳税额=[产生量-综合利用量(免征)-贮存或者处置量(不属于直接向环境排放污染物)]×具体适用税额

【例7-21】 某企业2018年6月产生尾矿1 000吨,其中综合利用的尾矿300吨(符合国家和地方环境保护标准),在符合国家和地方环境保护标准的设施贮存200吨,计算该企业6月尾矿应缴纳的环境保护税。尾矿适用税额为15元/吨。

解 应纳环境保护税:(1 000-300-200)×15=7 500(元)

4. 应税噪声

计算公式:

应税噪声应纳税额=超过国家规定标准的分贝数对应的具体适用税额

【例7-22】 上海市D企业2018年6月在A作业场存在噪声超标。昼间,A作业场所超标1-3分贝,沿边界长度超过100米只有一处噪声超标,超标天数为14天;夜间,A作业场所超标7~9分贝,沿边界长度超过100米有两处以上噪声超标,超标天数为15天。计算D企业2018年6月噪声污染应缴纳的环境保护税。

计算方式:昼、夜均超标的环境噪声,昼、夜分别计算应纳税额,累计计征。

解 A作业场昼间应纳税额=350÷2(元)=175(元)(注:声源一个月内超标不足15天,减半计算)

A作业场夜间应纳税额=1 400×2=2 800(元)(注:沿边界长度超过100米有两处以上噪声超标,按两处计算)

应纳税额=175+2 800=2 975(元)

三、环境保护税的申报与缴纳

(一) 纳税义务发生时间

纳税义务发生时间为纳税人排放应税污染物的当日。

(二) 纳税期限

环境保护税按月计算,按季申报缴纳。不能按固定期限计算缴纳的,可以按次申报缴纳。

纳税人申报缴纳时,应当向税务机关报送所排放应税污染物的种类、数量,大气污染物、水污染物的浓度值，以及税务机关根据实际需要要求纳税人报送的其他纳税资料。

（三）纳税地点

纳税人应当向应税污染物排放地的税务机关申报缴纳环境保护税。

（四）纳税申报

纳税人按季申报缴纳的，应当自季度终了之日起15日内，向税务机关办理纳税申报并缴纳税款。纳税人按次申报缴纳的，应当自纳税义务发生之日起15日内，向税务机关办理纳税申报并缴纳税款。

四、环境保护税的涉税业务的账务处理

（一）环境保护税应纳税额的账户设置

企业缴纳环境保护税，应设置“应缴税费——应交环境保护税”进行核算。该账户借方反映企业已经缴纳的环境保护税税额，贷方反映企业应缴纳的环境保护税税额。

（二）环境保护税应纳税额的账务处理

(1) 环境保护税定期计算申报的会计处理。

计算出环境保护税时，借记“税金及附加”，贷记“应缴税费—应交环境保护税”，实际缴纳时，借记“应缴税费—应交环境保护税”，贷记“银行存款”。

(2) 环境保护税定期计算申报的会计处理。

环境保护税按次申报缴纳时直接借记“税金及附加”，贷记“银行存款”。

知识小结

城市维护建设税，是我国为了加强城市的维护建设，扩大和稳定城市维护建设资金的来源，以纳税人实际缴纳的流转税额为计税依据，对有经营收入的单位和个人征收的一种流转税。

城市维护建设税的税率按纳税人所在地分别规定为：市区7%，县城和镇5%，不在市区、县城和镇的，为1%。大中型工矿企业所在地在城市市区、县城、建制镇的，税率为5%。

城市维护建设税计算公式为：

应纳税额＝(增值税＋消费税)×适用税率

印花税是对经济活动和经济交往中书立、领受的应税经济凭证所征收的一种税。它是以经济活动中签立的各种合同、产权转移书据、营业账簿、权利许可证照等应税凭证文件为对象所征的一种税。印花税根据不同征税项目，分别实行从价计征和从量计征两种征收方式。

现行印花税采用比例税率和定额税率两种税率。

城镇土地使用税是对城市、县城、建制镇和工矿区内使用国有和集体所有的土地为征收对象的税种。

城镇土地使用税以纳税人实际占用的土地面积为计税依据，按照规定的适用税额计算征收。其计算公式为：

年应纳税额＝应税土地实际使用面积×单位适用税额

房产税，又称房屋税，是国家以房产作为课税对象，按房屋的计税余值或租金收入为计

税依据，向产权所有人征收的一种财产税。房产税的计税依据是房产的计税余值或房产的租金收入。房产税主要有两种计征方法：按照房产余值征税的，称为从价计征；按照房产租金收入计征的，称为从租计征。

车船税是指以在我国境内的车辆、船舶的所有人或者管理人为纳税人，按照规定的计税依据和年税额标准计算征收的一种财产税。车船税实行从量计税的方法，分别选择了四种单位的计税标准，即辆、净吨位、自重吨位和米。车船税应根据不同类型的车船和其适用的计税标准分别计算。

契税是指对契约征收的税，属于财产转移税，由财产承受人缴纳。契税的计税依据，归结起来有四种。契税采用比例税率，计算公式为：

应纳税额＝计税依据×税率

土地增值税是指转让国有土地使用权、地上的建筑物及其附着物并取得收入的单位和个人，以转让所得的收入包括货币收入、实物收入和其他收入为计税依据向国家缴纳的一种税，不包括以继承、赠与方式无偿转让房地产的行为。

土地增值税以转让房地产取得的收入，减除法定扣除项目金额后的增值额作为计税依据，并按照四级超率累进税率进行征收。

资源税是指以在我国境内开采应税资源为征税对象征收的一类税。资源税的应纳税额，按照从价定率或者从量定额的办法，分别以应税产品的销售额乘以纳税人具体适用的比例税率或者以应税产品的销售数量乘以纳税人具体适用的定额税率计算。

环境保护税的征税对象是应税污染物，是指环境保护税法所规定的大气污染物、水污染物、固体废物和噪声。环境保护税应纳税额按照下列方法计算：应税大气污染物的应纳税额为污染当量数乘以具体适用税额；应税水污染物的应纳税额为污染当量数乘以具体适用税额；应税固体废物的应纳税额为固体废物排放量乘以具体适用税额；应税噪声的应纳税额为超过国家规定标准的分贝数对应的具体适用税额。

知识巩固

1. 印花税税目有哪几大类？分别是什么？

2. 车船税纳税人和扣缴人是如何界定的？

3. 契税、城市维护建设税、房产税的征收范围各是什么？

4. 某房地产开发公司转让三栋商品住宅楼，共取得收入 8 000 万元，公司按规定缴纳了相关税费。该公司为取得土地使用权而支付的地价款和有关费用为 1 200 万元，投入的房地产开发成本为 1 800 万元；房地产开发费用中的利息支出为 300 万元（均为建设银行借款利息，取得银行证明）。公司所在地政府规定的其他房地产开发费用的计算扣除比例为 5%，增值税税率为 5%，城市维护建设税税率为 7%，教育费附加税率为 5%，印花税税率为 0.5‰。试计算该公司应纳土地增值税额。

5. 某有限责任公司地处省会城市，20×6 年 10 月实际缴纳增值税 80 万元，消费税40 万元。试计算该企业 10 月应纳城市维护建设税额并做相应的会计分录。

案例讨论

20×6年7月，某市大地房地产开发公司在市区中心地段开发多功能商住楼一栋，开发总面积5 000平方米。其中一、二层为超市，面积为1 000平方米；三、四、五层为普通住宅，面积为4 000平方米。商住楼的土地购置成本为400万元，房屋开发成本为700万元，房地产开发费用为土地成本和开发成本之和的10%（其他费用不计），公司以该栋楼为成本核算对象。

一、二层超市平均售价为8 500元/平方米，销售收入850万元。普通住宅部分平均售价为3 500元/平方米，实现销售收入1 400万元。商住楼合计销售收入2 250万元。税金及附加为123.75万元。

要求：

(1) 请按照超市和住宅分别计算及合并计算的方法，计算企业应纳的土地增值税税额。

(2) 根据相关土地增值税政策说明哪种方法正确，并给出理由。

实训设计

【实训目标】

(1) 能够准确进行企业印花税涉税业务的处理；

(2) 掌握印花税纳税申报流程；

(3) 熟悉财产和行为税纳税申报表的填写。

【实训内容与要求】

实训内容：

某高科技技术企业于2009年9月开业，注册资金为320万元，当月发生的经营活动如下：

(1) 建账时共设8个账簿，其中资金账簿中记载实收资本320万元。

(2) 签订购销合同4份，共记载金额280万元。

(3) 签订借款合同1份，记载金额60万元，当月支付价款利息5.2万元。

实训要求：

(1) 利用所学知识及网络资源解决实训过程中税收法规方面的问题；

(2) 利用网络资源学习和巩固纳税申报流程（可参考国家税务总局网站——办税导航）；

(3) 利用老师提供的资料尝试计算该企业当月应纳的印花税并填制财产和行为税纳税申报表。

【成果与检验】

实训结束，写出实训总结，主要包括：在实训中，为完成任务做了哪些准备工作；在实训中遇到了哪些新问题及如何解决的；纳税申报中获得的新技能有哪些。

学习情境八
企业纳税筹划

学习目标

- 了解企业纳税筹划的概念及分类；
- 掌握企业纳税筹划的方法；
- 能根据所学知识合理进行纳税筹划。

现代社会，税已经渗透到人们生活的方方面面，纳税是每个公民的应尽义务。有一种说法是：愚昧者抗税，愚蠢者偷税，聪明者节税。每个纳税人为了实现社会利益与个人利益的平衡，可以通过运用有效的方法和技巧来进行纳税以合理减轻自己的税负。而这种合理方法的选择就是纳税筹划。

模块一 企业纳税筹划基础认知

一、纳税筹划的概念和分类

（一）纳税筹划的概念

纳税筹划可以理解为：纳税人出于使自己经济利益最大化的初衷，在遵守税法、尊重税法、对国家相关法律与法规熟练掌握的前提下，全面、综合地发挥自己的内在潜质，通过周密地策划，作出以减少税负为目的的一系列决策与付诸实施的经济行为，该行为具有一定的不确定性。

（二）纳税筹划的分类

纳税筹划从不同的角度来看有不同的分类，这些分类有的是基于纳税义务主体而言的，有的是基于企业经营发展的战略而言。总体来说，有以下几种主要的形式。

1. 按纳税筹划的层次分类

由于纳税筹划必须针对不同企业的不同层次和需求，因此从这一角度出发，纳税筹划可以划分为战略性纳税筹划和战术性纳税筹划。

战略性纳税筹划是指企业进行纳税筹划对税负的考虑要与企业的长期发展目标相一

致,从长远的方面保证企业利益或所有者权益的最大化。

相对于战略性纳税筹划而言,战术性纳税筹划是指企业主要针对某一项业务或个案进行纳税筹划,目的是解决一定时期企业所面临的税负问题或使得企业一定时期现金流的流向与流速得以控制和调整。

2. 按纳税筹划的区域分类

纳税筹划按区域的不同,可以分为国内纳税筹划和国际纳税筹划。

国内纳税筹划是指国内企业在本国范围内,在遵守本国法律的前提下,通过合理合法的方式安排企业的各项经济活动和财务活动,以降低企业的税收负担的行为。

国际纳税筹划是指跨国纳税主体的经济活动涉及多个国别时,在既遵守本国法律,同时又遵守别国法律的前提下,采用合法合理的手段来达到减轻企业税收负担的行为。从这一概念出发,国际纳税筹划又可以分为本国投资者对外投资的纳税筹划、外国投资者对本国投资的纳税筹划及本国企业进行进出口贸易时的纳税筹划三种方式。

3. 按纳税筹划的实施手段分类

纳税筹划按实施手段的不同,可分为对税收优惠的选择运用而达到减轻税负的纳税筹划和通过其他经济性条款的运用而达到减轻或消除税收负担的纳税筹划。

4. 按纳税筹划与企业决策项目的关系分类

根据与企业决策项目的关系的不同,纳税筹划可以分为企业生产经营过程中的纳税筹划、企业投资决策中的纳税筹划、企业筹资决策中的纳税筹划、企业财务核算中的纳税筹划及企业财务人员成果分配过程中的纳税筹划。

5. 按纳税筹划的税种分类

纳税筹划按税种的不同,可以分为增值税纳税筹划、消费税纳税筹划、关税纳税筹划、企业所得税纳税筹划、个人所得税纳税筹划、城市维护建设税纳税筹划、印花税纳税筹划、城镇土地使用税纳税筹划、房产税纳税筹划、车船税纳税筹划、契税纳税筹划、土地增值税纳税筹划。

二、纳税筹划的特点与意义

(一) 纳税筹划的特点

1. 超前性

超前性是指经营者或投资者在从事经营活动或投资活动之前,就将税收作为影响最终成果的一个重要因素来设计和安排。

2. 合法性

合法性是指纳税筹划只能在税收法律许可的范围内进行。合法性是纳税筹划的最本质的特点。不违反法律规定是纳税筹划的前提条件,是纳税筹划最基本的要求,也是纳税筹划与偷税、避税的根本区别。合法性有两层含义:一是遵守税法;二是不违反税法。纳税筹划不仅不违法,而且符合国家的立法意图。当存在多种合法的纳税方案可供选择时,纳税人可以利用对税法的熟知、对实践技术的掌握,作出纳税最优化选择,最终降低税负。

3. 筹划性

筹划性表示事先规划、设计的意思。在现实的经济活动中,纳税义务通常具有滞后性。

这在客观上提供了对纳税事先作出筹划的可能。此外,纳税人和征税对象的性质不同,税收待遇也往往不同,这在另一方面为纳税人提供了可选择较低税负决策的机会。

4. 目的性

目的性是指纳税人纳税筹划行为的动机是减少纳税人的支出,取得最佳的经济效益。纳税筹划的目的并不是唯一的,直接减少税收负担是纳税筹划的最本质、最核心的目标。此外,延迟纳税、无偿使用财政资金以获取货币的时间价值,保证账目清楚、纳税申报正确、缴税及时足额、不遭受税收方面的处罚等,也是纳税筹划的目的。

5. 综合性

综合性是指纳税筹划应从纳税人资本总收益的长期稳定增长着眼,而不应只注重个别税种税负的高低或纳税人整体税负的轻重。

6. 专业性

专业性是指纳税筹划不仅是一门独立性很强的科学,而且有专门的部门和机构从事这项业务。它不仅涉及会计学,而且涉及法学、管理学、经济学等,是现代新兴的边缘学科。

7. 多变性

多变性是指纳税筹划要随着环境的变化而变化,这种变化是由于税收法律法规和政策的多变引起的。这对纳税人而言既是机会也是挑战。

8. 时效性

随着经济社会的发展和不断变化,各种经济现象变得越来越复杂,调节经济的各种法律变得越来越庞大,且处于不断调整和完善之中。特别是我国处于转型的时期,一些法律、法规和政策将会发生较大的变化,这使得纳税筹划必须立足于现实,准确把握法律、法规和政策的变化,及时调整和更新自己的筹划方案,以获取有利的筹划时机和更大的经济利益。

(二)纳税筹划的意义

纳税筹划不仅对纳税人有积极意义,对政府也同样具有积极意义。

1. 有助于增强纳税人的法制观念,提高纳税人的纳税意识

一般说来,企业只有在深刻理解并掌握税法的基础上,才能领会税收法律和政策的规定,作出正确而理性的选择。企业通过税法知识的学习,税收意识也会有所增强。一般情况下,纳税筹划做得好的企业往往也是纳税意识比较强的企业。

2. 有利于实现纳税人财务活动利益的最大化

企业作为经济活动的主体,追逐自身利益的最大化是其必然的选择。在收入一定的情况下,企业只有尽力使总成本降低,才能实现经济利益最大化的目标。从这个意义上说,纳税筹划是满足企业降低纳税成本的客观需要。纳税筹划可以帮助企业在正确规避纳税风险和陷阱的情况下,实现经济利益的最大化。

3. 有助于提高企业的财务管理与会计管理的水平

企业纳税筹划离不开财务会计人员,要求他们既要熟悉会计准则、会计制度,更要熟悉我国现行的税务和经济法律规范,要按照税法的要求设置账户、记账和编制财务会计报告、计税和填报纳税申报表及附表。税务筹划不仅有利于企业提高财务与会计的管理水平,也有利于规范企业的经济行为,作出正确的财务决策,促进企业经营活动的良性运行,提高企

业的经营管理水平。

4. 有利于提升企业的竞争力

企业进行纳税筹划，不仅可以减轻税务负担，还可以提升竞争实力。从短期来看，企业进行纳税筹划可以增加收入和利润，有利于未来的发展；从长远来看，企业的纳税筹划不仅增加了自身收益，税源的丰盈也使国家的税收得到增加，对提高国家的收入也将起到积极的作用。

5. 有利于塑造企业的良好形象

随着我国市场经济体制的不断完善和法制建设的不断加强，作为社会重要成员的企业应加强对法律知识的认知、提高法律意识。那些偷税、逃税的行为非但不能使企业获得更大的收益，还会因其破坏了平等的竞争和经济环境而受到法律的制裁，使企业名誉受损。失去名誉的企业在市场竞争激烈的今天将无法生存。企业若要在树立良好纳税形象的同时又最大限度地提升自身纳税收益，进行纳税筹划势在必行。

6. 有助于优化产业结构及合理配置资源

纳税筹划有利于纳税人根据国家宏观调控和产业布局的调整进行投资决策的制定、企业制度改造、产品结构的调整，有利于促进资本的流动和资源的合理配置。

三、纳税筹划的内容

纳税筹划主要包括避税筹划、节税筹划和转嫁筹划三个方面。

（一）避税筹划

所谓“避税筹划”，顾名思义，就是指纳税人在充分了解现行税法的基础上，通过掌握相关会计知识，在不触及税法的前提下，对经济活动的筹资、投资、经营等活动作出巧妙的安排，以达到规避或减轻税负目的的行为。

需要注意的是，避税与逃税虽然都是对已经发生的应税经济行为的纳税转让的规避，但两者之间具有很多不同之处。

1. 经济方面

从经济行为方面来看，逃税是对一项已经发生的应税经济行为全部或部分的否定；而避税只是对某项应税经济行为的实现形式和过程进行的某种人为的解释和安排，使之变成一种非税行为。

从税收负担上看，逃税是在纳税人的实际纳税义务已经发生并且确定的情况下，采取不正当或不合法的手段逃避其纳税义务，结果是减少其应纳税款，是对其应有税收负担的逃避，不能称之为减轻；而避税是为了减轻或解除税收负担而对经济活动方式所进行的人为组织安排，只是采取正当或不正当（但不违法）的手段，此时，实际纳税义务并未真正发生。

从税基结果上看，逃税直接表现为全社会税基总量的减少；避税却并不改变全社会的税基总量，而仅仅造成税基中适用高税率的那部分向低税率和免税的那部分转移。所以逃税是对应税经济行为的存在的否定，避税是对应税经济行为的原有形态的否定。

2. 法律方面

从法律行为上看，逃税是公然违反法律，与税法对抗的一种行为。它在表现上说明纳税人有意识地采取谎报和隐匿有关纳税情况和事实等非法手段达到少缴和不缴税款的目的，其行为具有欺诈的性质。在纳税人因疏忽和过失而造成同样后果的情况下，尽管纳税人可能并不具备故意隐瞒这一主观要件，但其疏忽过失本身也是法律所不允许的。而避税是在遵守法律、拥护税法的前提下，利用法律的缺陷和漏洞所进行的税负的减轻或少缴纳税负的实践活动。尽管这种避税也是出自纳税人的主观意图，但从形式上来看它是合法的。

从法律后果上看，逃税是法律明令禁止的行为。该行为一旦被有关部门查明属实，纳税人就必须承担相应的法律责任。而避税是在通过某种合法的形式实现其实际纳税义务时，无论从形式上还是实际上都与法律的要求相吻合，因此各国法律通常对其采取默许和保护的态度。政府通常通过不断修订和完善相关的法规，堵塞纳税人原来能够利用的税法漏洞来加以控制和防范。

从对税法的影响上看，逃税是公然与法律相抗衡，无论其行为是否会达到纳税人所期望的结果，纳税人都不是通过对税法的合理解读实现其目的的，这种行为是对法律的藐视和践踏，必将遭受法律严厉的惩处。而避税虽然也会对国家税收造成危害，使国家税收减少，但它是在不违法的前提下实施的，因此，不能采用强行手段来加以管制，只能通过健全法律体系、修订和完善相关法律来加以杜绝和防范。

总结起来，避税筹划主要有以下四点特征。

(1) 非违法性。逃税是违法的，节税是合法的，避税是处在两者之间的一种非违法行为。

(2) 筹划性。逃税是不聪明的行为；而避税则是对法律进行过了解和研究的人在找到税法中存在的漏洞之后，进行巧妙安排，精心筹划的结果。

(3) 规范性。避税者的行为比较规范，通常是依据税法的漏洞展开的。而逃税则毫无行为规范和遵循的法律基础可言。

(4) 权利性。避税筹划实质上是纳税人在履行应尽法律义务的前提下，运用税法所赋予的权利，保护既得利益的手段。避税不是对现实法定义务的对抗。而逃税是在不履行法律义务前提下的违法行为，是与法律相背离的，故不享有税法所赋予的权利。

避税筹划的成功，需要纳税者对税法的熟悉和充分理解，必须能够了解什么是合法的，什么是违法的，以及两者之间的边界，只有这样，才能在总体上确保自己经营活动和有关行为的合法性，知晓税收管理中的固有缺陷和漏洞。

(二) 节税筹划

1. 节税筹划的概念

所谓"节税筹划"，是指纳税人在不违背税收立法精神的前提下，充分利用税法中固有的起征点、减免税等一系列优惠政策，通过纳税人对筹资活动、投资活动以及经营活动的巧妙安排，达到少缴或不缴税的目的。这种巧妙安排与避税筹划最大的区别在于避税是违背立法精神的，而节税是顺应立法精神的。

2. 节税与避税

避税是以非违法的手段来达到逃避纳税义务的目的，因此在相当程度上它与逃税一样危及国家税法，直接后果是导致国家财政收入的减少，间接后果是导致税收制度有失公平和社会腐败。

作为纳税人想争取不交税或少交税而采取的方式方法，节税与避税仍是具有共同点的。

(1) 主体相同，都是纳税人行为。

(2) 目的相同，都是纳税人想减少纳税义务，达到不交税或少交税的目的。

(3) 都处在同一税收征管环境中和同一税收法律法规环境中。

(4) 两者之间有时界限不明,往往可以互相转化。在现实生活中,节税和避税难以分清。

(5) 不同的国家对同一项经济活动内容有不同标准,在一国是合法的节税行为,在另一国有可能是非违法的避税行为。即使在同一个国家,有时随着时间的推移,两者之间也可能相互转化。因此,对它们的判断离不开同一时间和同一空间这一特定的时空尺度。

3. 节税筹划的特征

(1) 合法性。避税不能说是合法的,只能说是非违法的;逃税是违法的;节税是合法的。

(2) 政策导向性。如果纳税人通过节税筹划,最大限度地利用税法中固有的优惠政策享受其利益,其结果正是税法中优惠政策所要引导的,因此,节税本身正是优惠政策借以实现宏观调控的载体。

(3) 策划性。节税与避税一样,需要纳税人充分了解现行税法知识和财务知识,结合企业全方位的筹资、投资和经营业务,进行合理合法的策划。没有筹划就没有节税。

(三) 转嫁筹划

从广义上来讲,企业运用转嫁手段来达到合法地减轻自身税收负担的目的也属于纳税筹划的一个方面。

1. 税负转嫁的概念

税负的转嫁与归宿在税收的理论和实践中有重要地位,与逃税、避税相比更为复杂。转嫁是指通过提高商品价格或压低供应价格等方法,将税负转嫁给他人的过程。税负转嫁的结果是有人承担。最终负担人称为负税人。税负落在负税人身上的过程称为税负归宿。所以税负转嫁与归宿是一个问题的两个说法。在转嫁条件下,纳税人和负税人是可分离的,纳税人只是法律意义下的纳税主体,负税人则是经济上的承担主体。

对于企业而言,典型的税负转嫁是指在商品流通过程中,企业通过提高销售价格或压低购进价格,将税负转嫁给购买者或供应者。在这里需要指出:第一,转嫁和商品价格是直接联系的,与价格无关的问题不能纳入税负转嫁范畴;第二,转嫁是作为纳税人的企业的主动行为,与企业主动行为无关的价格再分配性质的价值转移不能称为转嫁。

企业进行纳税筹划的目的主要是通过合理地安排自身的各项活动来减轻企业的税收负担,如果能够以一种合法的方式将企业的税收负担转给其他企业承受,一样能够实现减轻税收负担、促进企业长远发展的效用。从这一点来看,合理运用税负转嫁手段也应当属于企业纳税筹划的范畴。

2. 税负转嫁与避税的共同点及区别

从企业的角度来看,税负转嫁和避税的共同点很明显,都是减少企业的税负,使之获得更多的可支配收入。另外,两者都是合法的,是税务当局不得不面对的,尤其是转嫁更能体现合法性、合情性、合理性。但是税负转嫁和避税也有以下主要区别。

(1) 基本前提不同。转嫁的前提是价格自由浮动,避税则是不完全依赖价格。

(2) 产生效应不同。转嫁效应是对价格产生直接影响,同时产生相对价格的变化和可支配收入结构分布上的变化。避税的效应不对价格产生直接影响,而直接导致国家财政收入减少。

(3) 适用范围不同。转嫁适应范围较窄,受制于价格、商品供求弹性和市场供求状况。避税适用范围很广,灵活多变。

(4) 转嫁有时对企业本身也会产生不利影响,企业会主动放弃。因为转嫁受市场价格制约，明显导致市场占有率下降，有时甚至与最大利润原则相悖，从而被放弃。

3. 税负转嫁的方式

税负转嫁方式主要有前转、后转、混转、旁转、消转、税收资本化等方式。

(1)前转。前转指纳税人将其所纳税款顺着商品流转方向，通过提高商品价格的办法，转嫁给商品的购买者或最终消费者负担。由于前转是顺着商品流转顺序从生产到零售再到消费的，因而也叫顺转。前转的过程可能是一次，也可能经过多次，例如对棉纱制造商征收的棉纱税，棉纱制造商通过提高棉纱出厂价格将所缴纳的税款转嫁给棉布制造商，棉布制造商又以同样的方式把税负转嫁给批发商，批发商再以同样方式把税负转嫁给零售商，零售商也以同样方式把税负转嫁于消费者身上。前转顺利与否要受到商品供求弹性的制约。税负前转实现的基本前提条件是课税商品的需求弹性小于供给弹性。当需求弹性大时，转嫁较难进行；供给弹性大时，转嫁容易进行。

(2)后转。后转即纳税人将其所纳税款逆商品流转的方向，以压低购进商品价格的办法，向后转移给商品的提供者。例如对某种商品在零售环节征税，零售商将所纳税款通过压低进货价格，把税负逆转给批发商，批发商又以同样的方式把税负逆转给制造商，制造商再以同样方式压低生产要素价格把税负逆转于生产要素供应者负担。税负后转实现的前提条件是供给方提供的商品需求弹性较大，而供给弹性较小。在有些情况下，尽管已实现了税负前转，但也仍会再发生后转的现象。

(3)混转。混转又叫散转，是指纳税人将自己缴纳的税款分散转嫁给多方负担。混转是在税款不能完全向前顺转，又不能完全向后逆转时采用。例如织布厂将税负一部分用提高布匹价格的办法转嫁给印染厂，一部分用压低棉纱购进价格的办法转嫁给纱厂，一部分则用降低工资的办法转嫁给本厂职工等。严格地说，混转并不是一种独立的税负转嫁方式，而是前转与后转等的结合。

(4)旁转。旁转是指纳税人将税负转嫁给商品购买者和供应者以外的其他人负担。例如纳税人用压低运输价格的办法将某课税对象的税负转嫁给运输者负担。

(5)消转。消转是指纳税人用降低课税品成本的办法使税负在新增利润中求得抵补的转嫁方式。即纳税人在不提高售价的前提下，以改进生产技术、提高工作效率、节约原材料、降低生产成本，从而将所缴纳的税款在所增利润中求得补偿。因为它既不是提高价格的前转，也不是压低价格的后转，而是通过改善经营管理、提高劳动生产率等措施降低成本增加利润，使税负从中得到抵消，所以称之为消转。消转要具备一定的条件，如生产成本能递减、商品销量能扩大、生产技术与方法有发展与改善的余地、物价有上涨趋势以及税负不重等。

(6)税收资本化。税收资本化亦称“赋税折入资本”、“赋税资本化”、“税负资本化”。它是税负转嫁的一种特殊方式。即纳税人以压低资本品购买价格的方法将所购资本品可预见的未来应纳税款，从所购资本品的价格中作一次扣除，从而将未来应纳税款全部或部分转嫁给资本品出卖者。它一般表现为课税资本品价格的下降。赋税折入资本必须具备一定的条件：课税对象必须是资财，每年均有相同的税负；另有不予课税或轻税的资财可购；课税品必须具有资本价值等。

4. 税负转嫁的一般方法

(1) 税负转嫁的商品成本法。商品成本与税负转嫁有极为密切的联系，商品成本法是根据商品成本状况，掌握和进行税负转嫁的方法。成本一般有三种形态，即固定成本、递增成本和递减成本。固定成本是在生产过程中不随产品产量增减变化而变动的费用和损耗,如机器设备、固定资产的无形磨损及部分有形损耗等。递增成本是指产品及经营成本随产品产量和经营范围扩大而增加的费用和损耗,如生产产品的原材料、服务范围扩大后人员及设备的相应增加等。递减成本则与递增成本相反,它是指产品及经营成本随生产扩大和经营范围拓展而减少的费用和损耗。从税负转嫁角度看,不同成本种类产生的税负转移方式及程度不同。

(2) 税负转嫁的市场调节法。市场调节法是根据市场变化进行的商品课税转嫁。市场上供求规律的变化对税负转嫁有较大的影响,因此税负转嫁的过程必须将税负加入价格之中,而商品的价格却受供求规律的支配,供求与需求相互影响,引导着生产者与消费者。对于企业而言,它不仅仅是受市场的影响,更重要的是作用于市场。

如果在课税产品供不应求,需求量与供给量相差悬殊,且该课税产品价格被抬得过高的情况下,生产厂家在努力扩大生产的同时,生产经营者都应该尽最大可能把所承担的税负连同各种费用一起转移给消费者,进行彻底的税负转移。当需求一定时,如果供给不变或者减少,税负就可以通过价格上涨方式转移给购买者或消费者。

(3) 税负转嫁的税基转嫁法。税基转嫁法是根据课税范围的大小而实行的税收转移方法。一般来讲,在课税范围比较广的情况下,正面直接的税收转移要容易些,这时的税收转移可称为积极税负转移。而在课税范围比较窄的时候,直接地进行税负转移便会遇到强有力的阻碍,纳税人不得不寻找间接转移方法,这时的税负转移就可以称为消极的税负转移。

从事积极税负转移的具体情况是,所征税种遍及某一大类商品而不是某一种商品,如对产销汽车征的税、对烟酒征的税等。这种大类商品普遍适用的税种实际忽略了具体不同产品的生产经营状况,忽略了不同产品承受税负和转移税负的能力,因而为生产经营者转移税负创造了条件。在市场价格充分显示供求需要的变化条件下,生产经营者根据市场信号进行产品品种的调整,就完全可以实现有效税负转移。

模块二 纳税筹划实务技术运用

一、免税技术

免税技术是指在法律允许的范围内,使纳税人成为免税人,或使纳税人从事免税活动,或使征税对象成为免税对象而免纳税收的技术。例如,农业生产者销售自产农业产品,免缴增值税。

免税人包括免税自然人、免税公司、免税机构等。一般有两类不同目的的免税:一类是属于税收照顾性质的免税,它们对纳税人来说只是一种财务利益的补偿;另一类是属于税收奖励性质的免税,它们对纳税人来说则是财务利益的取得。照顾性免税往往是在非常情况或非常条件下才取得的,而且一般也只是弥补损失,所以纳税筹划不能利用其达到节税目的,只有取得国家奖励性质的免税才能达到节税的目的。

免税技术的要点如下。

(1) 尽量争取更多的免税待遇。在合法和合理的情况下,尽量争取免税待遇,争取尽可能多的项目获得免税待遇。与缴纳税款相比,免征的税款就是节减的税款,免征的税款越多,节减的税款也越多。

(2) 尽量使免税期最长化。许多免税都有期限的规定,免税期限越长,节减的税款就越多。例如,国家对一般企业按普遍税率征收所得税,对在A经济开发区企业制定有从开始经营之日起3年免税的规定,对在B经济开发区企业制定有从开始经营之日起5年免税的规定。那么,如果条件基本相同或利弊基本相抵,一个公司完全可以设在B经济开发区,这样可以获得免税待遇,并使免税期最长化,从而在合法和合理的情况下节减更多的税款。

二、减税技术

减税技术是指在法律允许的范围内,使纳税人减少应纳税款而直接节税的技术。尽管减税实质上也相当于财政补贴,但各国也有两类不同的减税方法:一类是出于税收照顾性目的的减税,如国家对遭受自然灾害地区企业、残疾人企业等的减税,这类减税是一种税收照顾,是国家对纳税人由于不可抗拒原因造成的财务损失进行的财务补偿;另一类是出于税收奖励目的的减税,如产品出口企业、高科技企业、再循环生产企业等的减税,这类减税是一种税收奖励,是国家对纳税人贯彻国家政策的财务奖励。纳税筹划的减税技术主要是合法和合理地利用国家奖励性减税技术政策而节减税收的技术。

减税技术特点如下。

(1) 绝对减税。

(2) 技术简单。

(3) 适用范围小。

(4) 具有一定的风险性等。

减税技术在使用时应注意把握两点:一是在合理合法的情况下,尽量使减税期最长化,因为减税时间越长,节减的税款就越多,企业的税后利润也越多;二是尽量使减税项目最多化,因为减税项目越多,企业的收益就越大。

三、税率差异技术

税率差异技术是指在法律允许的范围内,利用税率的差异而直接节减税款的技术。这里的税率差异包括税率的地区差异、国别差异、行业差异和企业类型差异等。

税率差异技术的特点主要有:①绝对节税;②技术较为复杂,采用税率差异技术节减税收不单受不同税率差异影响,有时还受不同的计税基数差异的影响,计税基数计算很复杂,计算出结果后还要按照一定的方法进行比较,才能大致知道可以节减多少税收;③适用范围较大,由于税率差异是普遍存在着的,几乎每个纳税人都有一定的挑选范围;④具有相对确定性,税率差异是客观存在的,而且在一定时期内相对稳定。

税率差异技术在运用中应注意两点:一是尽可能寻找税率最低的地区、产业,使其适用税率最低化,而且税率差异越大,企业的获利能力就越大,可支配的税后利润就越多,竞争力就越强;二是尽量寻求税率差异的稳定性和长期性,税率差异一般具有时间性和稳定性两个特征,但并不是一成不变的,它会随着时间的推移和税收制度的改变而发生变化,如政策的变化或者享受优惠政策时间的到期,都会导致税率发生变化。

四、分劈技术

分劈技术是指在合法和合理的情况下,使所得、财产在两个或更多的纳税人之间进行分劈而直接节税的纳税筹划技术。这种技术对于适用超额累进税率的税种尤为重要,因为对于超额累进税率,税基越大,适用的税率层次越高,税率越大,其税收负担越重。因此,适时进行对象分割,有利于减少绝对税款额。

分劈技术的特点如下。

(1) 绝对节税。分劈技术运用的是绝对节税原理,直接减少纳税人的税收绝对额,属于绝对节税型纳税筹划技术。

(2) 适用范围较窄。一些企业往往通过分立多个小企业,强行分割所得来降低适用税率,因此被许多国家认为是一种避税行为。为了防止企业利用小企业税收待遇进行避税,一些国家针对企业的所得分割制定了反避税条款,所以分劈技术一般只适用于自然人的纳税筹划。

(3) 技术较为复杂。采用分劈技术节减税收不但要受到许多税收条件的限制,还要受到许多非税收条件(如分劈参与人等)复杂因素的影响,所以技术较为复杂。

分劈技术要点如下。

(1) 分劈合理化。使用分劈技术节税,除了要合法,还要特别注意所得或财产分劈的合理性与合法性,如严格遵循税务局宣传册的指导来分劈所得和财产。

(2) 节税最大化。在合法合理的情况下,尽量寻求通过分劈技术使节税最大化。

【例 8-1】 假定某物资批发企业,年应纳增值税销售额 1 000 万元,会计核算制度也比较健全,符合作为一般纳税人的条件,适用 13%增值税率,但该企业准予从销项税额中抵扣的进项税额较少,只占销项税额的 10%。在这种情况下,企业应纳增值税额为 117 万元(1 000×13%−1 000×13%×10%)。如果将该企业分设两个批发企业,各自作为独立核算单位,那么,一分为二后的两个单位年应税销售额均为 500 万元,就符合小规模纳税人的条件,可适用 3%的增值税税率。在这种情况下,只要各缴增值税 15 万元(500×3%)。显然,划小核算单位后,作为小规模纳税人,可较一般纳税人减轻税负 87 万元。

五、扣除技术

扣除技术是指在法律允许的范围内,使扣除额增加而直接节税或调整各个计税期的扣除额而相对节税的纳税筹划技术。在同样多收入的情况下,各项扣除额、宽免额、冲抵额等越大,计税基数就会越小,应纳税额就会越少,所节减的税款也就越大。

扣除技术的特点如下。

(1) 绝对节税或相对节税。通过扣除使计税基数绝对额减少,从而使绝对纳税额减少;通过合理合法地分配各个计税期间的费用扣除和亏损冲抵,增加纳税人的现金流量,起到延期纳税作用。

(2) 技术较为复杂。各国税法中的各种扣除、宽免、冲抵规定是最为烦琐复杂,也是变化最多、变化最大的规定,而要节减更多的税款就要精通所有有关的最新税法,计算出结果并加以比较。

(3) 适用范围较大。扣除技术是一种能够普遍运用、适用范围较大的纳税筹划技术。

(4) 具有相对稳定性。扣除在规定时期是相对稳定的,因此采用扣税技术进行纳税筹划具有相对的稳定性。

扣税技术要点如下。

(1) 扣除项目最多化。在合理合法的情况下,尽量使更多的项目得到扣除。在其他条件相同情况下,扣除的项目越多,计税基数就越小,应纳税额就越少,因而节减的税款就越多。使扣除项目最多化,可以达到节税的最大化。

(2) 扣除金额最大化。在合理合法的情况下，尽量使各项扣除金额最大化。在其他条件相同情况下，扣除的金额越大，计税基数就越小，应纳税额就越小，因而节减的税款就越多。使扣除金额最大化，可以达到节税的最大化。

(3) 扣除最早化。在合法合理情况下，尽量使各项允许扣除的项目在最早的计税期得到扣除。在其他条件相同的情况下，扣除越早，早期缴纳的税收就越少，早期的现金流量就越大，可用于扩大流动资本和进行投资的资金也越多，将来的收益也越多，因而相对节减的税款就越多。扣除最早化，可以达到节税的最大化。

六、抵免技术

抵免技术是指在合法合理的情况下，使税收抵免额增加而绝对节税的纳税筹划技术。税收抵免额越大，冲抵应纳税额的数额就越大，应纳税额就越小，从而节减的税额就越大。对纳税人来源于国内外的全部所得或财产课征所得税时，允许以其在国外已缴纳的所得税或财产税税款抵免应纳税款，这是解决国际所得或财产重复征税的一种措施。

抵免技术的特点如下。

(1) 绝对节税。抵免技术运用的是绝对节税原理，直接减少纳税人的税收绝对额，属于绝对节税型纳税筹划技术。

(2) 技术较为简单。尽管有些税收抵免与扣除有相似之处，但总的来说，各国规定的税收优惠性或基本扣除性抵免一般种类有限，计算也不会很复杂，因此抵免技术较为简单。

(3) 适用范围较大。抵免普遍适用于纳税人，不是只适用于某些特定纳税人的优惠，因此抵免技术适用范围较大。

(4) 具有相对稳定性。抵免在一定时期相对稳定，风险较小，因此采用抵免技术进行纳税筹划具有相对稳定性。

抵免技术要点如下。

(1) 抵免项目最多化。在合法合理的情况下，尽量争取更多的抵免项目。在其他条件相同的情况下，抵免的项目越多，冲抵的应纳税项目也越多，应纳税额就越小，因而节减的税款就越多。使抵免项目最多化，可以达到节税的最大化。

(2) 抵免金额最大化。在合法合理的情况下，尽量使各项抵免项目的抵免金额最大化。在其他条件相同的情况下，抵免的金额越大，冲抵应纳税额的金额也越大，应纳税额就越小，从而节减的税款就越多。使抵免金额最大化，可以达到节税的最大化。

七、延期纳税技术

延期纳税技术又称缓税技术，是指在法律允许的范围内，使纳税人延期纳税而相对节税的纳税筹划技术。纳税人延期缴纳本期税收并不能减少纳税人纳税绝对总额，但等于得到一笔无息贷款，可以增加纳税人本期的现金流量，赢得货币的时间价值，即今天多投入的资金可以产生收益，使将来可以获得更多的税后所得，相对减少税收。而且，延期纳税可以利用通货膨胀，变相降低应纳税额；同时，使纳税人在本期有更多的资金扩大流动资本用于资本投资，获得更大的企业价值。

延期纳税技术特点如下。

(1) 相对节税。延期纳税技术运用的是相对节税原理，一定时期的纳税绝对额并没有减少，而是利用货币时间价值节减税款。

(2) 技术复杂。大多数延期纳税涉及财务制度各个方面的许多规定和其他一些技术，并涉及财务管理的许多方面，需要有一定的数学、统计和财务管理知识，要通过较为复杂的财务计算才能知道相对节减税收的数量，技术较为复杂。

(3) 适用范围大。延期纳税技术可以作为利用税法延期纳税规定、财务会计制度选择性方法以及其他规定等进行节税的纳税筹划技术，几乎适用于所有纳税人，适用范围较大。

(4) 具有相对稳定性。延期纳税主要是利用财务原理，并不是利用某些相对来说风险较大，且容易变化的政策，因此，延期纳税节税技术具有相对稳定性。

延期纳税技术要点如下。

(1) 延期纳税项目最多化。在合法和合理的情况下，尽量争取更多的延期纳税项目。在其他条件包括一定时期纳税总额相同的情况下，延期纳税的项目越多，本期缴纳的税收就越少，现金流量也越大，可用于扩大流动资本和进行投资的资金也越多，将来的收益也越多，因而相对节减的税款就越多。使延期纳税项目最多化，可以达到节税的最大化。

(2) 延长期最长化。在合法和合理的情况下，尽量争取纳税延长期最长化。在其他条件包括一定时期纳税总额相同的情况下，纳税延长期越长，由延期纳税增加的现金流量所产生的收益将越多，因而相对节减的税款也越多。

八、退税技术

退税是指税务机关按规定对纳税人已纳税款的退还，一般包括：税务机关误征或多征的税款；纳税人多缴纳的税款；零税率商品的已纳国内流转税款；符合国家退税奖励条件的已纳税款等。

退税技术是指在法律允许的范围内，使税务机关退还纳税人已纳税款而直接节税的纳税筹划技术。

退税技术特点如下。

(1) 绝对节税。退税技术运用的是绝对节税原理，直接减少纳税人的税收绝对额，属于绝对节税型纳税筹划技术。

(2) 技术较为简单。退税技术节减的税款一般通过简单的退税公式就能计算出来，还有一些国家同时给出简化了的算式，更简化了节减税款的计算，因此退税技术较为简单。

(3) 适用范围较小。退税一般只适用于某些特定行为的纳税人，因此，退税技术适用的范围较小。

(4) 具有一定的风险性。国家之所以用退税鼓励某种特定行为(如投资)，往往是因为这种行为有一定的风险性，这也使得采用退税技术的纳税筹划具有一定的风险性。

退税技术要点如下。

(1) 退税项目最多化。在合法和合理的情况下，尽量争取更多的退税待遇。在其他条件相同的情况下，退税项目越多，退还的已纳税款就越多，从而节减的税款就越多。使退税项目最多化，能达到节税的最大化。

(2) 退税额最大化。在合法和合理的情况下，尽量使退税额最大化。在其他条件相同的情况下，退税额越大，退还的已纳税额就越大，因而节减的税款就越多。使退税额最大化，能达到节税的最大化。

模块三 纳税筹划实务方法应用

一、临界点法

在这里，从分析增值税税负临界点的角度出发，并用它来选择增值税的纳税人。

1. 增值税的进项税额临界点

所谓增值税的进项税额临界点，是指企业作为增值税的一般纳税人或者小规模纳税人，其增值税税负相等时的进项税额，此进项税额就是临界点。

2. 增值税的进项税额临界点的确定

设某公司的不含税销售额为 A，进项税额为 T_J，增值税税率为 13%，征收率为 3%。

(1) 做一般纳税人时：应纳增值税税额 $=A\times 13\%-T_J$

(2) 做小规模纳税人时：应纳增值税税额 $=A\times 3\%$

(3) 临界点的确定。增值税进项税额的临界点，就是一般纳税人与小规模纳税人的增值税税负相等的那一点。因此：

$$应纳增值税税额=A\times 13\%-T_J=A\times 3\%$$

$$T_J=(13\%A-3\%A)=10\%A$$

$10\%A$ 就是增值税进项税额的临界点。在这一点上，两种增值税的纳税人的税负相等。

(4) 投入率。我国采用的增值税应纳税额的计税方法是间接减除法，即发票抵扣法，如对增值税以税率 t 课税，则：

$$应纳增值税税额=产出\cdot t-投入\cdot t$$

投入率是投入与产出的比例或者是进项税额与销项税额的比例，即：

$$投入率=进项税额\div 销项税额\times 100\%$$

这时，上述的进项税额点可转换为进项税额与销项税额的比例，即 $10\%A\div 13\%A\times 100\%=76.92\%$。

根据增值税原理，由于“投入率＋增值率＝1”，所以“投入率＝1－增值率”。由此可得出两类增值税纳税人的税负平衡点的投入率，如表 8-1 所示。

表 8-1 两类增值税纳税人的税负平衡点的投入率

一般纳税人税率	小规模纳税人征收率	按不含税价格计算的税负平衡点的投入率	按含税价格计算的税负平衡点投入率
13%	3%	76.92%	74.68%
9%	3%	66.67%	64.72%
6%	3%	50%	48.54%

在实际的税务工作中，会出现以下三种情况。

(1) 当纳税人的实际投入率等于税负平衡点投入率时，一般纳税人与小规模纳税人的增值税税负相同。

(2) 当纳税人的实际投入率大于税负平衡点投入率时，一般纳税人的增值税税负轻于小规模纳税人。此时，做一般纳税人较好。

(3) 当纳税人的实际投入率小于税负平衡点投入率时，一般纳税人的增值税税负重于小规模纳税人。此时，做小规模纳税人较好。

二、增值率法

增值率法是指纳税人通过对企业实际增值率与税负平衡点增值率的比较，来选择增值税纳税人或选择商品劳务税税种的一种方法。下面介绍确定作为增值税一般纳税人或者小规模纳税人的方法，即企业利用增值率法，可以选择做何种增值税纳税人较好。

利用增值率法等来判断做何种增值税纳税人较好的方法，实际上也是临界点方法，所不同的是它是从另一个角度来确定临界点的。

(一) 增值额

增值税中的增值额，是指纳税人在生产经营活动中新创造的价值，即商品价格扣除在生产经营过程中消耗的生产资料价格转移价格后的余额。在企业购进货物全部用于生产和所生产的商品全部销售的情况下，增值额的计算公式为：

增值额＝销售商品价格－购进货物价格

(二) 增值率

所谓“增值率”，就是指增值额与应纳销售额的比例，而增值额则为销售额减去购进货物的价款(或销项税额－进项税额)，即：

增值率＝(销售额－购进项目金额)÷销售额＝(销项税额－进项税额)÷销项税额＝应纳税额÷销项税额

企业如果要求自己的实际增值率，可用如下公式：

年增值率＝年应纳税额÷年销项税额

上述方法既简单，又方便，还具有可靠性。

(三) 税负平衡点的增值率

由于对两类增值税纳税人的征收方法不同，使它们在不同的增值税率下有着不同的增值税缴款。尽管如此，也总会有一个增值率是它们的税负平衡点，即在这个增值率下，两类纳税人的增值税缴款是相等的。这种增值率就被称为税负平衡点的增值率。

1. 以不含税销售额计算增值率

(1) 计算公式的推演：

一般纳税人应纳税额＝销售额×增值率×税率

小规模纳税人应纳税额＝销售额×征收率

如果两种纳税人的税负相同，且一般纳税人的税率为13%，小规模纳税人的征收率为3%，则有：

销售额×增值率×税率＝销售额×征收率

增值率＝征收率÷税率＝3%÷13%＝23.08%

(2) 一般计算公式。设增值税纳税人的增值率为R，商品销售价格为S，购进货物价格为P，一般纳税人适用税率为T_1，小规模纳税人适用税率为T_2，则：

$$R=(S-P)\div S$$

一般纳税人应纳增值税税额$=S\times T_1-P\times T_1=(S-P)\times T_1=R\times S\times T_1$

小规模纳税人应纳增值税税额$=S\times T_2$

当两类纳税人的应纳增值税税额相等时，则$S\times R\times T_1=S\times T_2$，$R=(T_2\div T_1)\times 100\%$。

2. 以含税销售额计算增值率

设增值税纳税人的增值率为R，商品销售价格为S，购进货物价格为P，一般纳税人的适用税率为T_1，小规模纳税人适用税率为T_2，则增值率一般计算公式为：

$$R=(S-P)\div S$$

一般纳税人应纳增值税税额$=[S\div(1+T_1)\times T_1]-[P\div(1+T_1)\times T_1]=(S-P)\div(1+T_1)\times T_1=(R\times S)\div(1+T_1)\times T_1$

小规模纳税人应纳增值税税额$=S\div(1+T_2)\times T_2$

当两类纳税人的应纳增值税税额相等时，则：

$(R\times S)\div(1+T_1)\times T_1=S\div(1+T_2)\times T_2$

$R=[(1+T_1)\times T_2]\div[(1+T_2)\times T_1]\times 100\%$

3. 两类增值税纳税人的税负平衡点

按照上述计算公式，两类增值税纳税人的税负平衡点的增值税率如表8-2所示。

表8-2 两类增值税纳税人的税负平衡点的增值率

一般纳税人税率	小规模纳税人征收率	按不含税价格计算的税负平衡点的增值率	按含税价格计算的税负平衡点的增值率
13%	3%	23.08%	25.32%
9%	3%	33.33%	35.28%
6%	3%	50%	51.46%

4. 税负平衡点增值率的运用

在不考虑其他条件的情况下，当纳税人的实际增值率小于税负平衡点增值率时，一般纳税人比小规模纳税人的税负要轻，因此，做一般纳税人较好；当实际增值率大于税负平衡点增值率时，一般纳税人比小规模纳税人的税负要重，因此，做小规模纳税人较好。

不过要注意的是：企业在计算其增值率时，应选取一个具有代表性的期间或周期，如六个月、一年等。期间太短不能说明问题。

同时，企业在利用增值率时，还应考虑自身的发展方向，以及供应商和购买者的情况，是以小规模纳税人为主，还是以一般纳税人为主，等等。在综合分析之后，再加以选定。

值得指出的是，有些小企业在业务发展起来以后，仍希望保持增值税小规模纳税人的资格。他们认为，小规模纳税人的计税简单、省事，因此有了销售收入也不入账或者将企业分拆开来，化作两家。这实际上是一个错误的想法。通过增值率法可以看到，只有在纳税人有可能选择小规模纳税人的条件下，它才会起作用；这种条件不存在了，增值率法也就失败了。对一些大企业来说，这种方法就没有用武之地。同时，企业也不能永远都安于做小规模纳税人，企业发展了、扩大了，当然还是要做一般纳税人的。

三、增值税类型选择法

增值税类型选择法，就是通过人为的安排，使纳税人适用消费型增值税规定并相应减轻增值税税负的节税方法。

（一）增值税的类型

增值税因税基的计算方法的不同可分为以下三种类型。

1. 生产型增值税

每一环节、每个单位，以商品与劳务的销售收入减除用于生产中间性产品的价值（厂房、机器设备等资本品的折旧不予减除）为增值额，即课税基数等于工资、租金、利息、利润和折旧之和。从国民经济整体看，课税基数就是国民生产总值，故称之为生产型增值税。从企业的观点来看，其增值税税基仅为销售收入（S）减去原料价值（M），即：

$$VAT_{\mathrm{P}}=S-M$$

当增值税适用税率为 t 时，相应地，其应纳税额（T）为：

$$T=St-Mt=\text{销项税额}-\text{进项税额}$$

2. 收入型增值税

每一环节、每个单位，以商品与劳务的销售收入减除用于生产中间性产品的价值和资本品折旧额为增值额，即课税基数等于工资、租金、利息、利润之和。从国民经济整体看，课税基数就是国民生产总值减去当期资本损耗后的余额，即国民生产净值，故称之为收入型增值税。从企业的观点看，其增值税税基为销售收入（S）减去原料价值（M），再减去折旧金额（D），即：

$$VAT_{\mathrm{I}}=S-M-D=S-(M+D)$$

当增值税适用税率为 t 时，相应地，其应纳税额（T）为：

$$T=St-(M+D)t=\text{销项税额}-\text{进项税额}$$

3. 消费型增值税

每一环节、每个单位，以商品与劳务的销售收入减除用于生产中间性产品的价值和同期资本品的全部价值为增值额。从国民经济整体看，由于课税基数是国民所得用于消费的部分，对国民所得用于储蓄和投资的部分则不予征税，即不包括资本品的价值，故称之为消费型增值税。从企业观点看，其增值税税基为销售收入（S）减去原料价值（M），再减去纳税期购入的全部固定资产（C），即：

$$VAT_{\mathrm{C}}=S-M-C=S-(M+C)$$

当增值税适用税率为 t 时，相应地，其应纳税额（T）为：

$$T=St-(M+C)t=\text{销项税额}-\text{进项税额}$$

消费型增值税，对生产经营者的中间产品和资本设备，实际上都给予了免税的权利。这对资本形成有极大的鼓励作用。

这三种类型的增值税，在课税基数上，消费型小于收入型，收入型小于生产型，因此，在税率一定的条件下，选择消费型增值税就可以达到节税的目的。

（二）增值税转型后的税收效应

由生产型增值税转型为消费型增值税，其税收效应表现在以下两个方面。

（1）引起购进税法规定，允许抵扣进项税额的固定资产的增值税一般纳税人，当期应纳增值税税额的减少。这是因为，按生产型增值税规定，在计算当期增值税应纳税额时，当期购进的固定资产所含的增值税进项税额，不允许在销项税额中抵扣；而按消费型增值税规定，则可抵扣。所以，增值税转型后，在税率不变的情况下，当期应纳增值税税额就会减少。

（2）引起当期应纳企业所得税税额的增加。在实行生产型增值税时，固定资产原值是含增值税的价格；而在实行消费型增值税之后，所购进的固定资产原值是不含增值税的价格，使固定资产原值相应地减少。这样，在不改变固定资产折旧方法的情况下，年折旧额就会减少，并相应增加企业利润和应纳税所得额，以及增加应纳企业所得税税额。

上述两种效应的综合结果，是减少了企业的纳税费用，即节税效应。

四、采购对象选择法

按税法规定，增值税的纳税人可分为两种：一般纳税人和小规模纳税人。在处理一些与纳税有关的事情中，就有了选择的可能。

由于一般纳税人购买的货物及劳务，其进项税额可以从销项税额中减去，因此，在购买时选择一般纳税人，还是选择小规模纳税人，就至关重要。按税法规定，一般纳税人可向购买者开具增值税专用发票，而小规模纳税人则不能给购买者开具增值税专用发票，如要开具，则只能找税务机关代开。在其他条件相同时，应向谁购买，需要看两个条件：一是看可不可以取得增值税专用发票；二是看哪个不含增值税的价格较低。这可能会出现以下几种情况：

（1）可取得增值税专用发票，不含增值税的价格相同。

（2）可取得增值税专用发票，不含增值税的价格较低。

（3）不能取得增值税专用发票，价格低于不含增值税的价格；但如果加上增值税，其价格高于不含增值税的价格。

（4）不能取得增值税专用发票，价格低于不含增值税的价格；如果加上增值税，其价格仍低于不含增值税的价格。

那么，作为购买者，应如何来进行选择呢？在第（1）种情况下，购买者可以任意选择；在第（2）种、第（4）种情况下，购买者的选择要看这两者所含增值税的价格孰低；在第（3）种情况下，采购者则不可选择。

五、业务转换法

在同一类经济活动中，常常同时存在两种增值税纳税人，它们可以通过业务的适当转换来达到节税的目的。例如，可将小规模纳税人的收购活动转换为一般纳税人的收购活动。但是农产品收购业务系小规模纳税人，按4%的征收率征收增值税，并且不能抵扣进项税额。

知识小结

纳税筹划可以理解为：纳税人出于自己经济利益最大化的初衷，在遵守税法、尊重税法、对国家相关法律与法规熟练掌握的前提下，全面、综合地发挥自己的内在潜质，通过周密地策划，作出以减少税负为目的的一系列决策与付诸实施的经济行为。该行为具有一定的不确定性。

纳税筹划从不同的角度来看有不同的分类，主要的分类方式有按纳税筹划的层次分类、按主体分类、按区域分类、按实施手段分类以及按税种分类。

纳税筹划技术主要包括免税技术、减税技术、税率差异技术、分劈技术、扣除技术、抵免技术、延期纳税技术和退税技术等。

纳税筹划的方法多种多样，其中主要包括临界点法、增值率法、增值税类型选择法、采购对象选择法、业务转换法等。

知识巩固

1. 简述纳税筹划的概念及其意义。
2. 避税和逃税有何区别？
3. 简述各种纳税筹划的技术。
4. 增值率法的原理是什么？
5. 简述采购对象选择法中可能出现的情况。

案例讨论

田莉是一家大型外企的业务经理，月收入为基本工资加提成，每月收入（扣除养老等五险后）平均 10 000 元，应扣除个人所得税为（10 000－3 500）×20%－555＝745 元，个人税后收入 9 255 元。田莉有一辆捷达车，主要是为单位跑业务，相关开支为每月约 3 000 元（如按 8 年算折旧每月 1 300 元，相关汽油、保险、维修等为 1 700 元）。田莉个人负担手机费每月 1 000 元。扣除相关支出后田莉的月结存为 9 255－4 000＝5 255 元。

讨论：请为田莉进行个人所得税的纳税筹划，使其收入合理增加。

实训设计

【实训目标】

能够准确运用纳税筹划的方法对企业经营活动进行纳税筹划。

【实训内容与要求】

实训内容：

20×5 年，甲公司计划投资 1 000 万元于乙公司。乙公司 20×2 年度亏损 50 万元，

20×3 年度亏损 80 万元，20×4 年度亏损 120 万元。甲公司可以选择的方案有：

(1)选择贷款方式，年利率 5%。

(2)选择股权投资方式，拥有乙企业 50%的股权。

(3)选择兼并方式，吸收合并，使之成为甲的分公司。

实训要求：

假如你是纳税筹划师，请为企业拟定出合适的纳税筹划方案。

【成果与检验】

实训结束，写出实训总结，主要包括：在实训中，为完成任务做了哪些准备工作；在实训中遇到了哪些新问题及如何解决的；纳税筹划中获得的新技能有哪些。

参 考 文 献

[1] 李克桥,邵惠芳. 中国税法实用教程[M]. 2 版. 北京:中国时代经济出版社,2010.

[2] 杨虹. 中国税制[M]. 北京:中国人民大学出版社,2010.

[3] 李志,刘秀荣. 纳税会计实务[M]. 上海:立信会计出版社,2008.

[4] 傅文清,熊英,付丽莎. 纳税会计与纳税申报实训操作[M]. 北京:中国人民大学出版社,2008.

[5] 王智勇. 企业税收政策解析·实务·纳税筹划[M]. 北京:企业管理出版社,2009.

[6] 关玉红,陈桂华. 税法[M]. 北京:电子工业出版社,2009.

[7] 王韬,刘芳. 企业税收筹划[M]. 2 版. 北京:科学出版社,2009.

[8] 马海涛. 中国税制[M]. 4 版. 北京:中国人民大学出版社,2009.

[9] 梁俊娇. 纳税会计[M]. 4 版. 北京:中国人民大学出版社,2009.

[10] 盖地. 税务会计与纳税筹划[M]. 6 版. 大连:东北财经大学出版社,2010.

[11] 安仲文. 中国税制[M]. 大连:东北财经大学出版社,2009.

[12] 王素荣. 税务会计与税收筹划[M]. 2 版. 北京:机械工业出版社,2009.

[13] 梁伟样. 企业纳税实务[M]. 北京:清华大学出版社,2009.

[14] 全承相,李志春. 税法[M]. 北京:清华大学出版社,2009.